Das Drama im Mutterleib

Der verlorene Zwilling

Alfred R. Austermann • Bettina Austermann

Das Drama im Mutterleib

Der verlorene Zwilling

Der Beginn des Lebens ist prägend.
Etwa jeder Zehnte begann den Weg nicht allein.
Betroffene leiden unter Sehnsucht, Einsamkeit
und unerklärlichen Schuldgefühlen.

KÖNIGSWEG

www.koenigsweg-verlag.de

Alfred R. Austermann und Bettina Austermann
Das Drama im Mutterleib – Der verlorene Zwilling

1. Auflage Mai 2005 als Arbeitsbuch im IFOSYS-Institut
2. überarbeitete und erweiterte Auflage Juni 2006 im Königsweg-Verlag
3. überarbeitete und erweiterte Auflage Januar 2009 im Königsweg-Verlag
4. überarbeitete und erweiterte Auflage Dezember 2012 im Königsweg-Verlag

Umschlag: Alfred R. Austermann und Bettina Austermann
Satz und Gestaltung: Dragon Graphic, Berlin
Druck: PIEREG Druckcenter Berlin GmbH

ISBN 978-3-9812471-2-1

Inhalt

Vorwort zur vierten Auflage

Das Drama im Mutterleib – der geliebte Zwilling stirbt, ganz nah neben mir – ist eine tiefe lebensprägende Erfahrung. Seitdem wir die erste Auflage dieses Buches im Mai 2005 als Arbeitsbuch unseres Institutes auf dem 5. Kongress für Systemaufstellungen in Köln vorgestellt haben, haben wir immer mehr Menschen getroffen, die dieses erlebt haben.
Wir sind immer wieder von neuem berührt und betroffen, wie stark die Auswirkungen dieses pränatalen Verlustes die jeweilige Lebensgeschichte durchziehen. Mit jedem, den wir treffen: Erwachsene, die den Verlust ihres Zwillings erahnen, Kinder und junge Menschen, die ihre Geschwister auf einem Ultraschallbild sehen können, wachsen unsere Erfahrungen. Viele dieser Erfahrungen sind in diese erweiterte Auflage eingeflossen.

Der besseren Lesbarkeit halber verzichten wir im Text auf die Unterscheidung, ob der Autor oder die Autorin den Fall behandelt hat. „Ich" kann sowohl Bettina, als auch Alfred Ramoda Austermann bedeuten.

Wir freuen uns, dass unser Buch den Weg zu vielen tausend Lesern gefunden hat. Anfangs wurde es nur über unsere Seminare und über Google vertrieben. Seit dem Erscheinen im Königsweg-Verlag wurde es bereits in die siebente Sprache übersetzt.

Nicht nur bei natürlich entstandener Schwangerschaft nisten sich Zwillinge oder Mehrlinge ein, die nicht geboren werden. Bei künstlicher Befruchtung ist die Mehrlingswahrscheinlichkeit noch höher. Allein in Deutschland gibt es rund 1,5 Millionen Paare, deren Wunsch nach Nachwuchs sich nicht auf dem natürlichen Weg erfüllt. Wer sich für eine künstliche Befruchtung entscheidet, ist besonders häufig von dem Thema „verlorener Zwilling" und manchmal auch von der Frage nach „Mehrlingsreduktion" betroffen. Deshalb haben wir für diese erweiterte Auflage gründlich recherchiert und sie um dieses große Thema ergänzt.

Die Rückmeldungen der Leser sind berührend und manchmal überwältigend. Für viele unserer Leser hat sich gezeigt, dass die Lektüre dieses Buches ein wichtiger Anstoß zum Verständnis der Symptome und zur

Selbstheilung war. Manche berichteten uns von einer vorübergehenden Verstärkung der Symptome, wie es auch in der Homöopathie als Teil eines Ausleitungs- und Heilungsprozesses bekannt ist.
Wir bedanken uns bei den Lesern für die zahlreichen Briefe und Ergänzungen. Eine Auswahl hiervon kommt in dieser vierten Auflage allen Lesern zu Gute. Wir wünschen unseren Lesern Inspiration, neue Einsichten und neue Perspektiven durch die Lektüre.

Berlin, Dezember 2012
Alfred Ramoda Austermann und Bettina Austermann

Einleitung

Seit vielen Jahren arbeiten wir therapeutisch mit Menschen, Alfred seit über zwanzig Jahren und Bettina seit zehn Jahren. Umfangreiche körper-, gestalt- und traumatherapeutische Ausbildungen begleiteten unseren Weg ebenso wie die Systemaufstellungen und psychodramatische Methoden. Bisher in der Psychologie ausgeblendet, begleitet uns seit 1998 das Thema des verlorenen Zwillings. Wir haben in unserer Arbeit gesehen, wie viel unverstandenes Leid und wie viele Beziehungsdramen aus dem fehlenden Zwilling entstehen. Viele Menschen sind uns begegnet, die sich verzweifelt gefragt haben: „Was ist an mir verkehrt, wieso habe ich in meinen Beziehungen einfach kein Glück?" oder „Wieso läuft bei mir beruflich alles schief?" Viele Sucher haben wir gesehen, die verbissen unzählige Male die Erde als ständige Weltreisende umrundet haben, Therapiesuchende, die bereits ohne größeren Erfolg mehrere Therapien gemacht haben, spirituelle Sucher in verschiedensten Suchergemeinschaften und Haustierbesitzer, die den Tod ihres geliebten Tieres über viele Jahre nicht verkraften. Dieses sind nur einige Beispiele. Im Nachhinein betrachtet mit dem Verständnis des im Mutterleib verlorengegangenen Zwillings, können wir die Suche besser verstehen. Sie suchen verzweifelt und meist unbewusst nach dem oder der Anderen.

Wir haben gesehen, dass die Entdeckung des fehlenden Zwillings bei vielen unserer Klienten, Erwachsene, Jugendliche und Kinder, tiefgreifende Auswirkungen auf das Lebensglück und auf das Liebesglück hat. Wir sind dankbar, dass wir vielen entscheidend helfen konnten. Diese Erfahrungen wollten wir nicht für uns behalten und über dieses Buch vielen zugänglich machen.

Seit einigen Jahren entdecken verschiedene Psychologen unabhängig voneinander an verschiedenen Orten der Welt die Tragweite des im Mutterleib „verlorenen Zwillings". Ein „verlorener Zwilling" ist der Begriff aus dem Blickwinkel des „überlebenden Zwillings". Der Überlebende hat ein Geschwister verloren, während er in der Gebärmutter war.
Im englischen Sprachraum nennt man das Phänomen „Vanishing Twin".

Damit beschreibt man, dass bei vielen Zwillingsschwangerschaften, die zu Beginn einer Schwangerschaft im Ultraschall gesehen werden, ein Embryo wieder verschwindet. Elisabeth Noble hat 1993 in „Primal Connections", (deutsch 1996 „Primäre Bindungen") als erste ihre therapeutische Arbeit mit den überlebenden Zwillingen beschrieben. In Deutschland hat Norbert Mayer (Der Kain-Komplex, 1998) das erste Buch über diese Phänomen geschrieben. Ohne zu wissen, dass es diese Bücher gibt, hat Alfred vor zehn Jahren in Familienaufstellungen das Phänomen entdeckt und begonnen, immer mehr Erfahrungen darüber zu sammeln. Vor acht Jahren ist Bettina dazugestoßen. Durch ihre berufliche Erfahrung und mit dem Hintergrund ihrer lebenden eineiigen Zwillingsschwester gibt sie immer wieder Impulse, in der Tiefe zu verstehen, was es bedeutet, einen Zwilling zu haben oder gehabt zu haben. Wir schreiben dieses Buch gemeinsam.

Kurz vor dem Start in die Schreibklausur für unser Buch bekamen wir von einer belgischen Ausbildungsteilnehmerin das noch druckwarme Buch „Un seul être vous manque" (Ein einziger fehlt ihnen) von der französischen Ärztin und Psychotherapeutin Claude Imbert (2004) in die Hand. Fasziniert lesen wir, dass sie die Auswirkungen eines verlorenen Zwillings sehr ähnlich beschreibt, wie wir sie vorgefunden haben. Auch ihre Therapie hat Ähnlichkeiten mit unserer. Sie hat auf einem anderen Weg dorthin gefunden.

Seit der ersten Auflage dieses Buches gibt es zahlreiche Neuerscheinungen zu „unserem" Thema: Von Barbara Schlochow „Gesucht – Mein verlorener Zwilling", von Evelyne Steinemann „Der verlorene Zwilling", von Althea Hayton „Untwinned".

Die psychologische Küche der Erkenntnis brodelt und kocht an allen Ecken. Also ist es kollektiv an der Zeit, den Horizont um einen wichtigen Fund der vorgeburtlichen Psychologie zu erweitern: Der Tod eines Zwillings im Mutterleib.

Aus nächster Nähe den Tod des Geschwisters mitzuerleben und dann allein zu sein, hat weitreichende Konsequenzen für das weitere Leben des Betroffenen. Nach den neuesten Ultraschalluntersuchungen hat fast jeder Zehnte dieses schwerwiegende Drama im Mutterleib erlebt.

Zwillinge – ein seltenes Phänomen? 1

Vor zehn Jahren bin ich, Alfred, in meiner Arbeit zum ersten Mal auf eine Klientin gestoßen, die einen Zwilling im Mutterleib verloren hat. Bis dahin konnte ich mir nicht vorstellen, dass ein im Mutterleib verloren gegangener Zwilling für viele Menschen eine größere Bedeutung haben könnte. Theoretisch war es mir plausibel, dass in einer verschwindend geringen Zahl an Schwangerschaften schon mal zwei werdende Kinder gleichzeitig dagewesen sind, von denen sich einer wieder verabschiedet hat. Dass dieses aber sehr häufig vorkommt und obendrein eine tiefe Bedeutung für das Leben des betroffenen allein geborenen „ehemaligen" Zwillings haben kann, konnte ich mir nicht vorstellen. Hätte mir das damals jemand unterbreitet, wäre ich schnell versucht gewesen, dieses als „esoterische Spinnerei" abzutun. Doch das Leben lehrt. Viele Klienten, bei denen ich mit anderen Bildern und Methoden nicht weiterkam, konnten mit dem Wiederentdecken ihres verlorenen Zwillings eine grundlegende Lösung für viele ihrer Fragen und Probleme finden.

Bevor ich auf den „verlorenen Zwilling" gestoßen bin, hatte ich mich bereits länger mit der Zeit im Mutterleib beschäftigt. Ich habe mich selbst, gehalten von erfahrenen Partnern, im körperwarmen Wasser in tiefen, vorgeburtlichen Regressionszuständen erlebt. Später habe ich Klienten dabei begleitet. Manche der unwillkürlichen Bewegungen, die tief entspannt im warmen Wasser entstehen, sind die Bewegungen eines Zwillings in der Gebärmutter, der mit seinem Geschwister spielt. Diese Bewegungen habe ich beobachtet, aber damals noch nicht verstanden.

Dazu musste ich erst auf das Phänomen des verlorenen Zwillings stoßen. Mit meiner Frau Bettina, die ich kurz darauf kennen gelernt hatte, habe ich das Phänomen weiter beobachtet und erforscht. Mit Bettinas Erfahrungen mit ihrer lebenden eineiigen Zwillingsschwester im Hintergrund haben wir die Begleitung von Hunderten von Klienten miteinander reflektiert.

Dabei stießen wir immer wieder auf ähnliche Beobachtungen. Wir waren sehr erstaunt, wie häufig verlorene Zwillinge in unserer Arbeit auftauchen. Wir haben Materialien, Protokolle und Briefe von Klienten gesammelt, um daraus ein allgemein verständliches Buch zu verfassen.

Bei den Voruntersuchungen für unser Buch beschäftigten uns immer die medizinischen Fakten. Wir wollten schauen, ob das, was wir mit psychologischen Methoden herausfinden, sich mit medizinischen Erkenntnissen deckt. So bewegte uns immer wieder die Frage, ab wann man tatsächlich im Ultraschall einen Zwilling erkennen kann, was man genau erkennen kann und was die Embryonen im Mutterleib erleben. Eine sehr deutliche Antwort bekamen wir aus Belgien.

Die Seminare über Familien- und Systemaufstellungen führen mich immer wieder in den französischsprachigen Teil Belgiens. Die Belgier sind weltweit führend auf dem Gebiet der vorgeburtlichen Medizin. Die differenzierten Ultraschalluntersuchungen während der Schwangerschaft wurden von dem belgischen Pionier Salvator Levi eingeführt. Er war auch der Erste, der in den späten sechziger Jahren entdeckt hat, dass es weit mehr Zwillingsschwangerschaften gibt, als später geboren werden. Die Belgier haben auch das ICSI-Verfahren zur künstlichen Befruchtung entwickelt, bei der Samenzellen direkt in die Eizelle gespritzt werden. So können auch Paare Kinder bekommen, wenn die Samenzellen des Mannes zu unbeweglich sind oder nur direkt dem Hoden entnommen werden können.

Über meine Freunde in Belgien hatte ich das besondere Vergnügen, einen Fachmann der pränatalen Medizin zu treffen: Jean-Guy Sartenaer. Er widmet sein Leben als Gynäkologe nicht nur den Untersuchungen aller Stadien der Schwangerschaft mit hochmodernen, dreidimensional abbildenden Ultraschallgeräten, sondern allen wachsenden Eizellen. Er ist ein großer Straußenei-Fan. In seinem Appartement sind ganze Wände mit Regalen ausgestattet, in denen hunderte kunstvoll verzierte Straußeneier aus allen Teilen der Welt ausgestellt sind.
Es war sehr spannend, persönlich einen Fachmann über das embryonale Leben zu befragen und Ultraschallbilder gezeigt zu bekommen. Ich möchte Sie, liebe Leserin, lieber Leser im folgenden Kapitel auf das Sofa im Straußeneiambiente einladen, um den Antworten von Docteur Sartenaer zu lauschen:

2

Interview mit einem Spezialisten für pränatale Medizin: Docteur Sartenaer

Das Leben eines werdenden Kindes in der Gebärmutter

Monsieur Sartenaer, wie oft sehen Sie im Ultraschall zu Beginn einer Schwangerschaft mehrere Embryonen in der Gebärmutter?
Ich sehe das bei etwa 8-10 Prozent aller Schwangerschaften. Erfolgreiche Zwillingsschwangerschaften, bei denen beide lebend geboren werden, gibt es etwa zu einem Prozent.

Das bedeutet also, dass Sie rund zehnmal mehr Zwillingsschwangerschaften bei einer Ultraschalluntersuchung in der frühen Schwangerschaft sehen, als tatsächlich geboren werden. Ab welcher Schwangerschaftswoche sehen Sie im Ultraschall, ob sich mehrere Eizellen eingenistet haben? Wie groß sind die Embryonen dann?
Ich sehe die Einnistung von einem oder mehreren Embryonen ab der 5. Schwangerschaftswoche nach der gynäkologischen Rechnung. Die Gynäkologen rechnen immer ab dem ersten Tag der letzten Regelblutung. Die Embryologen rechnen immer ab der Befruchtung. Das bedeutet, dass drei Wochen nach Befruchtung im Ultraschall Embryonen erkannt werden können. Die Embryonen sind dann einige Millimeter groß.

Sehen Sie dann alle Embryonen oder könnten es auch mehr sein, als auf dem Schirm zu sehen ist?
Manchmal liegen sie hintereinander, dann verdeckt einer den anderen. Das kann man im Ultraschall dann nicht erkennen. Bei einer seltenen Art der Einnistung von eineiigen Zwillingen, den monochorial-monoamnialen Zwillingen, die beide in derselben Eihaut und im selben Fruchtwasser schwimmen, sieht man erst später, wenn es zwei sind.

In Deutschland findet routinemäßig die erste Ultraschalluntersuchung bei Schwangeren erst in der 9.-12. Schwangerschaftswoche (gynäkologisch

gezählt) statt. Dann sind die meisten Mehrlinge bereits wieder verschwunden. Ist das der Grund, warum das Thema „verschwundener Zwilling" bei den Gynäkologen in Deutschland wenig bekannt ist?
Sicher ist das ein Grund. Wir in Belgien untersuchen die schwangeren Frauen früher. Im belgischen Routineplan für Schwangerschaftsuntersuchungen ist die erste Ultraschalluntersuchung in der siebten Schwangerschaftswoche vorgesehen. Das bedeutet, dass wir regelmäßig zum ersten Mal fünf Wochen nach der Befruchtung in den Bauch der Mutter schauen. Wir haben an unserer Klinik besonders empfindliche Ultraschallgeräte, mit denen wir vieles genau erkennen können. Denn die meisten Zwillinge sterben bereits im ersten Drittel der Schwangerschaft.

Ich habe bei Joachim-Ernst Behrend, einem deutschen Hörerfahrungsfachmann gelesen, dass das Ohr das Erste am werdenden Menschen ist, was sich entwickelt, noch vor Herz und Gehirn, ist das so? Was hört der Embryo nach Ihrer Vermutung?
Ja, noch bevor das eigene Herz in der 6. Schwangerschaftswoche (gynäkologisch gerechnet) zu schlagen beginnt, ist das Ohr angelegt. Der Embryo hört das Rauschen des Blutes und das Herz und die Verdauungsgeräusche der Mutter und auch schon die Umgebungsgeräusche.

Was hört ein Zwilling vom Anderen?
Wenn sich zwei Embryonen eingenistet haben, hört der Eine den Anderen sehr früh, noch vor der 6. Schwangerschaftswoche. Er hört den Blutkreislauf des Anderen, noch bevor sein Herz anfängt zu schlagen.

Zwischen den Zwillingen ist ja meistens mindestens eine Eihaut. Wie viel bekommt der Eine vom Anderen trotz dieser Trennwand mit, behindert sie den Kontakt?
Pas du tout. Die Membran ist so dünn, das alles dadurch möglich ist.

Wir sehen in Aufstellungen häufig, dass Stellvertreter für Zwillinge im Mutterleib sich so eng wie möglich umschlingen möchten. Ist das in der Gebärmutter tatsächlich möglich?

Die Membran erlaubt auch das. Ich sehe bei größeren Föten häufig im Ultraschall, dass einer den Arm um den Anderen legt. Überhaupt bewegen Embryonen und Föten sich sehr viel, lange bevor die Mutter es bemerkt.

Wenn ein Zwilling stirbt, merkt die Mutter das?
Gewöhnlich merkt die Mutter nichts. Selten gibt es kleinere oder größere Zwischenblutungen. Der Schwangerschaftshormonspiegel verändert sich überhaupt nicht. Selbst wenn in einer sehr weit fortgeschrittenen Schwangerschaft einer stirbt, merkt die Mutter meistens nichts – außer über Träume und Intuition.

Wenn der eine Zwilling stirbt, woran merkt der Andere das?
Zunächst werden der Herzschlag und die Bewegungen schwächer, dann hören sie ganz auf. Das spürt der Andere.

Wenn der eine Zwilling gestorben ist, kann der Andere den toten Körper spüren, etwa wie einen harten Klumpen?
Häufig ja. Bei Föten, die eine gewisse Größe erreicht haben, also bei Tod ab dem zweiten Schwangerschaftsdrittel, spürt der Eine den Anderen wohl grundsätzlich. Oft weicht er dem toten Geschwister aus, zieht sich sogar ganz in der Gebärmutter zurück und bewegt sich kaum noch während der Schwangerschaft.

Wir arbeiten mit einer Klientin, die einen Zwilling im Mutterleib verloren hat. Sie beklagt schwersten Ekel vor sich selbst und vor ihren Partnern. Sie ist lange erfolglos auf Missbrauch therapiert worden. Könnte es sein, dass sich das Fruchtwasser durch den toten Anderen so verändert hat, dass es für sie ekelig geschmeckt hat?
Eine deutliche Änderung der Zusammensetzung des Fruchtwassers, wenn einer stirbt, ist sehr wahrscheinlich. Der Blutkreislauf der zwei Plazenten ist eng miteinander verbunden. Auch die Geschmacksknospen entwickeln sich sehr früh, sind bereits in der 10. Schwangerschaftswoche sichtbar. Daher ist es wahrscheinlich, dass der Überlebende eine Veränderung im Geschmack des Fruchtwassers wahrnehmen kann.

Als unsere Eltern uns bekommen haben, kannte man noch keine Ultraschalluntersuchungen. Man untersucht nach der Geburt damals wie heute die Plazenta. Wie alt müssen die gestorbenen Zwillinge oder Mehrlinge mindestens geworden sein, damit man sie in der Nachgeburt sieht?
Man kann den gestorbenen Embryo in der Plazenta eingewachsen sehen, wenn er bereits die 14. Schwangerschaftswoche erreicht hat. Vorher wird er ganz von der Plazenta absorbiert oder wächst gelegentlich in den Überlebenden ein. Wenn das gestorbene Geschwister noch älter geworden ist, ab der 20. Schwangerschaftswoche wird es zu einem „Fetus papyracaeus", zum plattgedrückten, eingetrockneten Fötus, dem das Gewebewasser entzogen wurde.

Insgesamt ist damals ja ein verlorener Zwilling sehr selten bemerkt worden, das galt als etwas sehr Exotisches und Unwahrscheinliches. Früher sagte man den Müttern häufig nichts, wenn bei der Geburt Hinweise auf einen verlorenen Zwilling gefunden wurden, um sie nicht zu beunruhigen. Wie gehen Sie und Ihre Kollegen heute mit den Ultraschallbefunden um?
Manche meiner Kollegen informieren erst im zweiten Schwangerschaftsdrittel die werdende Mutter, wenn Zwillinge zu sehen sind, da sie dann wahrscheinlich auch geboren werden. Ich persönlich sage den werdenden Müttern sofort zu Beginn der Schwangerschaft, was ich sehe. Damit können die Mütter sich einerseits auf mögliche Mehrlinge vorbereiten und sich andererseits von den Kindern, die nicht groß werden, auch wieder verabschieden.

Wenn früh gestorbene Zwillinge in den Körper des anderen einwachsen, sind dies immer nur eineiige Zwillinge oder können es auch zweieiige sein?
Sowohl als auch.

Glauben Sie, dass das, was ein Embryo in den ersten Schwangerschaftswochen erlebt, das Leben eines Erwachsenen entscheidend prägen kann?
Ich glaube es sicher und bin froh darüber, dass man heute auch mit Neugeborenen völlig anders umgeht, als noch vor wenigen Jahren. Das gesamte Menschenbild in der Frauenheilkunde hat sich bei uns sehr gewandelt.

Merci beaucoup

Wenn sich mehrere Eizellen eingenistet haben

– sieht man das meist (aber nicht immer) im Ultraschall

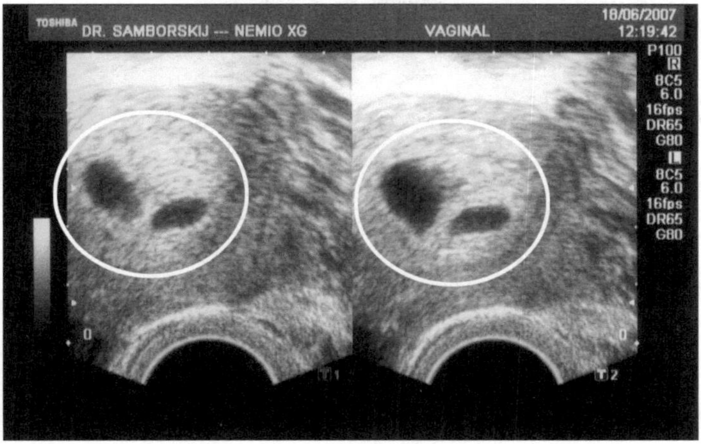

Zwillingsanlage: Auf diesem Bild sehen Sie zwei Eihöhlen in der 5. oder 6. Schwangerschaftswoche, drei bis vier Wochen nach der Befruchtung, in zwei verschiedenen Perspektiven. Zu dieser Zeit kann man noch keine Embryonen erkennen. Sie haben ein Größe von etwa 3mm. Die Eihüllen sind etwa 6-10 mm groß.

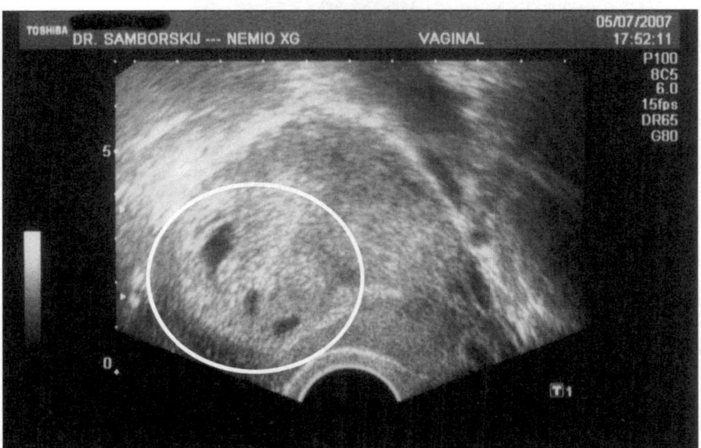

Drillingsanlage: Auf diesem Bild sehen Sie drei Eihöhlen, ebenfalls in der 5. Schwangerschaftswoche. Nicht immer sind die Eihöhlen so gut und nebeneinander zu sehen. Da die Gebärmutterschleimhaut relativ verwinkelt ist, nisten sich manche Eizellen auch sehr versteckt ein und sind nicht immer leicht zu finden.

Gestorbene Zwillinge im Ultraschall

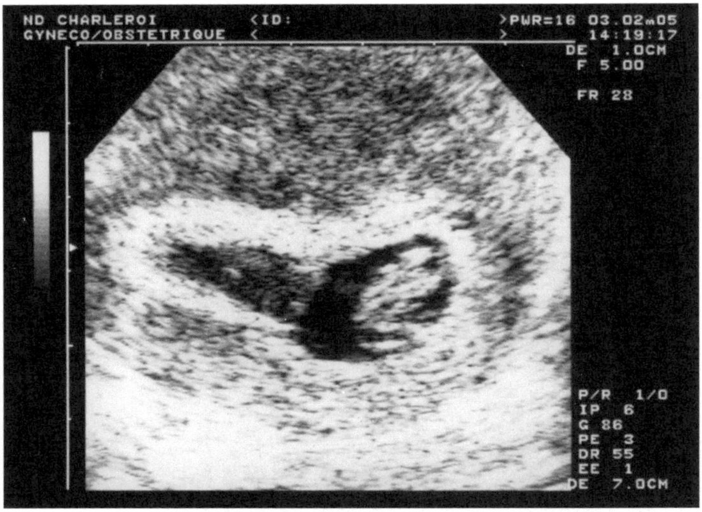

Auf diesem Bild sehen Sie zwei Eihöhlen in der achten Schwangerschaftswoche, sechste Woche nach Befruchtung. Der linke Embryo ist gestorben und wird in der späteren Schwangerschaft wahrscheinlich spurlos verschwunden sein.

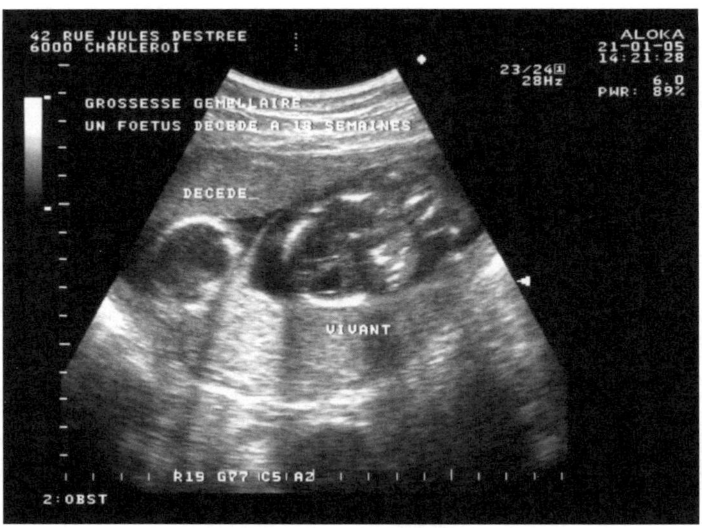

Zwillinge in der 18. Schwangerschaftswoche, 16. Woche nach Befruchtung. Rechts ist der Lebende auf der Seite liegend. Das dunkle Oval mit der hellen Linie unterhalb ist seine Plazenta. Der Andere ist etwa 3 Wochen zuvor gestorben. Von ihm sieht man den Kopf.

Zum Abschluss zeigen wir einige Bilder aus der Dokumentation einer Schwangerschaft, die von der Berliner Gynäkologin Dr. Annette Proksch erstellt wurde. Die Patientin hatte vorher eine Risikoschwangerschaft. Daher wurde diese Schwangerschaft besonders überwacht.

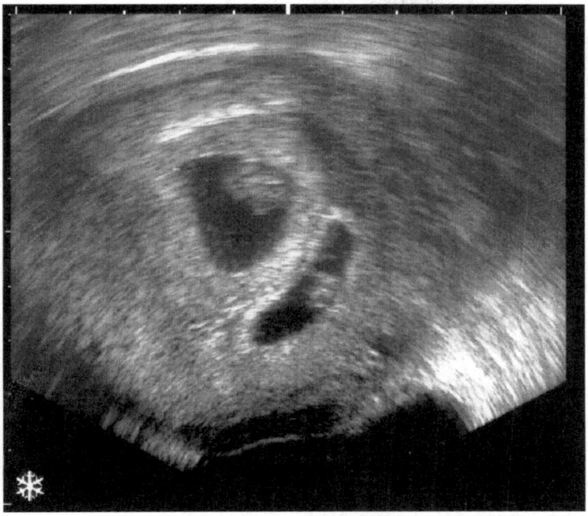

Zwei Fruchthöhlen in der achten Schwangerschaftswoche. Der eine, später überlebende Zwilling misst 7 mm, der andere 8 mm. Die untere Fruchthöhle dürfte etwa genau so groß sein wie die obere, durch die andere Perspektive wirkt sie kleiner. Beide Embryonen haben eine angemessene Herzaktivität, das heißt, einen kräftigen Puls von 150 bis180 Schlägen pro Minute. Zu diesem Zeitpunkt ist nicht zu erkennen, ob einer stirbt. Das Herz eines sterbenden Embryos schlägt häufig über viele Tage immer langsamer, bis es schließlich aufhört zu schlagen.

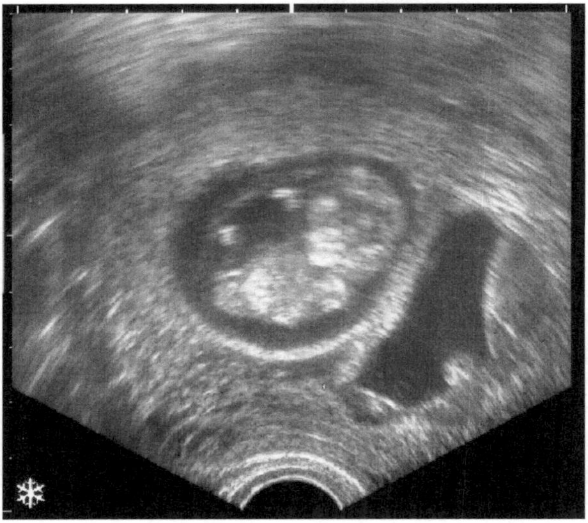

Dieses Bild ist in der zwölften Schwangerschaftswoche aufgenommen. Der obere Zwilling ist gut zu erkennen, vom unteren sieht man nur noch einen kleinen Schatten. Bei ihm ist keine Herzaktivität mehr feststellbar, sein Herz schlägt nicht mehr.

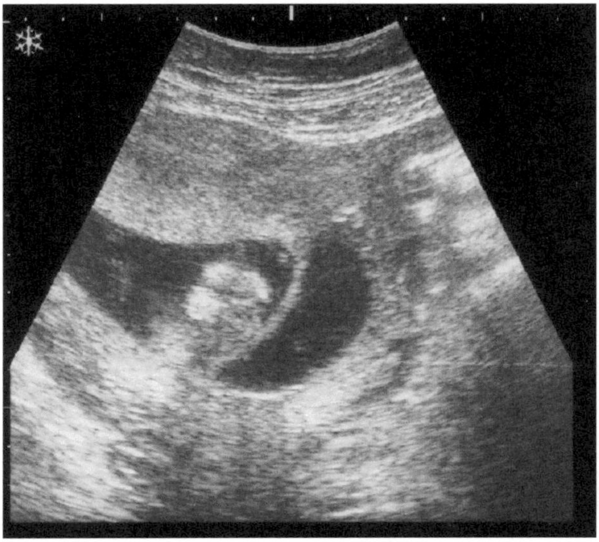

In der dreizehnten Schwangerschaftswoche ist der lebende Embryo 53 mm groß, der gestorbene misst 6 mm und füllt die Fruchthöhle kaum noch aus.

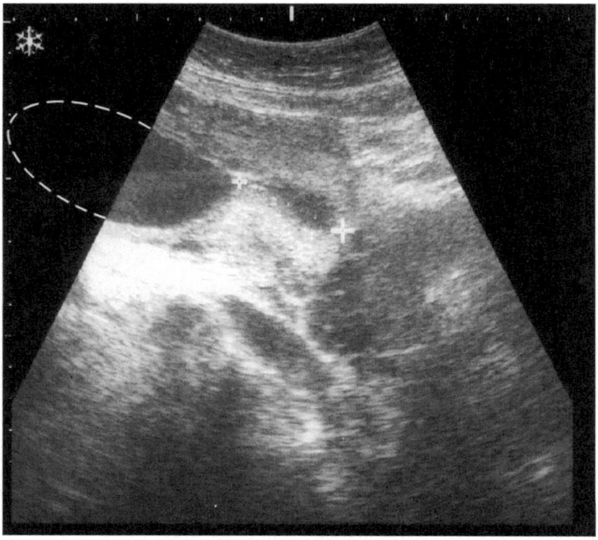

In der zweiundzwanzigsten Schwangerschaftswoche ist der Restfruchtsack des gestorbenen Embryos zwischen 19 und 33 mm groß.
Vom gestorbenen Zwilling ist nichts mehr zu sehen. Links daneben beginnt die Fruchthöhle des Überlebenden, die Fortsetzung ist gestrichelt angedeutet.

Von der Zeugung zur Geburt 3

Das erste Drittel der Schwangerschaft ist für unsere Beobachtungen die wichtigste Phase. Die meisten Zwillinge oder Mehrlinge, die sich einnisten und dann wieder verloren gehen, sterben im ersten Drittel der Schwangerschaft. Aus diesem Grund beschreiben wir diese Zeit ausführlicher.

Jedes Mädchen hat am Beginn ihres Lebens, zur Zeit ihrer Geburt, über zwei Millionen Eizellen. Am Beginn der Pubertät sind es noch ungefähr vierhunderttausend Eizellen, die sich zu einem reifen Follikel entwickeln können. In der Zeit von der ersten Menstruation bis zur Menopause werden aber nur einige hundert Eizellen reif und fähig für eine Befruchtung. In jedem Zyklus beginnen mehrere Eizellen mit der Reifung. Eine Eizelle entwickelt sich besonders stark.

Sie wird zum Leitfollikel. Ein Follikel, auch Eibläschen genannt, beherbergt die Eizelle und Follikelflüssigkeit. Dieses Leitfollikel gibt an die anderen Follikel, die mit der Reifung begonnen haben, das Signal: „Ich bin groß und stark genug für einen Eisprung, ihr braucht nicht mehr zu wachsen." Diese sind in der Regel zu diesem Zeitpunkt noch nicht befruchtungsfähig.

Im Ultraschall kann man die heranreifenden Follikel und Eierstöcke der Frau gut erkennen. Ein reifes Follikel kurz vor dem Eisprung ist etwa zwei Zentimeter groß. Es kommt zum so genannten Eisprung. Die Eizelle selbst ist, nach dem sie gesprungen ist, auf dem Monitor des Ultraschallgerätes nicht mehr erkennbar. Sie ist 0,11 bis 0,14 Millimeter groß, ungefähr wie die Spitze eines Haares. Sie ist die größte menschliche Zelle überhaupt.

Das Follikel platzt und die Eizelle wandert durch den Eileiter. Mit Glück trifft sie im oberen Drittel des Eileiters auf Samenzellen. In der Regel werden bei einem Geschlechtsakt etwa 200 Millionen Samenzellen ausgesandt. Sobald sie das Ei berühren, bilden sie um das Ei einen dichten Kranz. Sie berühren die Eihaut mit den Köpfen und durchlöchern gemeinsam die Schutzhülle aus Nährstoffzellen, bis schließlich eine Samenzelle von dem Ei hineingezogen wird. Die Samenzelle wirft den Schwanz ab, der seine Funktion erfüllt hat. Die Membran der Eizelle verbarrikadiert sich und lässt keine weiteren Samenzellen mehr ein. Die Zellkerne von Samenzelle und Eizelle verschmelzen miteinander.

Die Befruchtung hat stattgefunden. 23 Chromosomenpaare setzen sich zusammen aus den 23 Chromosomen der Eizelle und den 23 Chromosomen der Samenzelle. Darin ist das gesamte genetische Programm für den werdenden Menschen enthalten. Fantastische Fotos über die Befruchtung und Weiterentwicklung des Embryos sind in den Büchern von Lennart Nielsson zu sehen.

Erst drei Wochen nach der Befruchtung, wenn sich eine befruchtete Eizelle in der Gebärmutter eingenistet hat, kann man die Eihöhle oder bei Mehrlingen möglicherweise auch mehrere Eihöhlen auf dem Monitor des Ultraschallgerätes sehen. Alles, was in der Zwischenzeit im Körper der Frau geschieht, ist nur mit speziellen Geräten sichtbar. Nach der Befruchtung teilen und vermehren sich die Zellen kontinuierlich.

Von der Befruchtung bis zur Einnistung in die Gebärmutter dauert es 8-10 Tage. In dieser Zeit teilt sich die befruchtete Eizelle beständig. Der oben erwähnte Fotograf Nielsson hat einmalige Mikroskopfotos von diesem Wachstum der Eizelle live aus dem Mutterleib(!) gemacht. Nach drei Tagen beginnen die Zellen sich zu spezialisieren. Der Zellhaufen teilt sich in einen inneren Teil, der zum Embryo wird und einen äußeren Teil. Die äußeren Zellen bilden den kindlichen Teil des Mutterkuchens und die äußere Eihaut, das Chorion. Beide Zellhaufen bleiben mit einem so genannten Haftstil miteinander verbunden, aus dem die Nabelschnur entsteht. Am siebten Tag differenzieren sich die Zellen weiter, die innere Eihöhle, genannt das Amnion, entsteht.

Dann erst nistet sich der Embryo, der in diesem Stadium noch Blastozyste heißt, in die Gebärmutter ein. Allerdings schaffen es bis hier nur 15-40 % aller befruchteten Eizellen. Der Embryo ist in der Gebärmutter durch eine zweifache Hülle, die innere und äußere Eihaut, Chorion und Amnion, geschützt. Die innere Eihaut ist mit Fruchtwasser gefüllt.

Schaut man sich an, wie schnell sich diese, zuerst winzige Ansammlung von Zellen weiterentwickelt und in kurzer Zeit höchst differenzierte und komplizierte Systeme bildet, kann man zu Recht von einem Wunder der Menschwerdung sprechen.

Bereits eine Woche nach der Befruchtung bilden sich die ersten Ansätze der Ohren. Drei Wochen nach der Befruchtung hat der Embryo bereits einen Kopf und einen Schwanz.

Am Ende des ersten Schwangerschaftsmonats beginnen Arme und Beine zu knospen. Der werdende Mensch besteht jetzt aus Kopf, Rumpf und Schwanz. Die Entwicklung des Nervensystems beginnt.

Am 23. Tag nach der Befruchtung beginnt das Herz, Blut zu pumpen. Im Alter von zwei Monaten nach der Empfängnis hat sich das Herz vollständig entwickelt.

In der sechsten Woche nach der Befruchtung entwickeln sich Gehirn und innere Organe, wie Leber und Nieren. Die Ausbildung der Keimdrüsen und damit die geschlechtliche Entwicklung beginnt.

Mit sieben Wochen ist das Gesicht mit Augen, Nase, Lippen und Zunge erkennbar. Die ersten Ansätze von Zähnen und Knochen bilden sich.

Finger und Hände sind in der achten Schwangerschaftswoche gut ausgebildet. Die Muskeln beginnen sich zu entwickeln.

Rund acht bis zehn Wochen nach der Befruchtung beginnt der Embryo mit seiner eigenen Gymnastik und bewegt sich.

Alle Organe sind angelegt. Die inneren Organe (Leber, Niere, Herz, Verdauungsapparat usw.) arbeiten. Jetzt wird der werdende Mensch nicht mehr Embryo, sondern Fötus (lateinisch: das Junge, der Nachkomme) genannt.

In diesem ersten Trimenon ist aus Eizelle und Samenzelle ein komplexer Organismus entstanden. Der werdende Mensch schwebt im Fruchtwasser, Bewegungsreflexe und Bewegungswiederholungen sind beobachtbar.

Kontinuierlich geht die Entwicklung weiter. Gegen Ende des vierten Schwangerschaftsmonats sind die inneren und äußeren Geschlechtsorgane vollständig entwickelt. Im fünften Monat bildet sich bei dem werdenden Kind das erste Fettgewebe. Es ist jetzt 300 Gramm bis 400 Gramm schwer und 25 Zentimeter groß. Spätestens jetzt wird die Schwangerschaft nach außen sichtbar. Der Bauch der Mutter rundet sich und auch die Bewegungen des Kindes sind sichtbar und spürbar. Das Kind kann Geräusche von außen hören und beispielsweise auf Musik reagieren.

Bereits in diesem Alter bestehen die ersten Überlebenschancen für Frühgeborene. Dank den Weiterentwicklungen der Medizin kann ein frühes Frühchen selbst dann noch hochgepäppelt werden, wenn das Geburtsgewicht unter 500 Gramm liegt. Der ethisch fragwürdige „Rekord" eines japanischen Ärzteteams liegt bei einem Baby, das mit 285 Gramm Geburtsgewicht durchgekommen ist. Wie groß allerdings die bleibenden Hirnschäden und das körperlich-seelische Defizit dieses später Erwachsenen ist, wird nicht berichtet.

Eine bedeutsame Frage ist, ab wann eine intensivmedizinische Unterstützung eines extrem früh Geborenen sinnvoll ist. Das Risiko, starke körperliche und seelische Behinderungen davonzutragen, ist sehr hoch.

Ab dem sechsten Monat wird es in der Gebärmutter eng. Der werdende Mensch wiegt jetzt zwischen 500 und 600 Gramm und ist 30 bis 35 Zentimeter groß.

In den letzten drei Schwangerschaftsmonaten finden die letzten Reifungsschritte statt. Das Gehirn spezialisiert sich weiter. Die Ganglienzellen des Großhirns, die laut Wissenschaft zuständig sind für die „höheren" Bewusstheitszustände, wie der eigene Wille, Gedächtnis und Bewusstsein, sind im achten Monat maximal entwickelt. Ab jetzt ist ein ausgeprägter Schlafrhythmus und Wachrhythmus beobachtbar, der bis nach der Geburt bestehen bleibt. Das Kind bildet ein Fettpolster, um für die Zeit nach der Geburt vor Kälte geschützt zu sein. Der werdende Mensch bereitet sich auf die Geburt vor. Er träumt, Traumphasen, so genannte REM-Phasen, lassen sich beobachten. Der Verdauungstrakt ist voll ausgebildet und zur Aufnahme flüssiger Nahrung vorbereitet.

Im neunten Monat ist der werdende Mensch regelrecht eingeklemmt, der Kopf tritt im Normalfall in das Becken der Mutter ein. Das Baby wird geboren, ungefähr 38 Wochen nach dem Zusammentreffen von Ei- und Samenzelle.

4 Die Einnistung von Zwillingen

Für ein besseres Verständnis unseres komplexen Themas der verlorenen Zwillinge beschreiben wir die biologischen Hintergründe zur Entstehung von Zwillingen. Es gibt hauptsächlich zwei Entstehungsmöglichkeiten für Zwillinge. Zwei Drittel aller Zwillinge sind aus je einer Eizelle und einer Samenzelle entstanden. Daher nennt man sie zweieiige Zwillinge. Knapp ein Drittel aller Zwillinge sind aus derselben befruchteten Eizelle entstanden. Man nennt diese eineiige Zwillinge. Einer ist der genetisch identische Klon des anderen.

Daneben gibt es auch noch die seltene Sonderform, bei der zwei verschiedene Spermien zwei befruchtungsfähige Teile derselben Eizelle befruchten. Diese Zwillinge heißen Polkörperchenzwillinge oder Zwillinge aus zweikernigen Eizellen, je nach Entstehungsart. Diese Zwillinge sind väterlicherseits unterschiedlich, aber mütterlicherseits gleich, also gewissermaßen „anderthalbeiige“ Zwillinge.

Zweieiige Zwillinge

Zweieiige Zwillinge entstehen aus zwei Eizellen, die in einem Menstruationszyklus heranreifen. Lange Zeit glaubte man, dass Frauen nur jeweils einen einzigen Eisprung haben, bei dem nur ein Ei, selten aber gleichzeitig zwei Eizellen springen. Dieses glaubte man unter anderem durch Temperaturmessung genau feststellen zu können. Am Tag um den Eisprung ist die Körpertemperatur um 0,3 Grad erhöht. Spätere Spontanschwankungen der Körpertemperatur zur gleichen frühmorgendlichen Uhrzeit schob man auf Erkältungen, Alkoholkonsum am Vorabend und andere Ursachen. Ist der Eisprung einmal vorbei, glaubte man, kann nach drei Karenztagen kein Ei mehr befruchtet werden.

Die Temperaturmethode zur Feststellung des Eisprungs wird seit langer Zeit als Verhütung angewendet. Sie wurde nach ihren Entwicklern Knaus-Ogino benannt. Das Wissen um mehrere Eisprünge erklärt, warum trotz diszipliniertester Anwendung viele Frauen schwanger wurden. Spitze

Zungen im Volksmund haben diese Verhütungsmethode auch „vatikanisches Roulette" genannt. Nicht einmal der Papst hatte etwas gegen diese Methode einzuwenden. Mit den verfeinerten Ultraschallgeräten sieht man heute gar nicht selten, dass ein weiteres Ei zeitversetzt springt, möglicherweise auch aus dem anderen Eierstock. Die gesprungenen Eizellen werden von jeweils einer Samenzelle befruchtet. Dies muss nicht notwendigerweise im gleichen Geschlechtsakt geschehen. Es ist auch möglich, dass zweieiige Zwillinge zwei verschiedene Väter haben. Wenn das ein Familiengeheimnis ist, sorgt es im späteren Leben für große Verwirrung unter den Zwillingsgeschwistern. In unserem Kapitel „Die seelische Bindung bei lebenden Zwillingen" zeigen wir ein Beispiel aus unserer Praxis. Im englischsprachigen Raum gibt es zu den zweieiigen Zwillingen einen flotten Spruch: „Mummies' babies, daddy's maybes" (Muttis Babys, Vatis Könnteseins).

Es gibt erbliche Veranlagungen zur gleichzeitigen Heranreifung mehrerer Eizellen. Die daraus einhergehende Zwillingshäufigkeit wird in Familien vererbt. Es wird angenommen, dass ausschließlich Faktoren der mütterlichen Seite eine Rolle bei der Entstehung von Zwillingen spielen.

Darüberhinaus gibt es Umweltfaktoren, die mehrere Eisprünge gleichzeitig begünstigen. Dr. Sartenaer hat beobachtet, dass die Häufigkeit von mehreren gleichzeitigen Eisprüngen mit der Zunahme an Umweltgiften ansteigt.

Ein weiterer Faktor der Zwillingshäufigkeit ist das Alter der Frau. So bekommen 35-jährige Schwangere etwa viermal häufiger Zwillinge als erheblich jüngere Frauen. Mit weiter zunehmenden Alter nimmt diese Wahrscheinlichkeit wieder ab.

Es wird angenommen, dass das Absetzen der Anti-Babypille auch Zwillingsschwangerschaften begünstigt.

Ob zweieiige Zwillinge auch aus verschiedenen Monatszyklen stammen können, ist wissenschaftlich nicht geklärt. In der Literatur findet man hierzu unterschiedliche Angaben. Eine unserer Klientinnen in Belgien kennt persönlich eine 50-jährige Frau, die einen 3 Monate jüngeren Zwillingsbruder hat. Sie wurde geboren, er blieb noch 3 Monate im Bauch und wurde dann normal geboren. Hier könnte es sein, dass die Mutter eine zweite Gebärmutter hat und ihr Körper allen Schwangerschaftshormonen zum Trotz noch einen Eisprung produziert hat. Dieses kommt gelegentlich vor, wie wir von den Tropi-Kindern (Trotz-Pille-Kindern) wissen. Die Anti-Baby-Pille täuscht durch entsprechende Hormone dem Körper den Beginn einer Schwangerschaft vor. Es findet dann hormonell bedingt kein Eisprung mehr statt.

In der Gebärmutter nisten sich zweieiige Zwillinge unabhängig voneinander an verschiedenen Stellen ein. Sie bilden jeweils eine eigene Eihöhle mit eigenem Mutterkuchen (Plazenta). Im Ultraschall kann man dieses meistens sehr deutlich erkennen.

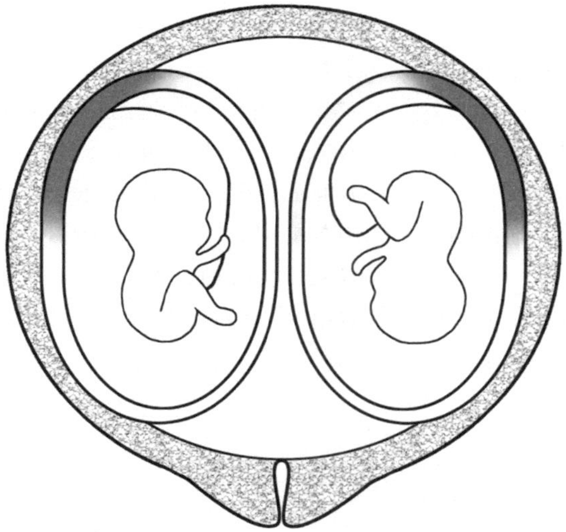

Zweieiige Zwillinge oder früh geteilte eineiige Zwillinge in der Gebärmutter haben eine eigene Plazenta und eine eigene Fruchtblase

Eineiige Zwillinge

Rund ein Drittel aller Zwillinge sind eineiig, zwei Kinder mit genau dem gleichen Erbmaterial. Das befruchtete Ei teilt sich innerhalb der ersten dreizehn Tage nach der Zeugung in zwei Teile. Warum es zu dieser Teilung kommt, ist ungeklärt. Man vermutet Abweichungen im biochemischen Milieu der Gebärmutter. Besonders lange Monatszyklen und eine sehr späte Befruchtung der Eizelle und künstliche Befruchtung scheinen die Entstehung von eineiigen Zwillingen zu begünstigen.

Aus der befruchteten Eizelle bildet sich durch Zellteilung eine Ansammlung von Zellen. Bei der Entstehung von eineiigen Zwillingen geschieht eine komplette Teilung dieses Zellhaufens. Je nachdem, wann diese Zwillingsteilung geschieht, bekommt das Kind einen eigenen Mutterkuchen und eine eigene Fruchtblase oder muss sich diese mit dem Geschwister teilen.

Bereits sehr früh, im Achtzellstadium, beginnt der Zellhaufen, auch Blastozyste genannt, sich zu spezialisieren: Der eine Teil bildet den Mutterkuchen und die Eihäute und der andere wird zum Kind.

Findet die Zwillingsteilung vor dieser Spezialisierung statt, bekommt jeder Embryo einen eigenen Mutterkuchen, eine eigene innere und äußere Eihaut. Sie wachsen wie zweieiige Zwillinge heran. Manchmal liegen die Mutterkuchen aber so dicht beieinander, dass sie miteinander verwachsen.

Bereits drei Tage nach der Befruchtung ist die Spezialisierung der Zellen so weit fortgeschritten, dass keine eigene Plazenta mehr gebildet werden kann. Die eineiigen Embryonen wachsen in einer gemeinsamen Eihöhle mit nur einer Plazenta auf. Sie haben aber noch differenzierungsfähige Zellen genug, um eine eigene innere Eihaut, also Fruchtblase zu bilden. Diese nennt man Amnion. Die Embryonen schwimmen in verschiedenen Wassern.

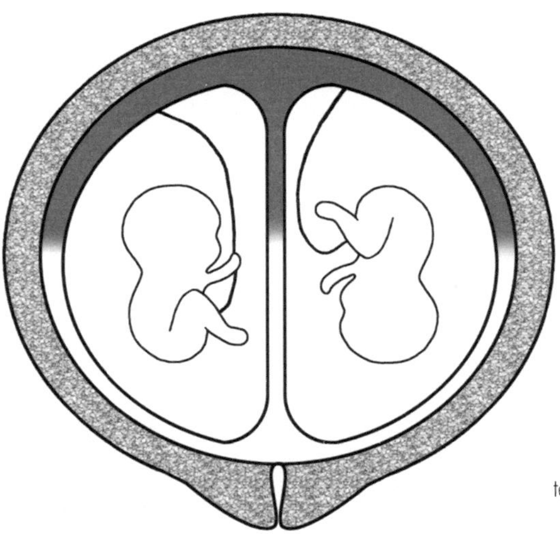

Nach drittem Tag ab der Befruchtung geteilte eineiige Zwillinge in der Gebärmutter teilen sich eine Plazenta, haben aber eine eigene Fruchtblase.

Im selben Fruchtwasser schwimmen die Zwillinge, wenn die Teilung nach dem siebenten Tag ab der Befruchtung stattfindet. Die Eizelle kann dann keine eigene innere Eihaut mehr bilden. Bei diesen Zwillingsschwangerschaften ist die Gefahr von Komplikationen sehr hoch.

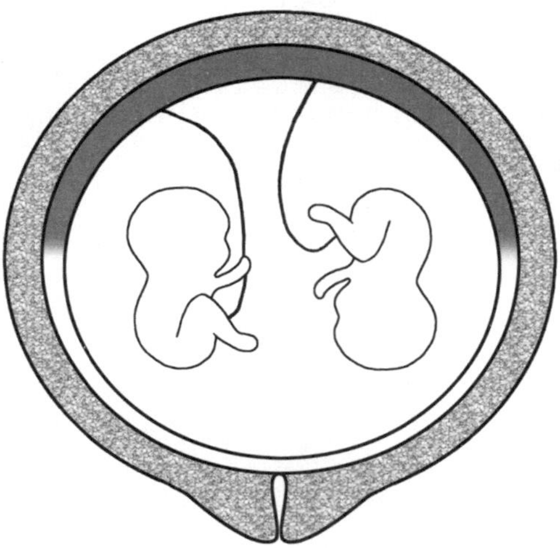

Spät geteilte eineiige Zwillinge in der Gebärmutter teilen sich eine Plazenta und die Fruchtblase

Es gibt auch eineiige Mehrlinge

Wir haben gesehen, dass sich eine Eizelle teilen kann, so dass Zwillinge entstehen. Gelegentlich kommt es aber vor, dass sich die geteilte Eizelle noch einmal spaltet und eineiige Drillinge oder Vierlinge entstehen können. Es gibt auch gemischte Schwangerschaften, bei der zweieiige und eineiige Mehrlinge zusammen aufwachsen.

Die seelische Bedeutung von verschiedenen Zwillingstypen

Die Schaubilder in diesem Kapitel zeigen, dass zumindest zu Beginn der Schwangerschaft die Embryonen eine sehr unterschiedliche Nähe zueinander haben. Wenn sie sich eine Plazenta teilen müssen oder beide Mutterkuchen direkt ineinander verwachsen sind, sind sie sich sehr nah. Sie sind auf Gedeih und Verderb voneinander abhängig. Dieses beeinflusst sicherlich die Tiefe der Bindung zueinander.

Es macht einen Unterschied in der Seele des Überlebenden, wie weit die Mutterkuchen und damit die Embryonen voneinander entfernt ihren Platz in der Gebärmutter finden. Dieses könnte neben dem Zeitpunkt des Todes eines der beiden, früh oder spät in der Schwangerschaft, auch erklären, warum der Verlust eines Zwillings von verschiedenen Menschen sehr unterschiedlich erlebt wird.

Monique, eine unser Klientinnen, spürt großen Ekel vor sich selbst und vor ihren Partnern. Die Eihöhlen könnten so dicht beieinander gelegen haben, dass sich die Zusammensetzung des Fruchtwassers durch den toten Zwilling sehr verändert haben könnte.

Die Häufigkeit von Zwillingen zu Beginn der Schwangerschaft

5

Ebenso wie bei den meisten hoch entwickelten großen Säugetieren, zum Beispiel den Pferden, Elefanten und Delfinen, ist der menschliche Organismus eigentlich nicht dafür angelegt, Mehrlinge auszutragen. Das riesige Gehirn des werdenden Nachwuchses benötigt so viel Platz in der Gebärmutter, dass sie einer Beanspruchung durch zwei große wachsende Schädel nur schwer standhalten kann. Bei den Menschen ist beispielsweise der Muttermund zu schwach, um den ungeheuren Druck von mehr als einem Kind auszuhalten. Das ist einer der Gründe, warum Zwillinge im Durchschnitt vier Wochen vor der Zeit geboren werden.

Ist es also ein natürliches Überlebensprogramm, dass der schwächere Zwilling wieder stirbt? Vermutlich ja. Dennoch bleibt diese Erfahrung für den Überlebenden prägend für sein Leben, wie wir später ausführlich erläutern.

Wie hoch die Häufigkeit von „verlorenen" Mehrlingen am Beginn der Schwangerschaft tatsächlich ist, ist selbst den meisten Gynäkologen noch nicht bekannt. Deshalb wundern Sie sich nicht, wenn Ihr Frauenarzt ähnlich wie unserer reagiert, wenn Sie ihn danach fragen: mit Unverständnis. Wegen eigener Routineuntersuchungen haben wir im Laufe der letzten Jahre in Berlin mehrere gynäkologische Arztpraxen aufgesucht. Neben der privat bedeutsamen medizinischen Untersuchung brannten wir darauf, für unser Buch aus der täglichen gynäkologischen Praxis Zahlen genannt zu bekommen. Wir haben unser Buchprojekt vorgestellt und wollten wissen, wie oft Mehrlingsschwangerschaften im Ultraschall gesehen werden, die später wieder verschwinden.

Die Ärzte waren interessiert. Sie reagierten aber über unsere Informationen und unsere psychologischen Beobachtungen sehr befremdet. Teilweise belächelten sie uns. Die meisten Ärzte sagten, theoretisch wissen sie von der Möglichkeit, dass sich Zwillingsembryonen oder Mehrlinge einnisten, die wieder verschwinden. Sie selbst haben es aber noch nie gesehen und halten dies für ein sehr seltenes Phänomen. Ein Gynäkologe in einer Spezialpraxis bestätigte unsere Erkenntnisse weitgehend. Er hielt eine Mehrlingsschwangerschaftsrate von 5 % bis 10 % für realistisch. Allerdings konnte er sich nicht vorstellen, dass dies irgendeine psychische Auswirkung haben könnte.

Ebenso werden wohl die meisten Ihrer Freunde und Bekannten reagieren, wenn Sie ihnen erklären wollen, dass Sie vielleicht einen verlorenen Zwilling hatten und darin den Grund für Ihre unerklärlichen Einsamkeitsgefühle, Schuldgefühle, Ihre fehlgeschlagenen Beziehungen, schweren Krankheiten oder sonstigen Eigenarten sehen. Dieses Phänomen ist bei uns noch so unbekannt, dass meistens nur sehr enge Freunde Sie nicht abweisen werden.

Wie kommt es, dass die meisten Gynäkologen wenig über frühe Zwillings- oder Mehrlingsschwangerschaften wissen und auch nur wenigen begegnen? Die gewöhnliche gynäkologische Arztpraxis ist nicht mit hochsensiblen Spezialgeräten ausgerüstet. Anders als die auf künstliche Befruchtung oder anderweitig spezialisierten Gynäkologen, sehen diese Ärzte also tatsächlich nur sehr wenige Mehrlinge zu Beginn einer Schwangerschaft. Es kommt im Umfeld einer gynäkologischen Hausarztpraxis zu selten vor. Die ersten Routineuntersuchungen nach dem Mutterpass finden sieben bis elf Wochen nach der Empfängnis statt. Die Gynäkologen sprechen von der neunten bis zwölften Schwangerschaftswoche. Für sie beginnt die Zählung der Schwangerschaft mit dem ersten Tag der letzten Regelblutung. Bis zu diesem Zeitpunkt sind die meisten Mehrlingsschwangerschaften wieder verschwunden und nur ein Embryo ist übrig geblieben. Wenn bei einer Ultraschalluntersuchung eine Fruchthöhle gesehen wird, sucht der Arzt meist nicht weiter, ob es noch eine versteckt liegende zweite Höhle geben könnte. Als Bettina mit unserer Tochter Merlinde schwanger war, hat die Ärztin bei der ersten Untersuchung lange gesucht, bis sie die Fruchthöhle gefunden hat. Wir wussten durch den positiven Schwangerschaftstest, dass jemand unterwegs ist. Merlinde hat sich so versteckt eingenistet, dass sie beinahe übersehen worden wäre.

Die Hebamme und Zwillingsbuchautorin Barbara Schlochow berichtete uns von einem spektakulären Fall, der erst wenige Jahre zurückliegt. Sie betreut eine Patientin, die Zwillinge geboren hat, die in keiner der

Ultraschalluntersuchungen erkannt wurden. Sogar dieses ist trotz modernster Technik und den peniblen Untersuchungen in der Schweiz nicht auszuschließen. Man sieht im Ultraschall nicht immer alles.

Wozu soll ein Gynäkologe weitersuchen, wenn er bereits einen Embryo auf dem Bildschirm hat? Auch dieses Beispiel könnte erklären, warum die hohe Zwillingshäufigkeit zu Beginn der Schwangerschaft nicht allen Gynäkologen geläufig ist.

Bis neue medizinische Erkenntnisse in die einfachen Arztpraxen Einzug halten, dauert es sehr lange. Stolz erzählte uns eine Gynäkologin, dass es eine neue medizinische Erkenntnis der letzten Jahre sei, dass Frauen gelegentlich zwei Eisprünge in einem Zyklus haben können. Viele Frauen wissen dies seit Urzeiten durch Erfahrungen und Austausch miteinander. Dieses bei Frauen intuitiv gespürte uralte Wissen ist erst vor wenigen Jahren in der Gynäkologie als Tatsache anerkannt. Das genaue Wissen um Eisprünge, Empfängnis und Einnistung der befruchteten Eizellen hat erst in den letzten Jahren in der Medizin mit der Entwicklung von immer genaueren Ultraschallgeräten und immer besseren Nachweismethoden Einzug gehalten. Es wird besonders für die künstliche Befruchtung benötigt. Erst die wissenschaftlichen Nachweise über zahlreiche Zwillinge, die am Beginn der Schwangerschaft vorhanden sind und sehr früh wieder sterben, machen unsere psychologischen Beobachtungen glaubwürdig und stellen sie auf ein wissenschaftliches Fundament.

Inzwischen, nachdem unser Buch in der 1. und 2. Auflage erschienen ist, sind auch in Berlin mehrere Gynäkologinnen an uns herangetreten, die unsere Beobachtungen bestätigt haben. Sie waren sehr offen und erfreut, dass wir an diesem Thema arbeiten.

Was kann man im Ultraschall erkennen?

Mit einem sensiblen Ultraschallgerät kann man sehr gut den gereiften Follikel kurz vor dem Eisprung erkennen. Er hat dann eine Größe von fast 20 mm. Der Follikel ist eine reifende Eizelle, die von einer flüssigkeitsgefüllten Blase umgeben ist. Die Blase platzt und setzt die 0,11 bis 0,14 Millimeter große Eizelle sowie hormonhaltige Flüssigkeit frei. Diese bereitet die Gebärmutterschleimhaut auf die Einnistung vor.

Die Eizelle selbst ist in den ersten Tagen nach der Befruchtung viel zu klein, um im Ultraschallbild sichtbar zu sein. Das Erste was man im Ultraschall von einer erfolgreichen Einnistung eines Embryos sieht, ist die äußere Eihaut, die Chorionhöhle. Das ist ein klitzekleiner dunkler Punkt in der Gebärmutterschleimhaut, erkennbar etwa drei Wochen nach Befruchtung der Eizelle.

Dr. Sartenaer, der Ihnen vom Interview am Anfang des Buches bereits bekannt ist, untersucht in Belgien täglich im Ultraschall natürliche oder künstlich entstandene Schwangerschaften in einem sehr frühen Stadium. In seiner Praxis sieht er bei acht Prozent aller natürlich entstandenen Schwangerschaften die Einnistung von Mehrlingen. Seine Untersuchungen finden in der Regel drei Wochen nach Befruchtung der Eizelle, gynäkologisch gerechnet am Beginn der sechsten Schwangerschaftswoche statt. Er kann aber nicht immer alle Embryonen sehen. Liegen die Embryonen sehr dicht beieinander oder übereinander, können sie auch verdeckt sein. Das bedeutet, gerundet ist „jeder Zehnte“ eine realistische Zahl für die Häufigkeit von frühen Mehrlingsschwangerschaften.

Wir meinen bei unserer Zählung von Zwillingen ausschließlich die Embryonen, die sich tatsächlich eingenistet haben und im Ultraschall, mindestens theoretisch, sichtbar sind. Diese Embryonen sind bereits Seite an Seite mit einem oder sogar mehreren Embryonen gewachsen. Die ersten Sinnesorgane haben bereits zu arbeiten begonnen. Die Embryonen können einander hören oder auch tasten.

Eine befruchtete Eizelle, die sich die ersten Male geteilt hat, nennt man noch nicht Embryo, sondern Zygote und später Blastozyste. Auf dem acht bis zehn Tage dauernden Weg vom Eileiter in die Gebärmutter teilt sich die befruchtete Eizelle mehrfach. Bereits drei Tage nach der Befruchtung beginnen die Zellen, sich zu spezialisieren. Ein Teil wird zum Embryo und der andere bildet den Mutterkuchen, die Nabelschnur und die Eihäute. Auch hier könnten unbemerkt eineiige Zwillinge entstehen, von denen nur einem die Einnistung gelingt.

Nur etwa ein Viertel aller Blastozysten schafft es überhaupt, sich einzunisten. Sicherlich geschieht es auch in diesem ganz frühen Stadium, dass es mehrere Blastozysten, also umgangssprachlich sehr kleine Embryonen gibt, die zu Zwillingsgeschwistern und Mehrlingsgeschwistern werden

würden, wenn sie sich eingenistet hätten. Diese Zellanhäufung zählen wir aber noch nicht zu den verlorenen Zwillingen.
Daher beginnt unsere Mehrlingszählung erst nach der sichtbaren Einnistung in der Gebärmutter, rund drei Wochen nach der Empfängnis. Wir halten uns an Dr. Sartenaers Befunde und kommen auf jede zehnte Schwangerschaft, bei der es sichtbar zu Beginn Zwillinge und in einzelnen Fällen auch Mehrlinge gibt. Inzwischen gibt es vermehrt Untersuchungen und Diskussionen um das Phänomen des „verschwundenen" Zwillings. Verschwunden wird er genannt, weil der Embryo, wenn er gestorben ist, häufig von der Gebärmutterschleimhaut aufgenommen wird. Er ist im Ultraschall nicht mehr sichtbar. Im englischsprachigen Raum wird dieses Phänomen „vanishing twins" genannt. Unter diesem Stichwort findet man im Internet weltweite medizinische Untersuchungen und Diskussionen über die Häufigkeit von Mehrlingsschwangerschaften. Die dort genannten Zahlen sind sehr unterschiedlich. Sie schwanken zwischen drei Prozent bis zu sechseinhalb Prozent. Es sind andere Zahlen, als wir kennen.

Dabei wird leider der Zeitpunkt der ersten Untersuchung nicht genannt und auch nicht das Ziel der Untersuchung. Wenn Mehrlingsschwangerschaften sehr früh in der Schwangerschaft auftreten, braucht es ein geübtes Auge, um sie zu erkennen. Wenn ein Embryo gestorben ist, ist später von ihm nur noch selten etwas erkennbar. Es sind also in einigen Fällen nur wenige Wochen, in denen ein Zwillingsembryo überhaupt erkennbar ist, nach gynäkologischer Rechnung zwischen dem Beginn der sechsten Schwangerschaftswoche bis zum Ende der achten Schwangerschaftswoche. Die regionalen Unterschiede in der Zwillingshäufigkeit können die sehr unterschiedlichen Zahlen teilweise verständlich machen.

Für den Einzelnen, der einen Zwilling verloren hat und die seelischen Auswirkungen des Verlustes spürt, ist es unwichtig, wie hoch die Zahlen letztendlich wirklich sind. Die Zahlen dienen eher der Erläuterung, dass dieses Schicksal nicht so selten ist, wie man vermuten könnte.

Ob es aber bereits seelische Auswirkungen haben könnte, wenn Blastozysten wieder verschwinden, wer weiß das? Bereits die Eihaut des Blastozysten, die „Zona pellucida" kommuniziert über hochkomplexe Botenstoffe mit dem Eileiter der Mutter. Dieses wurde in umfangreichen

Untersuchungen bei Kühen nachgewiesen. Kommunizieren vielleicht die Blastozysten auch miteinander? „Ich oder Du, oder sollen wir es zusammen versuchen?“ Dieses bleibt im Bereich der Spekulation, die in immer feinere Grenzbereiche geht. Wir wollen uns in unserem Buch auf das im Ultraschall Sichtbare beschränken.

Es gibt noch etwas, das man direkt nach der Einnistung in der Gebärmutter auch mit einem Präzisionsgerät im Ultraschall noch nicht erkennen kann: spät entstandene eineiige Zwillinge oder Mehrlinge mit einem gemeinsamen Mutterkuchen und einer gemeinsamen Eihöle. Auch eineiige Drillinge oder Vierlinge können sich kurz nach der Einnistung in der Gebärmutter wieder verabschieden, ohne dass man es bemerkt. Sie sehen im Ultraschall noch aus wie ein einzelner Embryo.

Diese Fakten könnten erklären, warum manche unserer Kollegen, die mit ihren Klienten und Patienten kinesiologische Tests zum verlorenen Zwilling durchführen, auf eine wesentlich höhere Rate an Mehrlingsschwangerschaften kommen, als die, die wir zu Grunde legen. Einige Kollegen sprechen von siebzig bis achtzig Prozent Mehrlingsschwangerschaften.

Fassen wir noch einmal zusammen, wie häufig Zwillinge entstehen: Es gibt mehrere befruchtete Eizellen, die gleichzeitig oder in einigen Tagen Abstand durch Mehrfacheisprünge entstehen. Außerdem entstehen bei der Zellteilung auf dem Weg durch den Eileiter eineiige Zwillinge oder Mehrlinge. Von diesen allen geht ein Großteil wieder verloren, ohne im Ultraschall sichtbar zu werden. Direkt im Ultraschall sichtbar, zum frühest möglichen Zeitpunkt der Schwangerschaft, an dem Embryonen gesehen werden können, sind acht Prozent doppelte Eihöhlen (Chorions). Das sind also acht Zwillingsschwangerschaften auf hundert Schwangerschaften.

Wie häufig werden Zwillinge geboren?

An dieser Stelle möchten wir Sie nicht mit Zahlenmonstern erschlagen. Wir beschränken uns auf wenige Beispiele aus dem unendlichen Reich der Statistik. Alle Zahlen beziehen sich auf eine auf natürliche Weise entstandene Schwangerschaft. Bei Hormonbehandlung und künstlicher

Befruchtung entstehen weitaus mehr Mehrlinge. Darüber mehr im folgenden Kapitel.

Die Wahrscheinlichkeit, dass eine werdende Mutter Zwillinge zur Welt bringt, ist von sehr vielen Faktoren abhängig: Von der Region, dem Lebensalter der Frau und davon, ob sie bereits Kinder geboren hat. Außerdem ist die Wahrscheinlichkeit, Zwillinge zu gebären, größer wenn es in der mütterlichen Linie bereits Zwillinge gibt. Die Neigung zu Mehrfacheisprüngen wird vermutlich von der Mutter vererbt.

In Deutschland bringt von 450 sechzehnjährigen Gebärenden eine einzige Mutter Zwillinge zur Welt. Von fünfunddreißigjährigen Müttern, die nicht das erste Kind bekommen, bringt jede 85. Zwillinge ins Leben. Die höchste Zwillingswahrscheinlichkeit haben die letztgenannten. Nach dieser Statistik bedeutet das, dass die Wahrscheinlichkeit, einen verlorenen Zwilling zu haben, am höchsten ist, wenn man geboren wurde, als die eigene Mutter Mitte 30 war und man bereits mehrere Geschwister hat.

Wir können die Faktoren noch erweitern. Beispielsweise hat eine belgische Forschergruppe herausgefunden, dass die Mehrlingsgeburtenrate bei Frauen, die in der Nähe einer Hausmüllverbrennungsanlage wohnen, um das zweieinhalbfache gegenüber dem Durchschnitt erhöht war. Im weitläufigen Schweden wurde eine ähnliche Untersuchung durchgeführt. Dort fand man in der Nähe von Müllverbrennungsanlagen aber keine Erhöhung der Zwillingsgeburten. Bei den Yoruba in Westafrika ist die Zwillingsgeburtenrate etwa fünfmal höher als in Asien. Neben einem Glaubenssystem, in dem Zwillingen besondere übernatürliche Kräfte zugesprochen werden, ist vor allem der dort übliche Verzehr einer bestimmten Wurzel die Ursache für den hohen Zwillingsanteil. Die Wurzel enthält das Hormon FSH, welches die Eizellenproduktion anregt. Den gleichen Wirkstoff bekommen Frauen vor der Eientnahme für eine künstliche Befruchtung.

Um den Zahlenberg nicht weiter anwachsen zu lassen, vereinfachen wir die Rechnung mit Näherungswerten: Bei rund jeder hundertsten Schwangerschaft werden Zwillinge geboren. Jeder fünfzigste hat einen lebenden Zwilling. Im Ultraschall nachweisbar ist aber, dass anfangs rund jeder dritte (Dr. Höhne 2012) bis jeder zwölfte (Dr. Sartenaer 2005) mit einem Zwilling oder mehreren Geschwistern im Bauch war.

Den überlebenden Zwilling, der den Anderen verloren hat, nennen wir in unserem Buch „allein geborener Zwilling", „Halbzwilling", „halber Zwilling" oder „übrig gebliebener Zwilling". Jemanden, der alleine empfangen und geboren wurde, nennen wir „Einling".

Gelegentlich kommt es vor, dass Drillinge oder noch höhergradige Mehrlinge entstehen. Bis auf einen verschwinden alle anderen wieder. Für unsere therapeutische Arbeit ist uns diese Möglichkeit bewusst. Um die schwierige Materie hier sprachlich einfach zu halten, beziehen wir uns meist auf den „verlorenen Zwilling" und meinen damit aber auch die zwei verlorengegangenen Drillinge und höhergradige Verluste.

Heute, am Nikolaustag 2012, laufen bereits die Druckwalzen für die vierte Auflage. Wir bekommen eine überraschende Nachricht der Frauenärztin Dr. Anita Höhne aus Berlin. Sie hatte uns 2007 unter ihrem Mädchennamen Dr. Samborskij Ultraschallbilder aus ihrer Praxis geschickt und schrieb, dass mindestens 15 % aller Schwangerschaften zu Beginn Zwillingsschwangerschaften sind. Da sie alles ganz genau wissen will, untersucht sie sehr früh in der Schwangerschaft und schaut gründlich in jeden Winkel der Gebärmutter. Sie nennt heute andere Zahlen:

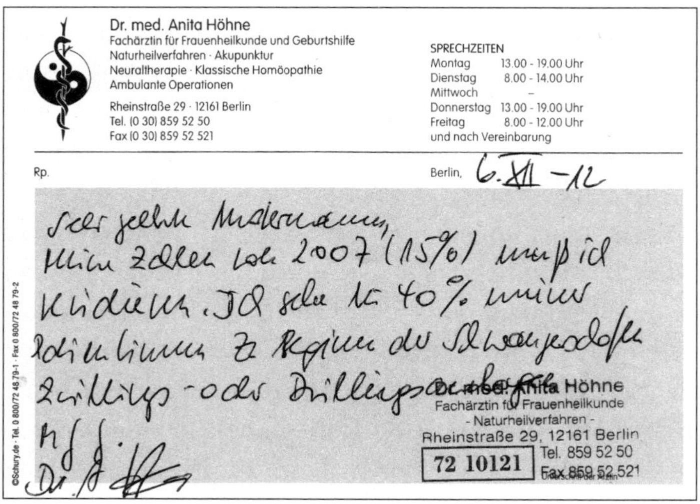
Dr. med. Anita Höhne
Fachärztin für Frauenheilkunde und Geburtshilfe
Naturheilverfahren · Akupunktur
Neuraltherapie · Klassische Homöopathie
Ambulante Operationen
Rheinstraße 29 · 12161 Berlin
Tel. (0 30) 859 52 50
Fax (0 30) 859 52 521

SPRECHZEITEN
Montag 13.00 - 19.00 Uhr
Dienstag 8.00 - 14.00 Uhr
Mittwoch -
Donnerstag 13.00 - 19.00 Uhr
Freitag 8.00 - 12.00 Uhr
und nach Vereinbarung

Rp.

Berlin, 6. XII - 12

Dr. med. Anita Höhne
Fachärztin für Frauenheilkunde
- Naturheilverfahren -
Rheinstraße 29, 12161 Berlin
Tel. 859 52 50
Fax 859 52 521
72 10121

Sehr geehrte Austermanns, meine Zahlen von 2007 (15 %) muss ich revidieren. Ich sehe bei 40 % meiner Patientinnen zu Beginn der Schwangerschaften Zwillings- oder Drillingsanlagen. MfG Dr. A. Höhne

Schwangerschaft durch künstliche Befruchtung 6

Vielen Paaren bleibt die Erfüllung des Kinderwunsches auf natürlichem Weg versagt. Die Zahl der Paare, die auf natürlichem Weg keine Kinder bekommen können, nimmt immer mehr zu. In Deutschland sind es allein 1,5 Millionen Paare, die ungewollt kinderlos sind. Viele dieser Paare haben über Jahre immer wieder von neuem gehofft, dass auch ihnen das Glück eigener Kinder geschenkt wird. Sie suchen in der Medizin nach Unterstützung für ihren Kinderwunsch. Durch medizinische Untersuchungen wird irgendwann klar, dass es für sie nur noch einen Weg gibt, um zu eigenen Kindern zu kommen: eine künstliche Befruchtung. Vielen fällt die Entscheidung nicht leicht, diesen Weg zu gehen, mit allem was dazugehört und mit allen Fragen, die offen bleiben. Wird medizinisch das Entstehen einer Schwangerschaft entweder durch eine Hormonbehandlung oder durch künstliche Befruchtung unterstützt, entstehen viel häufiger Zwillinge, Drillinge und höhergradige Mehrlinge, als bei natürlich entstandenen Schwangerschaften. Das bedeutet, dass der Verlust von pränatalen Geschwistern in diesen Schwangerschaften weit häufiger vorkommt.

Wir sind in unserer Arbeit immer wieder Paaren, die mit künstlicher Befruchtung zu Nachwuchs kommen, begegnet. Ihre Erfahrungen haben entschieden zu unseren Recherchen beigetragen.

Weil dies ein starker Trend unserer Zeit ist und dabei sehr viele Mehrlingsschwangerschaften entstehen, beschäftigen wir uns eingehender mit diesem Thema. Wir möchten künftigen Eltern von IVF-Kindern Möglichkeiten und Schwierigkeiten zeigen, die eine Laborbefruchtung mit sich bringt. Gleichzeitig zeigen wir neue psychologische Probleme von morgen.

1978 wurde in England die erste Schwangerschaft im Brutschrank eines Labors erzeugt. Weil die Befruchtung in einer Reagenzglasschale stattfand, werden die Kinder auch IVF-Babys genannt. IVF heißt in vitro fertilisation – Befruchtung im Glas. In Deutschland wurden 2003 rund 17.000 im Labor gezeugte Babys geboren. 2004 gab es einen heftigen Rückgang wegen erheblicher Streichungen bei der Kostenübernahme für künstliche Befruchtung durch die gesetzlichen Krankenkassen. Nur rund 6.500 IVF-

Kinder wurden geboren. Seit 2005 ist die Tendenz trotz der hohen Kosten wieder stark steigend. (Quelle: deutsches IVF-Register)

Wenn ein Paar keine Kinder bekommen kann, kann dieses mehrere Gründe haben:

Diese können bei der Frau liegen z. B.

- Die Eierstöcke produzieren keine oder nicht genügend befruchtungsfähige Eizellen.
- Die Eileiter sind nicht durchgängig. Sie sind entweder zugewachsen oder durch eine Sterilisation verschlossen worden.
- Die Einnistung einer befruchteten Eizelle kann nicht gelingen, da vor allem bei Frauen über 40 nicht mehr genügend Gelbkörperhormone produziert werden.
- Die Frau fühlt sich seelisch nicht in der Lage, ein Kind zu gebären. Dies ist oft unbewusst, bedingt durch eigene Traumata oder ein sehr belastetes Familiensystem.

Sie können auch beim Mann sein z. B.:

- Schädigung der Befruchtungsfähigkeit der Samenzellen durch Umwelteinflüsse, psychische Faktoren oder Vererbung,
- Schädigung des Hodengewebes und der Samenleiter durch Verwachsungen, Entzündungen oder eine vorangegangene Sterilisation.

Gemeinsame Faktoren bei dem Paar:

- Das Paar passt genetisch nicht gut zusammen.
- Die „Chemie“ stimmt nicht.
- Das Paar lehnt unbewusst gemeinsame Kinder ab.

Wann ist eine künstliche Befruchtung angemessen?

Nicht in allen Fällen ist eine künstliche Befruchtung die Methode der Wahl. Wir haben mehrfach beobachtet, dass Paare nach Familienaufstellungen, in denen wichtige schwere Ereignisse der beiden Familiensysteme aufgearbeitet werden konnten, Kinder auf natürlichem Weg bekommen haben. Diese Paare hatten oftmals viele Jahre erfolglos versucht, Kinder zu bekommen. Aber auch pränatale Traumen und Geburtstraumen der Frau spielen eine große Rolle. Wir haben mit Frauen gearbeitet, die trotz einer guten Partnerschaft nicht schwanger geworden sind. Bei einigen von ihnen haben wir in der Arbeit entdeckt, dass sie einen Zwilling verloren haben. Nach einigen Monaten der Aufarbeitung sind sie schwanger geworden. Elisabeth Noble hat in ihrem Buch „Primäre Bindungen" als erste (1993) beeindruckend dokumentiert, dass eine Klientin von ihr immer wieder ihre Kinder durch Fehlgeburten verloren hat. Nach der Entdeckung und Aufarbeitung des verlorenen Zwillings hat die Frau zum ersten Mal ein Kind bis zur Geburt ausgetragen. Mittlerweile ist sie Mutter von drei Kindern.

Wir haben bei unseren Recherchen beobachtet, dass die ärztliche Seite nur auf die medizinisch bestimmbaren Fakten schaut. Manchmal bekommen Paare trotz guter Hormonwerte und guter Spermienqualität keine Kinder. Da wäre es wichtig, neben genetischen auch auf seelische Faktoren und Belastungen aus dem Familiensystem zu schauen, bevor künstlich befruchtet wird. Darüber hinaus vermuten wir, dass sich manche Hormonwerte durch psychologische Aufarbeitung von seelischen Verletzungen und Verstrickungen aus dem Familiensystem durchaus immens ändern können. Dadurch kann sich die Produktion von Eizellen und deren Einnistungschancen und auch die Produktion beweglicher Spermien verändern. Hormonwerte sind leichter und zuverlässiger bestimmbar als seelische Faktoren. Ärzte sind manchmal sehr schnell mit künstlichen Methoden bei der Hand, was auch nur zu verständlich ist, wenn man auf die Geldmengen schaut, die dabei fließen.

Wenn eine Frau nicht genügend fruchtbare Eizellen produziert oder die Eileiter verschlossen sind, welches nicht immer durch eine Operation korrigierbar ist, kann eine künstliche Stimulation der Eizellentwicklung und eventuell künstliche Befruchtung im Labor dem Paar doch noch Kinder bescheren.

Heute kann ein Mann mit medizinischer Unterstützung auch Kinder zeugen, wenn er nicht genügend Samenzellen produzieren kann oder die Samenleiter verschlossen sind. Man kann entweder bewegliche Samenzellen direkt zur Zeit des Eisprungs in die Gebärmutter spritzen oder die

Befruchtung im Labor stattfinden lassen. Wenn die Samenzellen nicht durch die Samenleiter können, weil diese verschlossen sind, kann man in einer kleinen Operation Samenzellen direkt aus dem Hodengewebe entnehmen. Diese sind aber nicht voll ausgereift und nicht voll beweglich. Sie können sich nicht von alleine durch die Eizellwand bohren. Daher werden sie unter dem Mikroskop direkt in die Eizelle gespritzt. Dieses Verfahren wurde 1994 in Belgien entwickelt. Es wird ICSI – intracytoplasmatische Injektion genannt.

Wie funktioniert eine künstliche Befruchtung genau?

Eine Kinderwunschbehandlung mit künstlicher Befruchtung ist aus Sicht vieler Ärzte, Biologen und Wissenschaftler in Forschungsabteilungen der Pharmaindustrie ein vorwiegend technisches Vorgehen. Im Vordergrund stehen die verschiedenen Hormonwerte, die genaue Größe und Anzahl der Eibläschen, die Motilität (Beweglichkeit) der Spermien, eingeteilt in exakte Kategorien. Das konkrete Vorgehen der „assistierten Reproduktion" ist bei jedem Patientenpaar recht ähnlich, wenn es um die gleiche Befruchtungsart geht.

Gelingt die künstliche Befruchtung nicht, wird vor allem auf Hormonwerte, Genetik, Medikamente, Alter der Patientin geschaut und versucht, durch eine höhere Hormongabe die Chancen zu erhöhen. Ärzte und Wissenschaftler versuchen teilweise mit viel Ehrgeiz, das Wunder der Entstehung menschlichen Lebens zu beherrschen. Dies geschieht zum einen aus dem innigen Wunsch, kinderlosen Paaren doch noch zu Kinderglück verhelfen zu können, aber auch aus seelenlosem Ehrgeiz, dem Wunsch nach Machbarkeit und der Möglichkeit einer sich lohnenden Einkommensquelle, alles sehr menschliche Motive.

Leider wird bei dem Wunsch nach Machbarkeit vergessen, auf die Emotionen und die Seele des Paares und der werdenden Kinder zu schauen. Dafür ist in einer Kinderwunschpraxis kein Platz. Wir können nur allen Paaren, die sich für diesen Weg entschieden haben, raten, achtsam mit ihren unterschiedlichen Gefühlen, die eine künstliche Befruchtung auslöst, umzugehen. Trotz des technischen Vorgehens tut es gut, mit Ehrfurcht auf das entstehende Leben im Labor zu schauen und dabei nicht zu vergessen, dass es um ein eigenes Kind geht, dass durch das genetische Material der Eizelle und der Samenzelle immer mit dem jeweiligen biologischen Vater und der jeweiligen biologischen Mutter und deren Ahnen stark verbunden bleibt. Auch bei künstlicher Befruchtung sind für das Gelingen emotionale Faktoren wichtig. Traumatische pränatale Erfahrungen, wie der Verlust eines Geschwisters im Mutterleib, beeinflussen viele Frauen in der inneren unbewussten Bereitschaft, ein Embryo zu empfangen und zu halten.

Nicht zuletzt bleibt das Wunder des Lebens ein Wunder, welches wir auch mit künstlicher Befruchtung nicht vollständig ergründen können. Wir möchten den Prozess der künstlichen Befruchtung beschreiben.

Die Vorbereitung

Zuerst gibt es mehrere Ultraschalluntersuchungen der Gebärmutterschleimhaut und der Eierstöcke in verschiedenen Zyklusphasen. Die Hormonwerte im Blut und gesundheitliche Faktoren wie Schilddrüsenfunktion und andere werden untersucht. Erlauben die Werte eine hormonelle Stimulation, so wird mit einigen Gaben eines Follikelstimulierenden Hormons (kurz: FSH) die Reifung von Eizellen unterstützt. Bei Frauen, die sonst keinen Eisprung haben, reicht das oft für eine Schwangerschaft auf natürlichem Wege aus. Allerdings ist die Gefahr gegeben, dass mehrere Eizellen gleichzeitig reifen, springen, befruchtet werden und sich einnisten. Schwangerschaften mit mehr als zwei Kindern bedeuten ein großes Risiko für die Kinder, während der Schwangerschaft zu sterben oder schwer behindert auf die Welt zu kommen. Mehr dazu weiter unten.
Wenn eine Befruchtung der Eizellen außerhalb des Körpers stattfinden muss, wird folgendermaßen vorgegangen:

Die Stimulation

Kurz nach Beginn der Menstruation beginnt die Frau mit täglich 2-6 Ampullen Follikelstimulierenden Hormons (FSH), je nach Hormonstand und Lebensalter, um die Reifung von zahlreichen Eizellen zu stimulieren. Dieser Hormoncocktail wird von der Frau selbst oder ihrem

Partner auf eine Spritze gezogen und mit einer winzigen Nadel täglich in das Fettgewebe in den Bauch gespritzt. Dieses dauert etwa 6 bis 12 Tage. Alle paar Tage wird mit einer Ultraschallsonde durch die Scheide das Wachstum der Follikel kontrolliert. Die Eierstöcke und Follikel sind für das geübte Auge sehr gut zu erkennen. Die Kinderwunschspezialisten sehen, ob die FSH- Dosis korrigiert werden muss und wann die Eizellen reif sind: etwa dann, wenn die ersten Follikelbläschen 20 mm groß geworden sind. Die Frauen spüren in dieser Zeit manchmal einen aufgeblähten Bauch und Wasseransammlung im Fettgewebe. Sind die Follikel fast reif, gibt es eine „Auslösespritze", welches das vorzeitige Springen der Eizellen verhindert und die Reifung der Eizellen abschließt. 36 Stunden später werden die Eizellen „geerntet".

Unter Vollnarkose oder unter Schmerzmitteln werden durch die Scheide mit Ultraschallkontrolle die Eierstöcke punktiert und die Follikel abgesaugt. In den meisten Fällen werden ca. 6-15 Follikel gewonnen. In Schweden können die Männer diesen wichtigen Teil des Zeugungsaktes begleiten, wie Lennart Nilsson in seinem Buch „Ein Kind entsteht" beschreibt. In Deutschland wird es nicht gerne gesehen, wenn der Mann dabei ist, wie uns mehrere betroffene Paare mitteilten.

Empfängnis im Labor

Die abgesaugten Eizellen, die ungefähr 0,1 mm groß sind, werden unter dem Mikroskop aus der Follikelflüssigkeit gesaugt und kommen in Schalen mit Nährlösung. Jetzt werden die Samenzellen des Partners, im Nebenraum mit sinnlichen Bildern als Unterstützung durch Masturbation gewonnen, hinzugefügt und in einen dunklen Brutschrank mit 37 Grad gestellt. 16-18 Stunden später sieht man, ob und welche Eizellen befruchtet wurden.

Wenn eine Spermieneinspritzung, ICSI genannt, notwendig ist, wird Samenmaterial des Mannes, das nach der Gewebeentnahme in flüssigem Stickstoff bei -199 Grad tiefgekühlt war, aufgetaut und unter dem Mikroskop untersucht. Die schnellsten und lebendigsten werden aus der Nährlösung herausgefischt und in jeweils eine Eizelle eingespritzt. In Schweden dürfen die Paare life am Monitor den eigentlichen Zeugungsakt mitverfolgen. Lennart Nilsson dokumentiert dieses eindrucksvoll in seinem Buch. Bei der ICSI trifft der Biologe des Labors die erste Auswahl und nicht die Natur. Dann jedoch passiert die zweite Auswahl: vereinigen sich die beiden Zellkerne oder nicht. Darauf hat das Labor keinen Einfluss. Auch hier sieht man 16-18 Stunden später das erste Resultat.

Man lässt die befruchteten Zellen noch 1-6 Tage, je nach Ort und Philosophie des Labors, im Brutschank reifen. Nicht alle Zellen teilen sich und wachsen weiter.

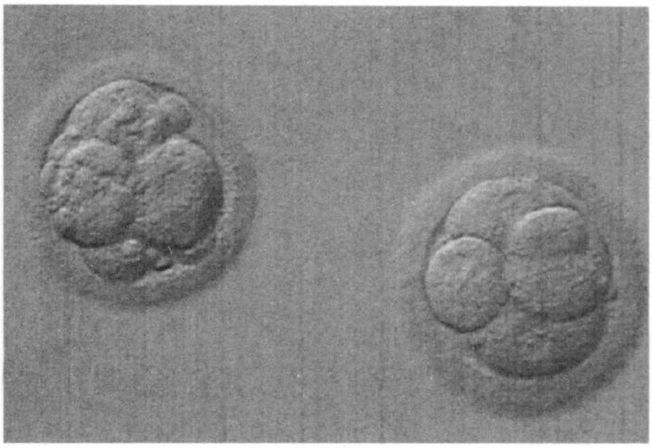

Embryos im Vierzellstadium,
3 Tage nach der Befruchtung

Der Embryotransfer

1- 6 Tage nach geglückter Befruchtung werden eine, zwei oder drei Eizellen mit einem Transferkatheter, das ist eine Spritze mit einem langen dünnen Schlauch, durch den Muttermund in die Gebärmutter gespritzt. Durch eine spezielle Markierungslösung kann der Arzt im Ultraschall die Lage der befruchteten Eizellen in der Gebärmutter verfolgen. Danach ist im Ultraschall knapp drei Wochen lang „Funkstille", die Embryonen sind mit gut 0,1-0,2 mm so klein, dass auch das beste Ultraschallgerät nichts zeigt, außer einer gut aufgebauten Gebärmutterschleimhaut. Jetzt müssen die Embryonen, umgeben von Nährstoffzellen nachreifen, bevor die Eihaut nach 7 oder 8 Tagen aufplatzt. Der winzige aus einer Ansammlung von Zellen bestehende Embryo „schlüpft". Einige Zellen bilden eine Brücke in die Gebärmutterschleimhaut. Jetzt nistet sich der Embryo ein ... Auf den beeindruckenden Fotos von Lennart Nielsson live aus dem Mutterleib sieht dieser Prozess wie eine Mondlandung aus. Nicht jedes Ei nistet sich ein. Hier findet die dritte natürliche Auswahlstufe statt. Aber auch wenn drei Wochen nach der Befruchtung eine kleine ca. 0,5cm große Fruchthülle im Ultraschall erkennbar ist, bedeutet dies noch nicht, dass ein Kind geboren wird.

Wie viele Frauen werden tatsächlich schwanger?

Nicht jeder Versuch gelingt. Nur wenn durch Eizellstimulation gesunde Eizellen „geerntet" werden können und ausreichend fitte Samenzellen vorhanden sind, ist die Chance einer Befruchtung überhaupt erst gegeben. Wenn die befruchteten Eizellen im Labor durch Zellteilung weiter wachsen, können Embryonen der Frau zurückgegeben werden. Aber nur 15-18 % der Embryonentransfers bei jüngeren Frauen führen auch zur Geburt. Bei Frauen ab 40 sind es nur 5-10 %. Das heißt, dass bei einem IVF-Zyklus (In-Vitro-Fertilisation) knapp jede 5. jüngere Frau und jede 10. bis 20. Frau ab 40 tatsächlich ein Kind zur Welt bringt.

Finanzielle, körperliche und seelische Belastungen der Frau und des Paares

Um genauer zu recherchieren, haben wir in den 10 Kinderwunschpraxen in Berlin nach den Kosten, die auf die Paare zukommen, gefragt. Für die ärztlichen Leistungen, das IVF-Labor und die Blutuntersuchungen werden in Berliner Praxen zwischen 1800 und 3500 Euro für einen Behandlungszyklus verlangt. Wenn die Samenzellen injiziert werden müssen, also eine ICSI-Behandlung notwendig ist, müssen pro Eizelle noch einmal rund 200 Euro bezahlt werden. Bei 10 Eizellen kommen also rund 2000 Euro dazu. Wir haben eine Praxis gefunden, die diese Leistung selbstzahlenden Paaren pauschal für 500 Euro, egal wie viele Eizellen zu behandeln sind, anbietet. In bestimmten Fällen tragen die Krankenkassen bei bis zu drei Behandlungszyklen die Hälfte der Kosten.

Hinzu kommen die Stimulationsmedikamente für die Reifung der Eizellen: 3-10 Packungen FSH à 180 Euro plus weitere Medikamente für 150-500 Euro. Manche Paare besorgen sich das FSH in Spanien oder Ungarn, wo die gleiche Menge und Qualität 65 Euro statt 180 Euro pro

Packung kostet. Die große Preisdifferenz lässt ahnen, wieviel Geld mit Kinderwunschmedikamenten gemacht wird. Dies Gesamtsumme für Medikamente liegt zwischen 1000 und 2500 Euro.

Im günstigsten Fall kostet ein einziger IVF-Zyklus insgesamt 2800 Euro, im ungünstigsten rund 7500 Euro, von denen nur in einigen Fällen die Krankenkassen die Hälfte übernehmen. Zur Erinnerung: Dass am Ende Kinder geboren werden, ist damit noch nicht garantiert. Laborkinder sind sehr teuer.

Gerade bei jüngeren Frauen werden oft mehr Eizellen gewonnen und befruchtet, als benötigt. Diese können eingefroren werden. Bei einem weiteren Versuch kommt man ohne aufwändige Stimulation und Befruchtung aus. Es werden aufgetaute Embryonen eingesetzt. Dieses ist wesentlich kostengünstiger.

Allein die finanzielle Seite ist für viele Paare bereits eine große seelische und existentielle Belastung. Dazu kommt das Hoffen und Bangen nach dem Embryotransfer. Ist die Frau zwei Wochen später schwanger oder nicht? Groß ist der Schmerz und die Enttäuschung, wenn sich kein Embryo weiterentwickelt und eingenistet hat. Wenn es geklappt hat, ist die große Frage: Bleibt die Frau auch schwanger? Fast 50% aller Embryonen, die sich anfangs eingenistet haben, sterben wieder ab. Die körperlichen Beschwerden, die manche Frauen bei der Stimulation des Eizellwachstums und bei der Punktion haben, sowie die Beschwerden der Männer bei der Gewebeentnahme aus den Hoden sind gegen diese seelischen Belastungen vergleichsweise klein.

Samenspende mit fremden Spendersamen

Vielen Paaren, bei denen die Samenzellen des Mannes wenig fruchtbar sind, wird von ärztlicher Seite zu einer Insemination mit anonymen Fremdsamen geraten. Dies erspart der Frau die Eipunktion mit der sehr hohen Einnahme von stimulierenden Hormonen und ist erheblich billiger als eine IVF-Prozedur. Dabei meint man, der soziale Vater sei schließlich entscheidend für eine gute Entwicklung des Kindes, nicht der biologische Vater. In Familienaufstellungen sehen wir immer wieder, dass mit der Samenzelle nicht nur die Augenfarbe und die Haarfarbe vererbt werden. Es sind immer auch die Geschichte und Eigenschaften der Ahnen, die Stärken, die Schwächen und die Verstrickungen aus der Familie, die weitergegeben werden. Kinder, denen der Vater fehlt, fühlen sich oft haltlos und leer. Sie neigen viel stärker zu Verhaltensauffälligkeiten, als andere Kinder. Besonders tragisch wird es, sobald die Kinder in die Pubertät kommen.

Kinder spüren unbewusst, wenn der scheinbare Vater nicht der wirkliche Vater ist. Die seelischen Bindungen lassen sich nicht täuschen. Der soziale Vater, auch wenn er „sein" Kind liebt, schaut ihm anders in die Augen, als wenn es sein eigenes wäre. Das Kind kann keinen inneren Kontakt zu einer Hälfte seiner Großeltern und Ahnen aufnehmen. Die richtigen Ahnen sind nicht als stärkende Kraft hinter dem Kind. Die Mutter sieht in den Augen des Kindes nicht die Augen des geliebten Partners. Etwas ist und bleibt immer anders. Die Beziehung des Paares steht unter keinem guten Stern. Die Trennungswahrscheinlichkeit ist viel höher als bei Paaren, bei denen der biologische Vater auch der anerkannte Vater ist.

Unbewusst scheinen viele Paare dieses zu spüren und nehmen daher die vielen oben beschriebenen Unannehmlichkeiten auf sich, um doch noch zu eigenen Kindern zu kommen.

Sind im Labor gezeugte Kinder anders?

Der amerikanische Kinderpsychologe Karlton Terry glaubt – ja. Er hat herausgefunden, dass IVF-Kinder bei der Zeugung bereits ein Befruchtungstrauma erleiden. Weil die Befruchtung nicht in der geschützten Atmosphäre der Mutter geschieht, so schlussfolgert er, fühlen sich die Kinder wenig mit ihrem Körper verbunden. Er hat sogar einen Fall beschrieben, wonach eine 4-jährige nach ihren Geschwistern fragt, die frieren. Dieses Mädchen hatte tatsächlich noch eingefrorene Embryo-Geschwister. Eine besondere Vergewaltigung der Eizelle, so Terry, ist die ICSI-Injektion eines Spermiums in die Eizelle. Laut Terry neigen besonders ICSI-Kinder zu spezifischen Ängsten und Verhaltensauffälligkeiten.

Wir können das aus unseren bisherigen, allerdings erst sehr begrenzten, Erfahrungen nicht bestätigen. Vielleicht hat es neben vielen anderen Faktoren auch eine gewisse Bedeutung. Wir sehen in Familienaufstellungen immer wieder, dass Verhaltensauffälligkeiten von Kindern oft mit dem belasteten Familiensystem der Eltern zusammenhängen oder mit verlorenen pränatalen Geschwistern, die sich bereits eingenistet hatten oder mit frühen Trennungserfahrungen von der Mutter. Diese Faktoren wiegen oft sehr schwer. Ein Beispiel dafür sind ADS-Kinder, denen durch Klärungen im Familiensystem oft geholfen werden kann.

Wir vermuten, dass die Ängste und Verhaltensauffälligkeiten der von Karlton Terry untersuchten IVF-Kindern auch mit den oben genannten Belastungen zu tun haben. Außerdem kommt hinzu, dass alle Kinder, die er untersucht hat, Kinder waren, die durch Kaiserschnitt geboren wurden. In den USA ist man, anders als in Europa, sehr schnell mit dem Kaiserschnitt bei der Hand. Es sei leichter für die Mutter und mit weniger Risiko behaftet – so glaubt man dort. Zwillinge werden in den USA fast immer per Kaiserschnitt geholt.

In Körpertherapie und Aufarbeitung von Geburtstraumata bei Erwachsenen ausgebildet, beschäftigen wir uns seit 25 Jahren mit den Folgen verschiedener Geburtstraumen. Wenn es für das Überleben von Mutter und Kind nicht unbedingt notwendig ist, raten wir nach unseren Erfahrungen von Kaiserschnittgeburten ab. Kaiserschnittkindern fehlt eine wichtige existentielle Erfahrung. Geschulte Ärzte, so berichtete uns Dr. Gunthard Weber von einer Untersuchung, konnten bei spielenden kleinen Kindern sehen, ob sie auf natürlichem Wege oder durch Kaiserschnitt auf die Welt gekommen sind. Die beobachteten Kaiserschnittkinder waren im Durchschnitt ängstlicher und vermieden enge Röhren und längere Kletterstrecken. Bei der natürlichen Geburt werden für Mutter und Kind gewaltige Mengen an Adrenalin, Endorphinen und anderen Substanzen ausgeschüttet. Das Kind lernt so sehr früh, mit Stresshormonen und mit Hindernissen umzugehen. Es hat die Erfahrung, dass es durch die schlimmste Enge, heftig mit körpereigenen Drogen gedopt, mit eigener Kraft durchgehen kann, ohne dass es dabei stirbt. Dieses wird zu einem prägenden Grundmuster für das spätere Leben. Diese Erfahrung fehlt dem Kaiserschnittkind.

Bei einer natürlichen Geburt ist die Mutter bei vollem Bewusstsein, kann das Kind begrüßen und sich innerlich tief mit dem Kind verbinden. Ebenso verbindet sich das Kind tief mit der Mutter. Bei Mutter und Kind, die aus der Vollnarkose erwachen, fehlt diese erste tiefe Bindung und muss später nachgeholt werden. Dieses geschieht oft nicht hinreichend. Stillprobleme sind häufig die Folge, später kommen Bindungsschwierigkeiten dazu. Wir haben Mütter befragt, die sowohl Kaiserschnittkinder als auch natürlich geborene Kinder haben. Alle Mütter berichteten uns, dass die Kaiserschnittkinder anders sind und mehr Schwierigkeiten machen.

Zusätzlich hat Terry bei seinen Schilderungen der Schwierigkeiten seiner untersuchten ICSI-Kinder vollkommen übersehen, dass diese aus fremden Spendereizellen entstanden sind. Er erwähnt die Tatsache kurz, erfasst aber nicht die Bedeutung für die Kinder. Die „Mütter", welche die Spendereizellen austragen, sind zwar schwangerschaftsmäßig die Mutter. Es sind aber, ebenso wie bei einer anonymen Samenspende, weder die Gene der „Mutter" noch die ihrer Ahnen. Natürlich spüren die Kinder, dass irgendetwas anders ist. In Deutschland ist die Implantation von Spendereizellen nicht gestattet.

Wir stehen daher den Befunden von Karlton Terry skeptisch gegenüber. Gerne hätten wir seine Probanden zusammen mit ihren Eltern untersucht.

Warum entstehen so viele Mehrlinge?

Wenn eine Frau nur sehr selten oder gar keinen Eisprung hat, kann die Eizellenproduktion und der Eisprung hormonell unterstützt werden. Dann allerdings wachsen mehrere Eizellen heran und es kann zu mehrfachen Eisprüngen in einem Zyklus kommen. Werden dann mehrere Eizellen befruchtet und nisten sich ein, entsteht nicht nur ein Kind, sondern die Frau ist mit zwei oder mehreren Kindern schwanger.

Bei der künstlichen Befruchtung im Labor möchte man natürlich, dass die Frau so sicher wie möglich schwanger wird. Die Wahrscheinlichkeit für eine erfolgreich zu Ende gebrachte Schwangerschaft mit wenigstens einem Kind, in der Fachliteratur „take-home-rate" genannt, steigt mit der Anzahl befruchteter Eizellen, die eingesetzt werden. Wer sich nach all den oben beschriebenen Mühen nur eine Eizelle einsetzen lässt, riskiert rund dreimal häufiger, nicht schwanger zu werden, als bei zwei oder drei Eizellen. Dann war alles umsonst, viel seelischer Stress wurde erlebt und viel Geld ist verloren. Allerdings kann eine Frau durchaus auch Vierlinge erwarten, obwohl sie nur zwei Eizellen eingesetzt bekommen hat. Dann haben sich beide Eizellen im Blastozystenstadium noch einmal geteilt. Es haben sich zwei mal eineiige Zwillinge eingenistet. Eineiige Zwillinge entstehen bei natürlicher Empfängnis genauso wie bei künstlicher Befruchtung. Von den auf natürlichem Wege empfangenen Zwillingsgeburten ist rund jedes dritte Zwillingspaar eineiig.

In Deutschland ist rund jede vierte Geburt der im Labor entstandenen Schwangerschaften eine Zwillingsgeburt. (Quelle: deutsches ärztliches IVF-Register) Zum Vergleich noch einmal die Zwillingswahrscheinlichkeit bei natürlich entstandener Schwangerschaft: Jede fünfzigste bis hunderste Geburt ist eine Zwillingsgeburt.

Da meistens mindestens zwei bereits wachsende Embryonen ungefähr im Vier- bis Achtzellstadium in die Gebärmutter eingesetzt werden, haben die geborenen Einlinge fast alle mindestens einen Zwilling verloren. Die Frage ist, ob der andere Embryo sich überhaupt eingenistet hat, wie früh er sich wieder verabschiedet hat und wie groß die Bedeutung für den später Erwachsenen sein wird.

Dass zuerst Zwillinge oder Drillinge wachsen, die auch bereits im Ultraschall sichtbar sind und dann auf natürliche Weise sterben, geschieht relativ häufig. Erst zu Beginn des zweiten Trimenons, also nach drei Schwangerschaftsmonaten, ist die Fehlgeburtswahrscheinlichkeit relativ gering. Was dann im Ultraschall gesehen wird, bleibt meist, es sei denn, man entscheidet sich zu einer Mehrlingsreduktion.

In den meisten europäischen Ländern ist aus ethischen Gründen nur die Rückgabe von drei befruchteten Eizellen erlaubt. Wer sich für eine Kinderwunschbehandlung in Polen entscheidet, kann sich auch mehr als drei Embryonen einsetzen lassen. Nisten sich zu viele ein, werden sie „einfach“ wieder reduziert.

7 Mehrlingsreduktion nach Hormonbehandlung und künstlicher Befruchtung

Mehrlinge sind ein großes Problem

Wenn eine Frau mehr als Zwillinge im Bauch trägt, gibt es sehr große medizinische Probleme. Die Wahrscheinlichkeit von Fehlbildungen, Frühgeburten, Totgeburten und Behinderungen steigt mit jedem weiteren Embryo rapide an. Schon Zwillingsgeburten gelten als Risikogeburten. Zwillinge werden häufig zu früh geboren. Bei Drillingen werden die Kinder mit großer Wahrscheinlichkeit erheblich zu früh und für gewöhnlich durch Kaiserschnitt geboren. Frühgeburten haben häufiger Gehirnschäden und Brutkastenkinder oft große soziale Defizite und frühkindliche Traumen. Auch die Belastung der Eltern von Mehrlingen und ein gigantisches Arbeitspensum werden von den Ärzten erwähnt. Zwillinge sind also das äußerste, was mit recht hoher Wahrscheinlichkeit gut geht.

Wenn eine Frau mehr als zwei Kinder in ihrem Bauch trägt, steht eine sehr schwere Entscheidungen an: Mehrlinge austragen, mit Risiko von Totgeburt und Missbildung, oder Mehrlinge „reduzieren“ lassen, mit dem Risiko, dass die verbliebenen Kinder auch sterben oder schwere seelische Schäden davontragen.

Fast jede werdende Mutter fühlt schon sehr früh in der Schwangerschaft eine tiefe Verbindung zu ihren werdenden Kindern. Egal wie viele sie in sich trägt, wünscht sie sich, dass es allen gut geht, neben ihrer Angst es nicht bewältigen zu können.

In unserem Buch beschreiben wir an anderer Stelle deutlich, was ein Kind im Mutterleib erlebt und auch erinnert. Die ärztliche Haltung dazu ist betont sachlich. Ein Genfer Gynäkologe erzählte uns, dass man bei künstlich entstandenen Mehrlingsschwangerschaften in der Schweiz grundsätzlich nur einen übrig lässt. „On laisse qu'un“ sagte er wörtlich. Uns stockte der Atem. In Deutschland scheint man risikobereiter zu sein, was Zwillingsschwangerschaften betrifft. Meist wird erst ab Drillingen reduziert.

Vermutlich werden in Deutschland und Österreich die medizinischen Risiken der Mehrlingsreduktion ernster genommen als in der Schweiz. Eine Reduktion bei drei Embryonen auf zwei bringt eine 10 % Fehlgeburtswahrscheinlichkeit mit sich. Wird von vier Embryonen auf zwei reduziert, ist es noch gefährlicher für die Überlebenden. Das bedeutet, dass bei einer Tötung eines Embryos immerhin jede zehnte Schwangerschaft mit dem Tod aller Kinder endet, bei der Reduktion von Vierlingen auf Zwillinge jede siebte Schwangerschaft. (laut Österreichische IVF-Gesellschaft). In Deutschland fand laut dem ärztlichen IVF-Register 2004 in 1,8 % aller im Labor gezeugten Schwangerschaften eine Mehrlingsreduktion statt. Das waren 228 Fälle.

Wie eine Mehrlingsreduktion gemacht wird

Wenn in der Schwangerschaft Mehrlinge im Ultraschall festgestellt werden, wartet man zunächst ab, ob die Kinder sich auf natürliche Weise wieder verabschieden. Dieses ist nicht selten der Fall. Wenn aber in der 12.-14. Schwangerschaftswoche, also 10-12 Wochen nach Befruchtung immer noch zu viele Föten in der Gebärmutter sind, streben die Ärzte eine Reduktion, einen „Fetozid“ an.

Zunächst wird im Ultraschall geschaut, wie die Embryonen liegen, deren Größe und Herzaktivität überprüft. Die Föten sind dann schon bis 30 Gramm schwer und sitzend gemessen bis zu 8 cm groß. Das Geschlecht ist klar bestimmbar und alle Organsysteme funktionieren. Durch die Bauchdecke oder durch die Scheide der Mutter wird eine kleine Kanüle eingeführt und eine Kaliumchloridlösung ins Herz des zu tötenden Fetus gespritzt. Nach 2 Minuten wird überprüft, ob das Herz tatsächlich aufgehört hat zu schlagen. Der ganze Vorgang dauert nur wenige Minuten. Eine Betäubung ist dafür nicht notwendig, sachlich einfach. Nicht jedem Arzt fällt das leicht. Er ist es, der bestimmt, wer stirbt und wer bleibt. Mal bestimmt die Lage des Embryos in der Gebärmutter die Entscheidung, mal die Größe und mal das Geschlecht. Die kleineren Föten müssen aber nicht unbedingt die schwächeren sein.

Ob eine Mehrlingsreduktion die bessere Wahl ist oder nicht, wer mag das entscheiden. Glücklich sind die Eltern, die nicht genötigt sind, diese

Entscheidung zu treffen. Verantwortungslos hingegen handeln Ärzte, welche die werdenden Eltern kalt und mitgefühllos über die technischen Aspekte der Reduktion aufklären, den seelischen Faktoren jedoch keine Bedeutung schenken.

In der Presse tauchen immer wieder Meldungen mit rührenden Fotos von Mehrlingsgeburten auf, bei denen alles gut gegangen ist. Auf der anderen Seite wurde kürzlich von einer Frau berichtet, die nach einer Hormonbehandlung mit Achtlingen schwanger war. Ihr wurde dringend zu einer Reduktion geraten. Sie wollte nicht. Im fünften Schwangerschaftsmonat sind alle gestorben. Wir haben aus dem Internet einen Erfahrungsbericht von einer Frau gefischt (www.klein-putz.net), die durch künstliche Befruchtung Drillinge im Bauch hatte. Der Arzt riet ihr zur Reduktion auf zwei Embryonen. Aus irgendwelchen Gründen ging das nicht, es mussten gleich zwei getötet werden. Der dritte ist einige Wochen später gestorben. Mit dem Wissen der pränatalen Psychologie können wir verstehen, warum. Die Mutter war tief im Schock.

Zur Erinnerung: wir haben im Kapitel „Der Embryo nimmt wahr und erinnert sich" ausführlicher beschrieben, wie gut die Sinne bereits sehr früh funktionieren. Wir vermuten daher, dass ein Fötus von der Tötung seines Geschwisters sehr viel mitbekommt. Er spürt den Ultraschall und das Einführen der Nadel. Er hört das Geräusch der in sein Geschwister eindringenden Nadel. Er nimmt wahr, dass sich der Andere nicht mehr bewegt und das Herz aufhört zu schlagen ... Als geborener Mensch wird er sich später lebenslänglich mit Schuldgefühlen, unstillbarer Sehnsucht, Trauer und Misstrauen herumzuschlagen haben und vor allem unbewusst mit der Frage: Warum der Andere und nicht ich? – Die Ursache dürfte er nicht kennen ...

Wir erlauben uns keine ethische Bewertung. Manchmal verlangt das Leben schwerwiegende Entscheidungen, von denen man nicht weiß, ob sie richtig waren oder nicht. Für die betroffenen Eltern bleibt es eine Abtreibung während der Schwangerschaft.

Wenn es keine andere Möglichkeit gibt als eine Mehrlingsreduktion, sollte das betroffene Paar mit den Föten im Bauch sprechen und ihnen erklären, was passieren wird, und warum es nicht anders geht. Nach der Tötung können sie mit den überlebenden Kindern, aber auch mit dem toten Kind sprechen und eine Kerze für es aufstellen. Die Eltern müssen sich Zeit nehmen zu trauern, damit in ihnen die gemeinsame Zeit mit ihrem jetzt toten Kind gut zu Ende kommen kann. Wenn das getötete Kind mit einem Trauerprozess verabschiedet wird, hilft es den Eltern dabei, dass innerlich etwas zur Ruhe kommt. Geschieht dieses nicht, bleibt lebenslang eine unterschwellig bohrende und beinahe „eiternde" Wunde zurück. Diese Erfahrung machen wir häufig in unseren Seminaren, wenn es um abgetriebene Kinder geht.

Für die überlebenden Kinder ist die Mehrlingsreduktion ein ähnlicher Schock und Verlust wie für Kinder, die eine Abtreibung überlebt haben, bei der versehentlich nur einer „erwischt" wurde. Die getöteten Geschwister bleiben für die Überlebenden immer wichtig und sollten deshalb auch nicht verschwiegen werden.

Nötig ist, dass die Eltern für sich selbst Verständnis haben und für ihre Schamgefühle wegen der Reduktion. Wenn Kinder die beschriebenen Symptome zeigen, können ihnen Erklärungen zum richtigen Zeitpunkt gut tun. Dann brauchen sie nicht mehr anderweitig nach Gründen für ihre Schuldgefühle und für ihre Einsamkeit zu suchen.

8 Der Embryo nimmt wahr und erinnert sich

Viele Menschen reagieren mit Erstaunen, dass Ereignisse, wie der frühe Verlust von Geschwistern im Mutterleib, gravierende und oft lebenslängliche Auswirkungen auf die Betroffenen haben können. Der Verlust eines Zwillings geschieht meist im ersten Drittel der Schwangerschaft, im ersten Trimenon, wie die Ärzte sagen.

Uns beschäftigen deshalb folgende Fragen: Ab wann können werdende Kinder etwas spüren und wahrnehmen? Ab wann beginnen Gefühle und wann gibt es Reaktionen auf Ereignisse? Was aus der Zeit vor der Geburt ist im späteren Leben erinnerbar?

Noch in den fünfziger Jahren glaubte man, dass ein ungeborenes Kind wie ein leeres Blatt ist, ohne eigenes Empfinden, eigene Wahrnehmungen und ohne eigene Seele. Man konnte sich damals nicht vorstellen, dass die Geburt und die erste Zeit danach für die psychische Entwicklung des Kindes von großer Bedeutung sind. Dass ein Embryo Empfindungen haben könnte, war vollkommen jenseits der Vorstellungsmöglichkeiten. Man glaubte, Neugeborene fühlen nichts. Dies ging so weit, dass selbst Operationen an Neugeborenen ohne Betäubung ausgeführt wurden. Schreien und Lächeln hielt man für reine Reflexe.

Inzwischen ist wissenschaftlich nachgewiesen, dass schon Ungeborene Empfindungen haben, auf diese reagieren und sich an vieles später erinnern können. 16 Wochen alte Föten wurden beispielsweise von dänischen Ärzten bei einer Fruchtwasserpunktion über Ultraschall gefilmt. Die Hälfte von ihnen blieb danach für 2 Minuten regungslos. Nur ein flacher, starrer Puls war messbar, während er sonst stärker ist und Variationen beinhaltet. Das kennt man von geborenen Menschen als deutliche Anzeichen eines Schockzustandes.

Werner Gross beschreibt ähnliche Untersuchungen. Bei einer Fruchtwasserpunktion wird eine Nadel in die Gebärmutter eingeführt. Der Fötus reagiert darauf und bewegt sich blitzschnell weg.

Man muss sich dabei klar machen, dass die Föten erst in den letzten beiden Schwangerschaftsmonaten die Augen öffnen können. Vorher nehmen sie hinter den seit der sechsten Lebenswoche geschlossenen Augen hell und dunkel wahr. Der Fötus „sieht" also mit geschlossenen Augen die winzige Punktionsnadel und wendet sich blitzschnell weg!!!

Natürlich kann er die Nadel nicht sehen, aber der kleine Körper muss, einer Radaranlage ähnlich, extrem feine Wahrnehmungen des Raumes um sich herum besitzen. Vielleicht ist dieses noch im entferntesten mit der Fähigkeit von uns Erwachsenen zu vergleichen, die Ausstrahlung oder Aura eines Menschen wahrzunehmen, der unseren Raum betritt.

Eine Klientin in Belgien berichtet uns folgendes: Nach einem Vortrag des Autors über Familienaufstellung und vorgeburtliche Psychologie erinnerte sie sich, dass bei einer Ultraschalluntersuchung während ihrer ersten Schwangerschaft zwei kleine Punkte zu sehen waren. Wieder zu Hause, erzählt sie ihrem damals vierjährigen Sohn, dass, als er noch ganz winzig war und im Ultraschall nur als Punkt in ihrem Bauch zu erkennen war, auch noch ein zweiter Punkt neben ihm zu sehen war. Daraufhin sagte der Sohn: „Aber Mama das weiß ich doch, deswegen bin ich doch oft so traurig, weil ich den immer wieder suche." Einige Tage später sprach sie mit ihrem Sohn über seine Geburt. Bei der Geburt war zuerst alles leicht gegangen, aber als er wirklich rauskommen sollte, hörten die Wehen auf. Der Sohn sagte ihr: „Das weiß ich, ich wollte warten, ob der kleine Punkt nicht doch noch mitkommt."

Tatsächlich gehört die Plazenta zum Gewebe des Kindes. Hier wird ein Großteil der Hormone produziert, die für die Wehentätigkeit verantwortlich sind. Damit steuert das Kind die Wehentätigkeit und nicht die Mutter.

Die Klientin war zu diesem Zeitpunkt mit ihrem nächsten Kind schwanger. Unser kleiner junger Mann sagte seiner Mama: „Ich kann Dir sagen, wie es jetzt da drin ist ..."

Mittlerweile sind weitere drei Jahre vergangen und der Sohn ist jetzt sieben Jahre alt. Die Mutter befragt ihn noch einmal nach seinen Erlebnissen vor der Geburt. Jetzt kommt keine Antwort mehr. Die bewusste direkte Erinnerung daran ist verloschen.

Claude Imbert berichtet von einer Klientin, die wegen starker Schwierigkeiten in ihrer Partnerschaft zu ihr kommt. In der ersten Therapiesitzung bei einer geleiteten inneren Bilderreise rollt sie sich in Embryonalstellung ein und beginnt spontan zu schluchzen und zieht sich erschreckt in eine Ecke der imaginierten Gebärmutter zurück. Sie sieht sich als gut entwickelten Embryo, 3-4 Zentimeter groß. Sie sieht einen flatternden roten Vorhang, der sich senkt, als ob er fließen würde. Dann hört sie immer wieder den Vornamen César. Diese Klientin wusste nicht, was diese Bilder zu bedeuten hatten und wieso sie immerzu „César“ hörte.

Überrascht befragt sie ihre Mutter. Diese sagt ihr, dass sie im dritten Schwangerschaftsmonat eine schwere Blutung hatte und einige Tage im Krankenhaus war. Die Ärzte sagten der Mutter damals, dass alles in Ordnung sei. Dann fragt sie ihre Mutter, wie sie geheißen hätte, wenn sie ein Junge geworden wäre. „César“ lautet die Antwort der Mutter.

Woher stammen ihre inneren Bilder, wo in ihrem Körper oder anderswo ist das gespeichert? Wieso „sieht“ sie Blut, wo doch den Embryonen in der sechsten Woche des Lebens für die nächsten fünf Monate die Augenlieder zugewachsen sind? Wieso hört sie immerzu den Namen César? Nach der glaubwürdigen Darstellung von Imbert wusste die Klientin vorher nichts von all den genannten Tatsachen, ihre Mutter hatte diese nie erwähnt. Es gibt, wie wir unten erläutern, verschiedene Formen des Gedächtnisses, unter anderem das „Feldgedächtnis“. Das könnte diese Phänome erklären.

Der Psychoanalytiker Ludwig Janus berichtet von einigen seiner Klienten, die einen Abtreibungsversuch überlebt haben. Vor der Einführung der Pille waren Abtreibungen eine häufige Realität. Die Klienten erinnerten sich in Träumen und Angstphantasien an die Nadel und an die versuchte Abtreibung.

Einige bedeutende Psychologen und Ärzte, wie zum Beispiel Elizabeth Noble, Stanislav Grof und Claude Imbert gehen davon aus, dass der Mensch sich manchmal sogar an seine Zeugung erinnern kann. Sie arbeiten therapeutisch mit diesem Ereignis.

Stanislav Grof, ein seit den siebziger Jahren sehr bekannter amerikanischer Psychiater, hat sehr viele Zusammenhänge über vorgeburtliches Erleben und Geburtserfahrungen und deren Auswirkungen auf unser späteres Leben entdeckt. Er hat tausende Sitzungen unter LSD begleitet, als dies noch erlaubt war. Neben Geburtserfahrungen und Erfahrungen aus der vorgeburtlichen Zeit erlebten immer wieder Klienten ihre eigene Zeugung. Sie konnten über konkrete Umstände, wie die Umgebung und die Stimmung zwischen den Eltern, berichten. Dies hat Grof mit den Berichten von deren Eltern verglichen. Es gab erstaunlich viele Übereinstimmungen.

Es muss also Erinnerungen und Wahrnehmungskanäle geben, die unabhängig von der Entwicklung unseres Gehirns sind. Wir gehen davon aus, dass das Wahrnehmen und Erinnern auf verschiedenen Ebenen geschieht. Dafür müssen wir einen kleinen Ausflug in die Welt der Theorien machen:

1. Das Feldgedächtnis

Das Feldgedächtnis ist unabhängig von dem Erleben bestimmter Personen. Erfahrungen und Entdeckungen, die von Menschen gemacht wurden, auch wenn sie nichts miteinander zu tun haben, können unter bestimmten Umständen anderen Personen zur Verfügung stehen. Es ist auch möglich, dass andere Personen von diesen Erfahrungen profitieren, ohne dass ihnen dies bewusst ist.

Das klingt erst mal sehr gewagt. Wir wollen uns nicht auf die Ebene von Magie und Zauberei stellen, sondern berichten vom sehr interessanten Modell des morphogenetischen Feldes als eine Möglichkeit, wie Erinnerungen gespeichert werde können.

Ein bekannter Wissenschaftler, der hierzu geforscht hat, ist der englische Biologe Rupert Sheldrake. Er hat beispielsweise untersucht, wie lange Menschen, die das Morsealphabet nicht kennen, benötigen, um es zu lernen. Das Morsealphabet war in der Seefahrt und beim Militär lange Zeit dem Sprachfunk wegen der größeren Reichweite überlegen.

Im Vergleich stellte er ein anderes, noch nie benutztes Morsealphabet zusammen, mit einer anderen Zuordnung der Buchstaben zu den Morsezeichen. Er machte die erstaunliche Entdeckung, dass das bei uns bekannte Morsealphabet in wesentlich kürzerer Zeit gelernt wurde, als das neu zusammengestellte. Sicherlich ist das noch kein Beweis, dass es Erinnerungen über die eigenen Erfahrungen hinaus gibt. Sheldrake hat beobachtet, dass sehr bekannte und große technische Erfindungen, die in einem Land gemacht wurden, zeitlich völlig parallel, ohne dass es irgendwelche Kommunikation gegeben haben kann, in einem anderen Land auch entstanden sind. Sheldrake geht davon aus, dass die Erfindung in dem „Feldbewusstsein“ der Menschheit bereits vorhanden war, in dem intensive Entwicklungen irgendwo auf der Welt in diese Richtung gingen. Es war dann für Wissenschaftler woanders auf der Welt leichter, die gleichen Schritte zu finden.

Ein weiteres Phänomen, bei dem sich die Felderinnerung zeigt, sind die immer populärer werdenden Familienaufstellungen und Organisationsaufstellungen. Hierbei kommen Menschen zusammen, zum Beispiel für ein Wochenendseminar, die sich vorher noch nie gesehen haben. Ein Klient, hier beispielsweise Jan, hat ein persönliches Problem, mit dem er nicht weiter kommt. Um zu klären, wo das Problem herkommt, schaut er in seine Familiengeschichte. Seine Eltern haben sich sehr früh in seiner Kindheit scheiden lassen. Ihm fällt es schwer, glückliche Beziehungen zu leben. Jetzt kann man Gruppenteilnehmer wählen, die nichts über die Eltern des Klienten wissen. Man bittet sie, sich als Stellvertreter in den Raum zu stellen, eine Person, die für den Vater steht und eine zweite Person, um die Mutter zu repräsentieren. Bei den Stellvertretern stellen sich nach einiger Zeit bestimmte Empfindungen und Körperwahrnehmungen ein. Die Stellvertreter spüren die grundlegende Energie und Qualität der Beziehung der Eltern des Klienten zueinander. Das können zum Beispiel Anziehung, Liebe, Kontaktlosigkeit, Wut, Sehnsucht oder Desinteresse sein. Manchmal sprechen die Stellvertreter unwillkürlich und ohne weitere Informationen zu haben, genau dieselben Sätze, wie sie in der Familie gefallen sind. Völlig fremde Stellvertreter verändern unwillkürlich die Gesichtszüge und nehmen manchmal sogar den Tonfall der Personen an, die sie vertreten.

Es geht sogar noch weiter: In diesem Beispiel hat Jans Mutter ihre Mutter schon als Kind bei einem Verkehrsunfall verloren. Das spürt auch die Stellvertreterin für Jans Mutter. Sie schaut wie gebannt auf den Boden. Zur weiteren Klärung wurde eine weitere Person für die gestorbene Großmutter auf die Stelle auf den Boden gelegt, wohin die Stellvertreterin von Jans Mutter schaut. Die Stellvertreterin von Jans Mutter wendet sich zuerst wütend weg, weil es zu schlimm war, so früh die Mutter zu verlieren und sich von ihr alleine gelassen zu fühlen. Dann bricht sie in Tränen aus. Der

Stellvertreterin für diese Person tat, nachdem sie nur zwei oder drei Minuten auf diesem Platz lag, das linke Bein weh, obwohl sie nichts von der Geschichte wusste und auch selbst normalerweise keinerlei körperliche Beschwerden hatte. Wie wir später erfuhren, war es so, dass der Großmutter bei dem Unfall das linke Bein zerquetscht wurde. Die Großmutter war noch einige Wochen im Krankenhaus, bevor sie starb.

Aufstellungen werden jetzt seit rund zwanzig Jahren durchgeführt. Sie sind eine relativ neue Methode, die in dieser Form von Bert Hellinger entwickelt und populär gemacht wurde. Auch wenn man mit Deutungen vorsichtig sein muss, bestätigt sich immer wieder, wie verblüffend übereinstimmend das Gefühlte und die Grundstimmung der Stellvertreter zu den realen Personen ist. Diese Methode kann man anwenden, um etwas in Familien, aber auch in Wirtschaftsunternehmen und Organisationen zu klären. Das Feld stellt mit x-beliebigen Personen, die sich absichtslos zur Verfügung stellen, die Erinnerung her.

Lediglich die Absichtslosigkeit ist für eine hilfreiche Aufstellung notwendig. Absichtslos sein heißt, wirklich in das Feld hineinzuspüren und sich den Empfindungen und Bildern, die auftauchen zu überlassen und nicht zu spielen, was man glaubt, was passen würde. Das geht nur, wenn man innerlich geöffnet und gesammelt ist. Das ist keine Zauberei, mit guter Begleitung kann das jeder. Jeder Mensch hat also Zugang zu Erfahrungen, die nicht seine eigenen sind. Dieses Phänomen wird das Wissende Feld oder Feldgedächtnis genannt.

2. Das außerkörperliche Gedächtnis

Wenn wir hier von einem außerkörperlichen Gedächtnis sprechen, meinen wir Erfahrungen, welche die betreffende Person nicht über die körperlichen fünf Sinne machen konnte. Elizabeth Noble, eine der führenden amerikanischen Therapeuten der pränatalen Psychologie, begleitet Klienten in die Regression, indem sie mit ihnen innerhalb einer Tiefenentspannung zurück geht bis zur Geburt und darüber hinaus, teilweise bis zur Zeugung. Sie berichtet, dass sich ihre Klienten manchmal an Ereignisse erinnern, die eigentlich nicht erinnerbar sind: zum Beispiel, welches Kleid die Mutter um die Zeit der Zeugung herum häufig trug.

Ebenso wie Stanislav Grof vermutet Noble, dass es ein nichtkörperliches Gedächtnis gibt. In diese Theorie passen zum Beispiel Nahtoderfahrungen. Es gibt viele Berichte von Menschen, die für eine kurze Zeit klinisch tot waren. Bei ihnen wurden keine Gehirnströme mehr gemessen. Das Gehirn – also auch der körperliche Wahrnehmungs- und Gedächtnisapparat – funktionierte nicht mehr. Verschiedenste Menschen, bei denen es den Ärzten gelang, sie wieder ins Leben zurückzuholen, berichten ähnliches: Sie nahmen sich außerhalb ihres Körpers wahr und konnten von oben das Geschehen beobachten. Sie sahen die Reanimationsversuche, die Ärzte, Angehörige und deren Reaktionen. Zu ihrem Körper hatten sie kein Gefühl mehr, keinerlei Schmerzen oder andere körperliche Wahrnehmungen. Sie konnten hinterher, nach ihrem „Aufwachen" sehr genau von dem Ereignissen und den beteiligten Personen berichten, bis hin zu der Kleidung, die sie trugen.

Wenn manche Patienten Erinnerungen zu ihrer eigenen Wiederbelebung haben und dabei die Umgebung und bestimmte Details beschreiben können und wissen, was vom Gehirn her nicht mehr möglich ist zu wissen, muss also eine Wahrnehmungs- und Erinnerungsquelle außerhalb des Körpers liegen. Dieses könnte man als das außerkörperliche Gedächtnis bezeichnen.

3. Das körpergebundene Gedächtnis

Über unser körperliches Gedächtnis, über die Arbeitsweise des menschlichen Gehirns und der Sinnesorgane ist am meisten geforscht worden und gibt es am meisten konkrete Fakten.

Aber auch hier vermuten wir, dass es neben dem menschlichen Erinnerungsvermögen über Gehirnzellen ein Gedächtnis auf zellulärer Ebene geben kann. Nachgewiesenermaßen gibt es bereits auf zellulärer Ebene viele Formen von biochemischer Kommunikation.

Prof. Eckhard Wolf hat bei Kühen nachgewiesen, dass bereits die befruchtete Eizelle und Zellen bestimmter Teile des Eierstocks miteinander kommunizieren und bestimmte biochemische Signale aussenden. Diese Signale erhöhen die Wahrscheinlichkeit einer Einnistung der befruchteten Eizelle in die Gebärmutter.

Im folgenden Abschnitt möchten wir genauer auf die biologische Entwicklung der Sinnesorgane und des Gehirns des werdenden Menschen eingehen.

Das Hören

Für den werdenden Menschen ist das Ohr eine wichtige Brücke zur Außenwelt: zur Mutter, zu weiteren Familienangehörigen, seiner Sippe und der Umgebung. Es ist vielleicht das wichtigste Sinnesorgan überhaupt.

David Chamberlain und Rüdiger Dahlke schreiben, dass schon eine Woche nach der Befruchtung, also noch vor der Einnistung in die Gebärmutter die ersten Ansätze der Ohren unter dem Mikroskop erkennbar sind. Der Embryo ist zu diesem Zeitpunkt 0,9 Millimeter groß. Joachim-Ernst Behrend, ein deutscher Hörerfahrungsfachmann, weist darauf hin, dass das Ohr das erste funktionierende Organ des werdenden Menschen ist, noch bevor Herz und Gehirn mit der Aktivität beginnen. Der Embryo beginnt, Hörkontakt mit der Welt aufzunehmen, noch bevor sein Herz schlägt. Behrend stellt die Frage, warum der werdende Mensch so früh hören will. Wir haben darauf keine angemessene Antwort. Diese Informationen sind wichtig um zu verstehen, wie früh der werdende Mensch seinen Zwilling in der Gebärmutter wahrnimmt.

Von der so genannten exakten Wissenschaft ist bis jetzt experimentell nachgewiesen, dass der werdende Mensch ab der 14. Schwangerschaftswoche hören kann. Da das Gehör sich sehr früh bildet, halten wir es für gegeben, dass der Embryo schon sehr viel früher als in der 14. Schwangerschaftswoche mit dem Hören beginnt und sich auch unterschwellig daran erinnern kann. Dieses haben Claude Imbert und wir in Entspannungsreisen, in denen unsere Klienten die frühe Zeit in der Gebärmutter wiedererlebt haben, gleichermaßen bestätigt gefunden.

Japanische Wissenschaftler haben Babys direkt nach der Geburt hinsichtlich ihrer Reaktionen auf Umweltreize untersucht. Dabei testeten sie, wie Neugeborene auf Fluglärm reagieren. Es gab eine Gruppe von Säuglingen, die mit ihren Müttern bereits vom 1. bis 5. Schwangerschaftsmonat in der Nähe eines Flughafens wohnten. Diese Babys wurden recht selten (13 %) vom Fluglärm aufgeschreckt. Eine andere Gruppe lebte mit ihren Müttern erst ab dem 6. Schwangerschaftsmonat in dieser Gegend. Sie schreckten erheblich öfter bei Fluglärm auf, nämlich zu 85 %.

Nachgewiesen ist, dass nach der Hälfte der Schwangerschaft die Bildung des Gehörs mit seinen Kammern, Gängen und Nerven- und Gehirnverbindungen vollendet ist, früher als alle anderen Sinnesorgane.

Die Hörzellen, die Cortizellen, so fand Alfred Tomatis, der französische Pionier der Gehörforschung heraus, sind sehr ähnlich den Sinneszellen der Haut. Das Ohr ist damit dicht bestückt. Die Ohrzellen sind also wie eine Art Haut. David Chamberlain geht noch weiter und fragt, ob vielleicht die Haut eine Art Verlängerung des Ohres ist und damit auch über die Haut gehört werden kann. Das könnte heißen, dass bereits die erste millimetergroße Haut des Embryos Töne wahrnehmen kann.

Nachweisbar reagieren die werdenden Kinder auf Musik im Alter von 18 Wochen nach Befruchtung. Dann hören sie also nicht nur die Geräusche aus dem Inneren der Gebärmutter, sondern auch die Geräusche von außen.

Was hört ein werdender Mensch?

Er hört das Rauschen des Blutes, das Herz, die Verdauungsgeräusche und die Stimme der Mutter. Wenn er nicht allein im Mutterleib ist, hört er auch das Herz des Anderen, lauter und näher als das Herz seiner Mutter. Später, wenn das Gehör weiterentwickelt ist, nimmt er die Umgebungsgeräusche wie Musik, Verkehrsgeräusche und Stimmen war.

Man hat Versuche mit fünf Monate alten Frühgeborenen gemacht. Forscher haben bei diesen Frühgeborenen ein exaktes Stimmprofil der Schreie erstellt. Sie fanden in der Tonmelodie, im Rhythmus und anderen sprachlichen Merkmalen Parallelen zur Sprache der Mutter. Es scheint, als nehmen Kinder sehr früh Sprachunterricht.

Andere Forscher haben Hühnereier zwischen dem 12. und 15. Tag mit einem Ton mit der Frequenz von 200 Hertz beschallt. Nach dem Schlüpfen, am 21. Tag, beschallte man diese Küken mit zwei Lautsprechern. Aus einem wurden sie mit 200 Hertz-Tönen beschallt und aus dem anderen mit einem 2000 Hertz-Signal, also einem sehr viel höheren Ton. Die Küken wurden deutlich von den 200 Hertz-Tönen angezogen und liefen zu dem Lautsprecher, aus dem der ihnen im Ei bereits vertraute Ton gespielt wurde. Verglichen wurden sie mit anderen Küken, die während der Brutzeit in schallisolierten Boxen heranwuchsen. Diese näherten sich beiden Lautsprechern gleichermaßen.

Einige bedeutende Musiker sind davon überzeugt, dass ihre musikalische Laufbahn bereits im Mutterleib begonnen hat. Der Musiker Borit Brott berichtet in einem Interview, dass er als junger Mann verblüfft war, einige Stücke ohne Noten spielen zu können. Er berichtet von Situationen, in denen er dirigierte, und bevor er das Blatt umdrehte, genau wusste, wie die Cellostimme weitergeht. Als er dies seiner Mutter erzählte und ihr auch sagte, um welche Stücke es sich handelte, war sie ganz und gar nicht überrascht. Es waren genau die Stücke, die sie gespielt hatte, als sie mit ihm schwanger war. Seine Mutter war Berufscellistin.

Arthur Rubenstein sagte: „Ich habe das Gefühl, dass ich bereits im Leibe der Mutter Klavierspielen gehört und auch selbst gespielt habe." Auch Yehudi Menuhin sagt: „Ich ... habe Musik schon im Mutterleib vernommen und mit der Muttermilch aufgesogen."

Der Tastsinn

Die Haut dient uns als Grenze und als Sinnesorgan. Hautkontakt ist für menschliche Beziehungen unverzichtbar. Händeschütteln, Umarmungen, Küssen, Streicheln sind bedeutende Kommunikationen in unseren Beziehungen. Über Tasten und Berühren holen wir uns beständig Informationen aus der Umwelt. Sie können an sich selbst beobachten, wieviel Sie innerhalb nur einiger Stunden berühren und anfassen.
Noch intensiver lässt sich dies bei Säuglingen beobachten, die ihre Welt buchstäblich begreifen, ertasten und erschmecken.

Auch der Tastsinn, das Wahrnehmen über die Haut, beginnt sehr früh. Erste beobachtbare Reaktionen gibt es schon bei knapp zwei Monate alten Embryonen. Chamberlain berichtet, dass sie auf ein feines Haar reagieren, dass über ihre Wange streicht. Sie wenden ihren Kopf ab und recken ihre Arme und Schultern, um das Haar wegzustoßen.
Auf Streichen über die Genitalregion reagiert der werdende Mensch im Alter von zehn Wochen nach der Empfängnis, auf Streichen über die Hand-

flächen nach 11 Wochen und über die Fußsohlen nach 12 Wochen. Wohlgemerkt handelt es sich hier um erste sichtbare Reaktionen. Das bedeutet, dass der Embryo schon vor den ersten im Ultraschall sichtbaren Reaktionen bereits Wahrnehmungsfähigkeiten in den jeweiligen Körperregionen haben muss.

Eigene Bewegungen des Embryos sind erst dann möglich, wenn die Muskeln ausgebildet sind. Diese beginnen sich 6 Wochen nach der Befruchtung zu bilden.

Wir vermuten, dass ein Embryo schon sehr früh einen Zwilling, der mit ihm im Mutterleib ist, über die Haut fühlen und ertasten kann.

Bereits in der siebenten Woche nach Befruchtung besitzt der werdende Mensch Hände und Finger, die er auch bewegen kann, aber noch keine richtigen Arme. Vielleicht ist „Bernd das Brot“, der tollpatschige Puppen-Fernsehstar des von allen Altersstufen gerne gesehenen Kinderkanals deswegen so eine beliebte Figur: Mit den viel zu kurzen Armen und dem nur aus einem Kopf und Stummelbeinen bestehenden Körper erinnert er an einen Embryo. Ist der werdende Mensch vierzehn Wochen alt, kann er seine Hände zusammenführen und beginnt am Daumen zu lutschen.

Das Schmecken

Der Mund ist das wichtigste Sinnesorgan, mit dem Babys die Welt entdecken. Es gibt fast nichts, was sie nicht versuchen, in den Mund zu nehmen.

Mit acht Wochen werden bei den Embryonen die Geschmacksknospen sichtbar. Sie sind in der dreizehnten Woche nach Befruchtung bereits wie beim Erwachsenen entwickelt und in einer weiteren Woche von Poren und haarartigem Gewebe (dem Mikrovilli) umgeben. Jetzt sind sie vervollständigt. Bis zur Geburt vermehren sie sich und breiten sich weiter aus. Studien haben gezeigt, dass 12 Wochen alte Embryonen zu schlucken beginnen. Die Wahrnehmung von Geschmack vermutet man ab der 15. Schwangerschaftswoche nach Befruchtung. Der werdende Mensch schmeckt das Fruchtwasser und trinkt kleine Schlucke davon. Im letzten Schwangerschaftsdrittel sind es 15 bis 40 ml pro Tag. Das Fruchtwasser ist ein Gemisch aus vielen organischen Substanzen.

Claude Imbert beschreibt sehr eindrücklich die Erfahrungen, die ein vierjähriger Junge seiner Mutter erzählt. Von Docteur Imbert ermutigt, fragt die Mutter ihren Sohn, ob er sich an die Zeit in ihrem Bauch erinnern kann und woran er sich erinnert. Er erzählt seiner Mutter, dass es im Bauch ganz in Ordnung war, aber dass es eine Zeit lang so schrecklich nach Fisch geschmeckt hat und er das nicht mochte. Die Mutter hatte in den ersten drei Monaten der Schwangerschaft extrem viel Fischleber gegessen. Sie war sehr verwundert über diese Äußerungen ihres Sohnes, der hiervon nichts wissen konnte.

William Liley, ein amerikanischer Wissenschaftler, der viel über die vorgeburtliche Entwicklung geforscht hat, führte ethisch fragwürdige Versuche zum Geschmackssinn von Föten durch. Er spritzte eine bitter schmeckende Substanz in das Fruchtwasser. Die Föten haben fast nichts mehr davon getrunken. Wurde aber Süßstoff in das radioaktiv markierte Fruchtwasser gespritzt, tranken sie fast doppelt so viel. Wir hoffen, dass bei diesen Fruchtwasserpunktionen, die immer auch die Föten gefährden und manchmal zu Fehlgeburten führen können, kein Kind an dem Forschungshunger der Wissenschaft zu Schaden gekommen ist.

Das Sehen

Die Augen sind für den werdenden Menschen Sinnesorgane, die als letztes im Mutterleib vollständig zu funktionieren beginnen. Am Anfang des zweiten Schwangerschaftsmonats wachsen die Augenlieder zusammen. Sie öffnen sich erst im siebenten Schwangerschaftsmonat wieder. Allerdings nimmt der Fötus spätestens ab der 14. Woche nach Befruchtung mit geschlossenen Lidern hell und dunkel wahr.

Es gibt viele Berichte von Patienten, die sich an ihre Zeit im Mutterleib erinnern, manche „sehen“ sehr genaue Bilder, andere erleben dies über Farben und Gefühle. Es muss aber noch eine andere Form des „Sehens“ geben, die über die organische Entwicklung weit hinausgeht. Aus dem Beispiel des wenige Monate alten Fötus, der sich mit zugewachsenen Augen blitzschnell von der Nadel der Fruchtwasserpunktion abwendet, obwohl sie ihn nicht berührt, schließen wir, dass es so etwas wie „Aura-Augen“, oder „Sehen“ mit dem Körper geben muss. Dieses können auch einige vollständig erblindete Erwachsene. Ein Beispiel dazu ist der blinde Franzose Jaques Lusseyran, der im Dritten Reich aktiv den Widerstand gegen Hitler in Frankreich organisierte. Wenn er eine Straße entlang ging und ganz für seine Wahrnehmungen geöffnet war, konnte er auf weite Entfernungen Bäume und deren Größe und Form erkennen. Er beschrieb diese Art der Wahrnehmung damit, dass er sich „dem Wesen der Bäume" geöffnet hatte und sie damit erkannt hatte. Er beschreibt seine Art zu sehen in seinem Buch „Das wiedergefundene Licht": „... ich musste die Bäume selbst ganz dicht an mich herankommen lassen ..."

Dieses Beispiel kann uns eine Idee davon geben, wie viel bereits ein Embryo selbst mit zugewachsenen Augen „sehen" kann.

Die große Vernetzung: Gehirn und Körper als Informationsspeicher

Bereits zwischen dem 16. und dem 19. Tag im Leben des Embryos bilden sich Nervenzellen und die Entwicklung des Gehirns beginnt. Der untere Teil des Gehirns, der Gehirnstamm, entwickelt sich als erstes und wächst in den ersten sieben Wochen sehr schnell. Darüber liegt das Mittelhirn und Endhirn, welche sich aus dem Hirnstamm entfalten. Der äußerste Rand wird zur Hirnrinde, auch Kortex genannt.

In der 24. Woche nach Empfängnis hat das Gehirn schon die gleiche Form wie bei Erwachsenen. Allerdings ist die Oberfläche noch glatt. Erst fünf Jahre nach der Geburt ist die Entwicklung des Gehirns abgeschlossen.

Bei der Geburt sind die Nerven noch sehr unvollständig mit einer Fett-Isolierschicht, dem Myelin, umhüllt. Lange Zeit glaubte man, dass ohne diese Myelinschicht die Nervenzellen nicht arbeiten können. Man hielt Neugeborene noch nicht für fähig, Gedächtnis, Emotionen und Wahrnehmungen zu haben. Es wurde bezweifelt, dass Neugeborene Informationen innerhalb des Gehirns weitergeben und verarbeiten können. Inzwischen konnte nachgewiesen werden, dass selbst ungeborene Kinder viel früher intensive und differenzierte Sinneswahrnehmungen, Erinnerungen, Lust- und Unlustgefühle haben. Es wurde nach neuen Erklärungen gesucht. Die aktuelle Gehirnforschung geht von einem Gehirn aus, dass wesentlich mehr bedeutet als Hirnstamm mit Mittelhirn und Großhirnrinde, Rückenmark und Nervenzellen. Die wichtigste Entdeckung dabei ist, dass das Gehirn auch außerhalb der eigentlichen Gehirnzellen funktioniert.

Der gesamte Körper ist auf allen Ebenen über kommunizierende Zellen vernetzt. Das bedeutet, dass der Organismus auch auf Zellebene Informationen speichert, Entscheidungen trifft und Befehle erteilt, ohne die große Schaltzentrale Gehirn zu benötigen.

Die wichtigste Entdeckung dabei ist, dass im gesamten Körper so genannte „Informationssubstanzen", wissenschaftlich Liganden genannt, vorhanden sind. Das sind Hormone, Transmitter, Peptide und andere Substanzen. Sie fließen durch den Körper, erreichen alle Körperteile und das Gehirn. Es gibt Zellrezeptoren, also zelluläre Empfangsstationen, für diese Informationssubstanzen. Eine der bedeutendsten Forscherinnen auf diesem Gebiet ist die amerikanische Wissenschaftlerin Candace Pert. Sie hat anschaulich beschrieben, was zwischen diesen Informationssäften und den Empfangsstationen geschieht. Treffen entsprechende Informationssubstanzen auf passende Rezeptoren, ist das, wie wenn zwei Stimmen den gleichen Ton treffen und damit eine Schwingung erzeugen. Diese Schwingung wiederum aktiviert, bildlich gesprochen, den Türöffner. Eine Kettenreaktion von Zellaktivitäten wird ausgelöst. Diese scheinbar winzigen biochemischen Reaktionen können wiederum Veränderungen im Verhalten, in körperlichen Aktivitäten und in Gefühlsstimmungen auslösen.

Dieses System der Informationssubstanzen entsteht beim Embryo früher als Nervenzellen und Gehirn. Zellen, die diese Informationssubstanzen produzieren, sind über den ganzen Körper verteilt. Frühe Erfahrungen des Embryos sind in diesen Informationssäften und in Zellen gespeichert.

Candace Pert hat geforscht, auf welche Weise sich diese von den Körperzellen ausgelösten Strömungen in Emotionen, Glücks- und Trauergefühle, Angst oder Ruhe umsetzen. Dabei suchte sie nach den Empfangsstationen für die Informationssubstanzen. Sie und ihr Team fanden eine dichte Ansammlung von Empfangsstationen, also Rezeptoren, im limbischen System.

Dieses ist in unserem Körper das Zentrum für Emotionen. Das limbische System befindet sich im Hirnstamm. Das ist der Teil des Gehirns, welcher sich als erstes bei Embryonen entwickelt. Darüber hinaus entdeckte sie aber auch über den gesamten Körper verteilt Rezeptoren für diese Informationssubstanzen. Pert hat nachgewiesen, dass Intelligenz, Emotionen, Erinnerung im Gehirn und im gesamten Körper geschehen.

Auch Immunzellen sind mit einer eigenen Intelligenz ausgestattet. Sie „lernen", bereits bewältigte Krankheiten zu erkennen und zu bekämpfen, in dem sie beispielsweise Antikörper herstellen. Sie können aber auch chemische Substanzen, die sich auf das emotionale Befinden oder auf die Gesundheit auswirken, selbst herstellen. Ein Beispiel sind Endorphine, die körpereigenen Opiate oder Lustmoleküle, die von Immunzellen hergestellt werden können. Beta-Endorphine findet man schon ab der siebenten Schwangerschaftswoche im Blut des werdenden Kindes.

Aus diesen Erkenntnissen wird deutlich, dass alles, was ein Embryo erlebt, auf Zellebene eine Bedeutung hat. Der Körper reagiert. Informationssubstanzen werden produziert und weitergegeben, die wiederum Reaktionen hervorrufen. Biochemische Prozesse werden ausgelöst.

Embryonen sind eng verbunden mit dem Erleben der Mutter. Hormone und andere chemische Stoffe der Mutter werden auch vom werdenden Kind aufgenommen. Ebenso sind Zwillingsembryonen eng miteinander verbunden. Was dem E inen geschieht, hat auf Zellebene und biochemisch Auswirkungen auf den Anderen.

Was ein werdender Mensch erinnert

Wir haben gezeigt, dass es verschiedene Arten des Gedächtnisses gibt: das Feldgedächtnis, das außerkörperliche Gedächtnis und das körperliche Gedächtnis. Das körperliche Gedächtnis funktioniert zum Teil über das Gehirn und zum Teil über vernetzte Zellen im gesamten Körper. Dieses schließt zum Beispiel ein Gedächtnis der Haut ein, die sich an die Berührungen des später verlorenen Zwillings erinnert.

Wir haben gezeigt, dass es durchaus möglich ist, dass bereits ein Embryo viele funktionierende Wahrnehmungskanäle hat. Ebenso hat schon der Embryo verschiedene Speicher- also Gedächtnismöglichkeiten zur Verfügung, die nicht von der Ausentwicklung des Großhirnes abhängig sind.

Dieses würde erklären, warum sich manche Klienten in der Therapie mit frappierender Genauigkeit an vorgeburtliche Gegebenheiten erinnern können. Ebenso würde es erklären, warum jüngere Kinder von ihrem vorgeburtlichen Erleben genau so natürlich sprechen können, als hätten sie gerade ein leckeres Eis gegessen und würden hinterher beschreiben, welche der Eissorten am besten waren.

Die Erinnerungsfähigkeit des werdenden Menschen ist bisher vollkommen unterschätzt worden. Nach unseren bisherigen Befunden vermuten wir, dass schon der Embryo ein Elefantengedächtnis hat.

9 Der gestorbene Zwilling verschwindet – Wohin?

Viele Embryonen verschwinden wieder, so dass später nicht mehr erkennbar ist, dass es einen zweiten Embryo gegeben hat. Meistens verschwindet der Zwilling –

– gerade als ich schreiben will, dass der Zwilling verschwindet, laufen zwei junge Eichhörnchen, zwei Geschwisterkinder, spielend und tänzelnd auf der Brüstung des Balkons vorbei, so als ob sie mich daran erinnern wollten, was wir in unserer Arbeit gefunden haben: nicht der Zwilling verschwindet, sondern sein kleiner Körper. –

– also – Meistens verschwindet der winzige Körper des verlorenen Zwillings auf immer unsichtbar in den Tiefen der Gebärmutter oder des Mutterkuchens, ohne äußerlich die leiseste Spur zu hinterlassen. Er wird vom Gewebe des Mutterkuchens absorbiert. Deswegen haben wir in unserer Arbeit mit über 25-jährigen Erwachsenen, bevor Ultraschalluntersuchungen üblich wurden, selten medizinische Fakten aus der Lebensgeschichte des Klienten. Man konnte noch nicht sehen, dass rund zehn Prozent der Schwangerschaften in „Doppelausführung“ kamen.

In einigen Fällen wächst der gestorbene Zwilling in den überlebenden Zwilling ein. Dieses medizinisch spektakuläre Phänomen wird foetus in foeto genannt und gelegentlich in der Presse zitiert (siehe Wikipedia).

Die erfahrene Gynäkologin Dr. Annette Proksch aus Berlin berichtete uns, dass sie vor vielen Jahren eine schwangere Frau mit Ultraschalluntersuchungen begleitet hat, die mit Zwillingen schwanger war. In der vierzehnten Schwangerschaftswoche starb einer der beiden. Er war zu diesem Zeitpunkt bereits 14 cm groß und hatte feste Schädel- und Beinknochen entwickelt. Nach dem Tod des Zwillings hatte sie regelmäßig Untersuchungen durchgeführt, um zu überprüfen, ob der Überlebende durch den toten Fötus nicht in Gefahr war. Er entwickelte sich jedoch gut weiter. Zu ihrer großen Überraschung stellte sie fest, dass der gestorbene Zwilling mit jeder Untersuchung immer weniger wurde und nach einiger Zeit absolut spurlos von der Bildfläche verschwunden war. Er wurde vollständig und restlos von der Gebärmutterschleimhaut absorbiert. Es gibt also Fälle, in denen die Gebärmutterschleimhaut selbst massives Knochengewebe wieder abbauen kann. Die Fresszellen des Immunsystems sind gelegentlich zu ziemlichen Wundern fähig.

Manchmal gab es bei der Geburt allerdings Hinweise auf einen verloren gegangenen Zwilling. Dieses wurde aber meistens den gebärenden Frauen verschwiegen, um sie nicht zu beunruhigen. Man wusste schon immer vom „Foetus papyracaeus". Das ist der ab der 20. Schwangerschaftswoche gestorbene Zwilling. Dessen Körperwasser wurde von der Mutter wieder aufgenommen. Er liegt plattgedrückt und beinahe wie ein Blatt Papier in der Gebärmutter und wird bei der Geburt sichtbar.

Eine ältere Hebamme, die dieses gelegentlich gesehen hat, schilderte uns: Es gibt Föten, die wie versteinert im Mutterkuchen eingewachsen sind. Sie sind in der späten Schwangerschaft gestorben, so dass dann ein Kind lebend zur Welt kommt und kurz danach noch ein verhärteter Klumpen, der an die Plazenta geschmiegt ist. Diese blassen Mumien nannte man Mondkinder. Laut einem kirchlichen Dekret durften diese früher nicht beerdigt werden wie ein gewesener Mensch, der schon gelebt hat, sondern mussten diskret entsorgt werden. Oft haben die Mütter davon nichts erfahren.

Manchmal findet man in der Nachgeburt mehrere Plazenten. Pro Mutterkuchen gab es mindestens ein Kind. Manchmal findet man in einer Plazenta mehrere Nester, Reste von verlorenen Mehrlingen. Auch dieses wird heute noch oft den Müttern nach der Geburt verschwiegen.

Die Bedeutung des Mutterkuchens für das Kind nach der Geburt

Die Psychoanalyse glaubt, dass die Plazenta für das Kind eine besondere Bedeutung hat. Gleich einem Zwilling in der Gebärmutter war sie immer nahe. Der Fötus ist verliebt in die Plazenta, weil sie ein Teil von ihm ist. So kann man mit psychoanalytischer Logik schnell deuten, dass die Geburt immer auch den Verlust des geliebten „Plazenta-Zwillings" bedeutet. Dieser muss betrauert werden. So ist in der Psychoanalyse der Verlust eines Zwillings in Wirklichkeit einfach nur der Verlust des Mutterkuchens. Wir können das in unserer therapeutischen Arbeit nicht bestätigen.

Die Plazenta – Philosophie und Kult in Bali und Australien

Etwas aber muss an der psychoanalytischen Idee dran sein: viele gestorbene Mehrlinge sind in den Tiefen der Plazenta eingewachsen. Auch in anderen Teilen der Welt hat der Mutterkuchen eine große Bedeutung: Bei einigen Stämmen der Aborigines in Australien wird die Plazenta nach der Geburt einige Stunden lang zusammen mit dem Kind auf den Bauch der Mutter gelegt. Damit kann sich das Kind langsam abnabeln und sich von dem Mutterkuchen verabschieden. In Bali wird nach der Geburt die Plazenta vom Vater des Kindes gewaschen und mit dem Samen eines Strauches vor dem Haus an einem besonderen Platz beerdigt. Dieser Platz ist dann während der ersten Jahre der Kindheit ein besonderer Gebetsplatz für die Eltern und das Kind, wenn es ihm nicht gut geht. Als sehr heilsam empfehlen die Balinesen, etwas Erde von diesem Ort auf das Kind zu reiben, wenn es krank ist. Wechselt der später Erwachsene die Wohnung, sollte er etwas Erde von diesem Beerdigungsort seiner Plazenta mit zum neuen Wohnplatz nehmen. Wissen die Balinesen, dass im Mutterkuchen noch ein Zwilling eingewachsen sein könnte, der erst beerdigt werden muss, um dann als Schutzengel zur Verfügung zu stehen?

Der eingewachsene Zwilling

Gelegentlich werden bei Operationen von Zysten und Geschwüren Haar- und Zahngewebe und anderes ortsfremdes Gewebe gefunden. Man sagt, es handelt sich hierbei um den eingewachsenen Zwilling.

Wir haben uns oft die Frage gestellt, wie es kommen kann, dass der verstorbene Zwilling in den Überlebenden einwächst. Zunächst hatten wir das Bild, dass der Überlebende weiterwächst und um die Überreste des Verstorbenen herumwächst. Damit nimmt er ihn in sich auf. Manchmal ist das sicher auch der Fall (foetus in foeto). Aber wie kann es sein, dass das Gewebe des toten Zwillings noch weiterlebt, obwohl es nicht mehr durch die Nabelschnur ernährt wird und später, oft erst nach Jahrzehnten, im überlebenden Zwilling weiterwächst und Zysten bildet?

Nach gründlichen Recherchen haben wir eine überraschende Antwort gefunden: Nicht der Zwilling wächst weiter, sondern nur einige seiner

Zellen. Durch die Nabelschnur pulsiert das Blut des werdenden Kindes zum Mutterkuchen und tauscht dort mit dem Blut der Mutter Nährstoffe, Sauerstoff und Abfallstoffe aus. In dem embryonalen Blutkreislauf schwimmen aber nicht nur weiße und rote Blutkörperchen, sondern auch Zellen, die verschiedene Organe, Haut, Haare, Knochen und Knochenmark bilden können.

Wenn sich die beiden Mutterkuchen sehr dicht nebeneinander oder gar überlappend in der Gebärmutter ansiedeln, so kann es auch zu einem Austausch der Zellen unter den Zwillingen kommen, da das Immunsystem noch nicht fertig ausgebildet ist. So hat der eine Zwilling lebenslänglich Zellmaterial vom Anderen in seinem Körper eingebaut.

Lagern sich diese spezialisierten Zellen an der richtigen Stelle im Körper des Anderen an, so ist das meist kein Problem. Wenn sich diese Zellen aber an einer anderen Stelle anlagern, als von ihrer Funktion her vorgesehen, so kann mitunter Jahrzehnte später der überlebende Zwilling gutartige Wucherungen und entzündete Zysten bekommen. Diese Wucherungen enthalten dann ortsfremdes und möglicherweise genetisch fremdes Gewebe.

In Deutschland wird seit 2001 in der medizinischen Presse von einem überaus spektakulären Fall in der Universitätsklinik Magdeburg berichtet: Bei einer Frau, die bereits mehrere Kinder geboren hat und zweifelsfrei weiblich ist, wurde das Blut auf ihre Chromosomensätze überprüft. Man fand den männlichen y-Chromosomensatz im Blut. Sie müsste also demnach ein Mann sein. Eine Bauchspiegelung zeigte, dass sie anatomisch eine ganz gewöhnliche Frau mit Eierstöcken und Gebärmutter war. In diesen Organen fand man die weibliche Zellausstattung mit zwei x-Chromosomen. Sie hat aber einen lebenden Zwillingsbruder. Offenbar müssen in der Zeit, als sie ein Embryo war, blutbildende Knochenmarkszellen ihres Bruders über den Mutterkuchen in ihren Blutkreislauf gelangt sein und sich bei ihr im Knochenmark angelagert haben. In ihren Adern fließt gewissermaßen das männliche Blut ihres Bruders. Die Ärzte konnten es nicht glauben und haben immer wieder Tests gemacht. Die Frau ist und bleibt Frau mit männlichem Blut.

In der Medizin wird der Begriff „Chimäre“ verwendet. Dieser kommt aus der griechischen Mythologie und bezeichnet ein Feuer speiendes Mischwesen aus verschiedenen Tieren. Hier ist aber mit Chimäre ein „Mischmensch" gemeint, der aus Zellen von verschieden Menschen gewachsen ist.

Seit die Blutuntersuchungen so extrem verfeinert wurden, kann man übrigens auch bei jedem Kind einige Jahre nach der Geburt Zellen der Mutter nachweisen und umgekehrt im Blut der Mutter Zellen des Kindes. Diese Tatsachen verdeutlichen, wie eng die Blutkreisläufe von Mutter und Kind, aber auch von Zwilling zu Zwilling miteinander verbunden sind.

Bei zwei von unseren Klientinnen, bei denen wir einen verlorenen Zwilling entdeckt haben, mussten die Eierstöcke entfernt werden, weil dort Verwachsungen gefunden wurden. Bei der einen fand die Operation mit 17 statt, bei der anderen mit 40. Beide können keine Kinder bekommen. Die Verwachsungen enthielten beide Male Haare, Knochen- und Zahngewebe. Dieses brachten die operierenden Ärzte seinerzeit gegenüber den beiden Patientinnen nicht mit einem Zwilling in Verbindung. Entweder wussten es die Ärzte nicht, oder sie wollten die Patientinnen nicht mit dem Laborbefund schockieren.

Mittlerweile, zur dritten Auflage unseres Buches, haben wir festgestellt, dass Verwachsungen in den Eierstöcken gar nicht so selten sind. Rund jede zwanzigste Teilnehmerin unserer Seminare zum Thema „Heilungswege für allein geborene Zwillinge" hatte eine Operation an den Eierstöcken, bei der Dermoidzysten mit ortsfremden Gewebe – also möglicherweise Gewebe des Zwillings – entfernt wurde. Die Gynäkologin Dr. Annette Proksch ist der Ansicht, dass nicht jedes Dermoid mit Haaren, Zähnen und anderen Gewebearten vom Zwilling stammen muss. Es kann auch körpereigenes Gewebe sein, dass sich „verlaufen" hat. Die Psyche, so Dr. Proksch, konkret die starke Sehnsucht nach dem verlorenen Zwilling, kann die Eierstöcke animieren, Dermoide zu bilden.

Eine Patientin, die über die Gynäkologin Dr. Samborskij zu uns kam, hat immer neue Dermoidzysten entwickelt. Auch Dr. Samborskij sieht einen direkten Zusammenhang zwischen diesen Zysten und dem Verlust eines embryonalen Geschwisters. Sie sagte zu dieser Frau, dass sie so lange immer neue Dermoide bekommt, bis sie sich das Thema des verlorenen Zwillings angeschaut hat.

Ob das Dermoid- oder Theratomgewebe tatsächlich Gewebe des verlorenen Zwillings ist oder aber vom Körper des überlebenden Zwillings produziert wird, ist für das seelische Loch des allein übrig gebliebenen nicht von Bedeutung. Alle Frauen, auch diejenigen, die zu allgemeinen Therapieseminaren zu uns gekommen sind und uns von ihren Dermoidzysten berichtet haben, hatten einen Zwilling verloren. Dieses stellte sich im Laufe der therapeutischen Begleitung heraus.

In unserem Bekanntenkreis haben wir mehrfach davon gehört, dass sich jemand „einen Zwilling" wegoperieren ließ. In diesen Fällen waren die gutartigen Tumore im unteren Rücken oder am Gesäß. Der Älteste war 60, als der Zeitzünder losging. Das heißt also, dass der Träger des Theratoms, so nennt man diese Art Geschwür, fast 60 Jahre körperlich symptomfrei Gewebe seines Zwillings oder verirrtes körpereigenes Gewebe mit sich herumtrug. Leider wird solches entfernte Gewebe niemals genetisch untersucht. Dieses halten wir für ein Manko der medizinischen Forschung. Bisher, so Dr. Proksch, scheint sich in der Medizin niemand dafür zu interessieren. Bei einer genetischen Untersuchung würde man dann fündig, wenn es sich um Überreste eines zweieiigen Zwillings handelt. Sollte ein eineiiger Zwilling Spuren hinterlassen, ist das natürlich nicht feststellbar.

Der Horrorbuchautor Stephen King hat dieses Thema in seiner eigenen Weise plastisch in dem Roman „Stark" verarbeitet. Wir geben hier den Inhalt wieder: Mit rasenden Kopfschmerzen fällt der elfjährige Thad Beaumont ins Koma. Er wird ins Krankenhaus gebracht. Im Röntgenbild zeigt sich ein großer Tumor. Zufällig hat der beste Neurologe des Landes, Doc Pritchard, Dienst. Er zögert nicht, Thad zu operieren. Nach der Öffnung der Schädeldecke rennt eine OP-Schwester schreiend weg. Doc Pritchard braucht einige Sekunden, um sich an das zu gewöhnen, was er sieht und ruft dann seinen Kollegen, um ihm etwas sehr Seltenes zu zeigen. Inmitten der grauen bis zartrosa Gehirnwindungen liegt ein menschliches Auge, blind und missgestaltet. Das Gehirn pulsiert ganz leicht und das Auge pulsiert mit, als wolle es blinzeln ... „Hier sehen wir, sagt Pritchard zu seinen Kollegen, den Fall, dass der Stärkere den Schwächeren absorbiert hat, was ihm aber nicht vollständig geglückt ist. Dieses ist medizinisch sehr selten. – Meinen Sie, dass es Kannibalismus im Uterus gibt? fragt Loring, sein Kollege. – Nennen Sie das, wie Sie wollen." (Stephen King „Stark", englischer Titel „The dark half" 1989)

Wie im richtigen Leben klärt in dem Roman der Arzt die Eltern des Jungen nicht über den Inhalt des Tumors auf. Vollständig geheilt wird der Junge später entlassen. Er wird ein erfolgreicher Schriftsteller. Dieser erfundene Fall zeigt seelischen Tiefgang. Woher kommt Stephen King auf so etwas? Aus welcher Quelle schöpft er?

Es muss so etwas wie ein kollektives Unbewusstes zu diesem Thema geben. Ein intuitives Wissen um die Dynamik eines verlorenen Zwillings. Oder ist Stephen King möglicherweise selbst ein Betroffener? Reflektieren seine Horrorgeschichten wie „Friedhof der Kuscheltiere" vielleicht den Horror in der Gebärmutter, den mancher Zwilling erlebt? Wenn der Andere stirbt, aber als toter Embryo weiter in den Wassern schwebt und den Anderen berührt, wird aus einem einstmals guten Wesen ein bedrohliches „Monster".

Die Seele des verlorenen Zwillings

Dieses Kapitel betrifft ein Thema, um das sich die so genannte exakte Wissenschaft herumwindet. Es ist für das rational-logische Herangehen der exakten Wissenschaft bedrohlich, sich damit zu beschäftigen, ob es eine Seele gibt oder nicht. Als Gegenpol zur Terrorisierung der Menschen durch kirchliche Macht und durch kirchliche Angstbilder wurde während der Aufklärung der Begriff Seele beinahe abgeschafft. Damit war Platz für ein freies und logisches Weltbild, in dem die Menschen gleichberechtigt waren.

Wenn man sich anschaut, wie viel Unrecht und Leid unter dem christlichen Kreuz über die Menschheit gekommen ist, so ist eine Haltung, welche die Existenz der Seele leugnet, nur allzu verständlich. In vielen Kulturen ist das Vorhandensein der Seele selbstverständlich. Es gibt deutliche Landkarten und Wegbeschreibungen darüber, was nach dem Tod mit der Seele geschieht. Bei uns ist die bekannteste Wegbeschreibung das Tibetanische Totenbuch.

Wichtig für unsere Arbeit ist die Bedeutung der „ehemaligen" Existenz eines weiteren Geschwisters in der Gebärmutter, die auf den Überlebenden weiterwirkt. Wir schauen auf das, was wir als Wirkung gefunden haben: Oft ist der Andere oder die Seele des Anderen noch präsent. Nicht nur im

Herzen desjenigen, der ihn verloren hat, sondern irgendwo außerhalb. Wo das ist und wie das aussieht, überlassen wir den Theologen, den Schamanen und Lamas. Wir müssen das nicht genau wissen, um damit arbeiten zu können. Wenn wir unseren unruhigen Geist, der uns ständig mit Fragen bestürmt und der alles rational und wissenschaftlich präzise fassen möchte, beiseite lassen können und uns auf eine innere Sammlung mit offenem Herzen einlassen, finden wir viele Antworten auf das, was Seele sein könnte. Diese Antworten sind aber ohne Worte und ohne Ratio, jenseits des Verstandes. Sie tauchen aus der Stille, aus einem leeren Geist auf. Wir tauchen in unserer Arbeit in das Mysterium Seele ein, ohne dabei deuten zu wollen.

Wir schauen, dass wir Lösungen finden, mit denen es den überlebenden Zwillingen gut geht. In wohl jeder Familie dürfte es mindestens einen geben, der erzählt, dass er den Tod und den Todeszeitpunkt eines nahen Freundes oder Verwandten, der sich irgendwo in der Ferne oder in der Fremde aufhielt, gespürt hat. Er hat dieses gespürt, ohne eine Nachricht zu erhalten und erst im Nachhinein seine Wahrnehmung durch die spätere Überbringung der Todesnachricht bestätigt bekommen. Dieses Phänomen ist übrigens sogar im Tierreich nachgewiesen worden: Man nahm einer Kaninchenmutter die Jungen weg und brachte sie Tausende von Kilometern entfernt vom Aufenthaltsort der Mutter. In einer vollkommen strahlungsisolierten Kiste wurden sie per Stromschlag getötet. Zum Todeszeitpunkt wurde die Kaninchenmutter sehr unruhig.

Dieses ist kein Nachweis, ob es eine Seele gibt, aber der Nachweis, dass eine sehr feine Kommunikation zwischen Lebewesen möglich ist, deren Kanäle oder „Funkfrequenzen“ sich der Wissenschaft entziehen.

Raymond Moody beschreibt eindrucksvoll in seinem Buch „Leben nach dem Tod“, dass eine Kommunikation zwischen den Toten und den Lebenden möglich ist. Zwei Freunde verabredeten, dass derjenige, der zuerst stirbt, sich aus dem Jenseits beim Anderen meldet. Einige Jahre später stirbt der eine bei einem Motorradunfall und macht sich bei seinem Freund bemerkbar. Er gibt ihm Zeichen und Durchsagen.

Ähnliches erleben wir in unserer Arbeit mit den verlorenen und den überlebenden Zwillingen. Von manchen überlebenden Zwillingen wird der Andere, wenn er erst einmal entdeckt ist, als Präsenz wahrgenommen. Er wird erlebt als etwas, was um ihn herum als eine Anwesenheit spürbar ist. Für manche ist er ein Schutzengel, der in gefährlichen Situationen ruft und warnt, für andere ist die Präsenz des gestorbenen Zwillings eine Wissensquelle. Manche berichteten uns, dass der gestorbene Zwilling nach seiner Wiederentdeckung erst einmal sehr nah beim Überlebenden war, um sich dann nach einer Zeit in den Totenschlaf zurückzuziehen.

Manche allein geborene Zwillinge reden mehrfach in der Woche mit dem Anderen. Einige Halbzwillinge ziehen sich nach einer Zeit des Trauerns ganz von dem Anderen zurück und leben mehr ganz, mehr heil, ihr eigenes Leben. Diese Klienten sind heilfroh, endlich verstanden zu haben, was ihnen gefehlt hat und sind dann in Frieden mit sich und dem Anderen, der woanders ist.

Wir kennen eine Halbzwillingsfrau in einem Nachbarland, die aus ihrem Schicksal eine große berufliche Laufbahn gemacht hat. Sie ist Lebensberaterin geworden und „channelt" Ratsuchenden wichtige Hinweise über ihr Leben. Sie fragt dabei immer ihren Zwillingsbruder in der anderen Welt und hört innerlich Antworten, die sie dann den ratsuchenden Klienten mitteilt. Diese Frau ist in der Verbindung mit ihrem Zwillingsbruder so gut in ihren Beratungen, dass sie auf zwei Jahre im voraus voll ausgebucht ist. Davon träumen viele Therapeuten und andere selbständige Berater, selbst Ärzte. Allerdings zahlt die Frau in ihrer Seele einen sehr, sehr hohen Preis: Die Liebe zu ihrem gestorbenen Zwillingsbruder ist so groß, dass in ihrem Leben kein anderer Mann je wirklich einen Platz an ihrer Seite einnehmen konnte. Eine glückliche Paarbeziehung blieb ihr verwehrt.

Wir kennen persönlich einen gefragten Komponisten, der Filmmusik für bekannte Filme komponiert. Auch er hat einen Zwilling verloren. Er schilderte uns, dass er die Melodien hört, die ihm von seinem Zwillingsbruder aus der anderen Welt vermittelt werden. Daraus entsteht die Filmmusik.

Wir haben beobachtet, dass der überlebende Zwilling für seine Heilung Kontakt zu dem Anderen, der gegangen ist, aufnehmen muss. Für die Heilung ist es nicht entscheidend, ob dieser Kontakt zum Anderen als inneres Bild im Herzen geschieht, so wie man beispielsweise Kontakt zu seinem inneren Kind aufnehmen kann oder ob der Kontakt zur Seele des Anderen, die irgendwo da draußen existiert, geschieht.

Vielleicht ist es etwas von beidem: dem inneren Bild vom verlorenen Anderen, das man in seinem Herzen trägt und etwas von der tatsächlichen Seele des Anderen. Beim Wiederentdecken des verlorenen Zwillings mit der Hilfe von Stellvertretern oder wenn der Betroffene selbst den Platz des Anderen einnimmt, haben wir immer wieder gesehen, dass der Gegangene dem Überlebenden sehr wohlgesonnen ist. Der Gestorbene ist einfach froh, wenn es dem Anderen gut geht und er ein gutes Leben und einen lieben Partner hat. Niemals ist der gestorbene Zwilling dem Anderen böse. Wenn der Bleibende todunglücklich ist und vielleicht sogar durch waghalsige Unternehmungen oder schwerste Krankheiten dem Anderen folgen will, ist der gestorbene Zwilling unruhig und unzufrieden. Wenn der Stellvertreter oder der Überlebende selbst in einer Aufstellung den Platz des gegangenen Zwillings einnimmt, fühlt er häufig folgendes: „Mein Unglück, es nicht geschafft zu haben, kannst Du nicht wieder gut machen, indem Du Dein Leben nicht annimmst und genießt, das macht es nur schlimmer". Gelegentlich haben wir in Aufstellungen sogar Stellvertreter für den gestorbenen Zwilling beobachtet, die regelrecht ärgerlich wurden, wenn der Andere sein Leben nicht in die Hände nimmt und es verachtet.

Lebende Zwillinge sind tief verbunden

10

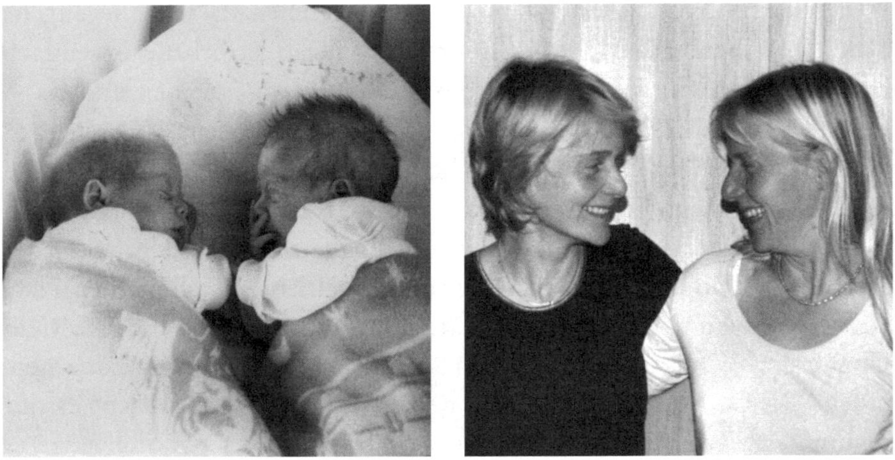

Die Autorin mit ihrer Zwillingsschwester

Ein gehätscheltes Kind der Verhaltenspsychologie ist die Zwillingsforschung. Mit Zwillingen glaubt man, ein gutes menschliches Labor zur Verfügung zu haben. Damit kann man erforschen, welcher Teil des menschlichen Verhaltens angelernt ist oder aus der Familiensozialisation stammt und welcher Teil der menschlichen Verhaltensweisen in den Genen zu finden ist. Heerscharen von Forschern untersuchten eineiige und zweieiige Zwillinge, die nach der Geburt in verschiedene Familien kamen, oder die in der gleichen Familie aufgewachsen sind. Meterweise Bücher wurden darüber geschrieben.

Für uns hier ist das wichtigste Ergebnis der vielen Forschungen in einem Satz zusammengefasst: Dass Zwillinge mit wenigen Ausnahmen eine sehr intensive Verbindung zueinander haben.

Die Verbindung ist intensiver als bei anderen Geschwistern. Zwillingskinder haben eine stärkere Verbindung zum Zwilling als zu den Eltern. Geschwister von Zwillingen haben manchmal wenig zu lachen, weil die Zwillinge mit doppelter Wucht gemeinsam auftreten. Auch wenn sich Zwillinge bitterst streiten, sobald ein anderer „Feind“ auftaucht, sind sich beide sofort einig. Sogar manche erwachsene Zwillingspaare müssen täglich miteinander telefonieren, anderen reicht es zu wissen, dass es dem Anderen gut geht.

Wer als Einling einen Zwilling heiratet, sollte sich darüber im Klaren sein, dass er den Partner oder die Partnerin nicht alleine bekommt, sondern immer den Zwilling mitheiratet. In gewisser Weise ist seelisch der Zwilling an erster Stelle und dann kommt erst an zweiter Stelle der Partner. Dieses ist besonders der Fall, wenn der Zwilling das andere Geschlecht hat. Manche der gemischtgeschlechtlichen Zwillinge neigen als Erwachsene zu Dreierbeziehungen, wobei der dritte den Zwilling vertreten muss.

Die Rettende Umarmung – The Rescuing Hug

Eine berührende Pressemeldung, die in verschiedenen Versionen in vielen Sprachen im Internet zirkuliert, zeigt, wie tief Zwillinge miteinander verbunden sind und dass die schmerzliche Trennung vor allem nach einer Frühgeburt sogar tödlich sein kann. Nach unserer jahrzehntelangen primärtherapeutischen Erfahrung gehören Zwillinge nach der Geburt grundsätzlich ins selbe Bett. Wenn sie zu früh geboren sind und nicht auf den Bauch der Mutter gebunden werden können („kangaroo care") und ein Brutkasten unumgänglich ist, gehören sie in den selben Kasten. Anderenfalls entstehen unnötige, schwer zu reparierende seelische Wunden und Kontaktstörungen. Diese Wunden bleiben oft lebenslang.

Hier geben wir die Pressemeldung wieder: Die Zwillinge Kyrie und Brielle Jackson wurden am 17. Oktober 1995 in Worcester, Massachusetts, USA, geboren. Beide wogen ein knappes Kilo und sie lagen jede in einem eigenen Brutkasten. Bei Kyrie erwartete man nicht, dass sie überleben würde. Brielle nahm nach der Geburt etwas zu, ihre Schwester aber nicht. Einige Tage nach der Geburt schrie Brielle, die stärkere, heftig, japste und wurde blau im Gesicht. Die Kinderkrankenschwester Gayle Kasparian versuchte alles, um sie zu beruhigen. Sie hielt sie, sie legte sie ihrem Vater in die Arme. Sie wickelte sie in eine Decke, sie saugte ihre Nase ab. Nichts funktionierte.

Dann erinnerte sie sich, dass man in Europa (Anmerkung der Autoren: leider wohl kaum in Deutschland) Zwillinge zusammen in den selben

Brutkasten legt. Dieses verstieß aber gegen die Regeln ihres Krankenhauses. Sie wusste, dass der eine kleine Zwilling nur noch kurze Zeit leben würde und legte Brielle entgegen der Vorschrift in den Brutkasten zu ihrer schwächeren Schwester Kyrie.

Sofort beruhigte sich das verzweifelte Schreien von Brielle und ihr Gesicht wurde wieder rosig. Die stärkere Brielle neigte sich zu Kyrie und legte einen Arm um ihre Schwester, um sie lange und ausdauernd zu umarmen. Beinahe unverzüglich stabilisierte sich der Herzschlag bei Kyrie und die Temperatur stieg auf ein normales Maß an. Die erschreckend niedrigen Blutsauerstoffwerte stiegen. Sie atmete leichter. In den nächsten Wochen wurde ihr Gesundheitszustand in ihrem neuen, weniger einsamen Quartier immer besser. Die beiden überlebten und waren bei ihrer Einschulung kerngesund.

Im Internet googelt man unter „the rescuing hug" ein sehr berührendes Foto dieser rettenden Umarmung – bis Redaktionsschluss haben wir dafür keine Drucklizenz erhalten.

Zwillinge teilen sich die Fähigkeiten auf

Schon sehr früh im Mutterleib teilen sich die Zwillinge ihre Gehirnschwerpunkte auf. Der eine wählt die Stärken, die eher der linken Gehirnhälfte zugeordnet werden. Das sind rationales, analytisches und mathematisches Denken und die Fähigkeit zur Abstraktion. Diese Zwillinge sind dann eher die Verstandesmenschen. Der andere Zwilling wählt eher die sprachlichen, intuitiven, musischen, kreativen und emotionsgeladenen Bereiche. Diese werden eher der rechten Gehirnhälfte zugeordnet.

Bei den Zwillingen wird sogar die Rechts- und Linkshändigkeit aufgeteilt: Häufig wird der eine zum Rechtshänder, der andere zum Linkshänder. David Chamberlain fand heraus, dass bei 35 Prozent der eineiigen Zwillingspaaren einer der beiden Linkshänder ist. Das ist doppelt so häufig wie unter Einlingen.

Auch eineiige Zwillinge sind nicht gleich, eben gerade, weil sie die intuitiven und die abstrakten Fähigkeiten unter sich aufteilen. Sie entwickeln völlig unterschiedliche Charaktere. Zwillinge haben meist sehr unterschiedliche Handschriften: Der eine schreibt runde, volle, bauchige und geschwungene Buchstaben, der andere schlankere, abstraktere und weniger ausgeschriebene Lettern.

Zwillinge haben eine besonders tiefe Liebe zueinander. So rein, so innig, so unschuldig vereint und verschmolzen begann die gemeinsame Lebenszeit im Mutterleib miteinander. Jeder hört das Herz des Anderen schlagen, fühlt ihn, legt den Arm um ihn, tritt ihn, spielt mit ihm. Wie viel bereits die Embryonen voneinander mitbekommen und wie viel mehr die vollständig entwickelten Föten, hat auch David Chamberlain glaubhaft beschrieben. Die größte Sorge eines Zwillings nach der Geburt ist es, wo der Andere ist und dass es dem Anderen auch gut geht. Dieses hat Bettina Austermann mit ihrer Zwillingsschwester nicht nur am eigenen Leibe erlebt, wir haben es auch bei Geburtsrückführungen bei vielen unserer Klienten, die einen lebenden Zwilling haben, gefunden.

Das lebensprägende Drama bei der Geburt

Bei der Geburt beginnt das Lebensdrama vieler lebender Zwillinge: die brutale Trennung vom Anderen. Die wenigsten unserer Leser dürften eine sanfte Geburt erlebt haben, mit gedämpftem Licht und warmer Atmosphäre. Das Kind wurde in unserer Generation der Mutter noch nicht ungewaschen lange auf den Bauch gelegt und die Mutter noch nicht ermutigt, wenn möglich ohne Betäubungsmittel zu gebären.

Es musste schnell, hygienisch und technisch sauber passieren mit der Geburt. Das erste Kind kam im grellen OP-Licht zur Welt, blitzschnell wurde die Nabelschnur abgebunden und durchgeschnitten. Der schreiende Säugling wurde auf die kalte Waagschale gelegt, gebadet, und die noch ganz empfindliche Haut abgerubbelt. Dann wurde es fortgebracht und in ein Einzelbett gelegt. Das Gleiche wurde mit dem zweiten Kind gemacht. Die Mutter und die Kinder waren meist über die Plazenta gleichermaßen heftig unter Psychopharmaka und Schmerzmittel gesetzt, so dass alle Beteiligten innerlich überhaupt nicht verstanden haben, wie ihnen geschieht. Wenn es dann zum Stillen kam, wurde der Mutter immer nur ein Kind gebracht. So ist es nicht verwunderlich, wenn beide Kinder viel schreien. Wenn sie wenigstens noch viel schreien und nicht schon sehr früh resigniert aufgeben!

Die allererste Bindung, die primäre Bindung zur Mutter, gelingt nur unvollständig, wenn Mutter und Kind oder Kinder in den ersten Tagen nicht beieinander sein können. Daneben ist die brutale Trennung nach der Geburt für Zwillinge, die obendrein nicht richtig zur Mutter können, ein doppeltes Drama. Die Kinder leiden Höllenqualen. Sie können sich auch später nie richtig bei der Mutter einschmiegen und Zuflucht suchen, vor lauter Angst, diese Höllenqualen wiederzuerleben. Ebenso verlieren sie einen Teil der tiefen Verbindung zum Anderen. Sie vermeiden den Schmerz und verschließen sich. Die natürliche Hinbewegung zur Mutter ist unterbrochen und der innige Kontakt zum Zwillingsgeschwister.

Die unterbrochene Hinbewegung kann sehr prägend für das spätere Liebesleben des Erwachsenen, egal ob Einling oder Zwilling, sein. Das hat der Primärforscher Arthur Janov in den siebziger Jahren herausgefunden. Man kann dieses in therapeutischen Sitzungen auflösen.

Zwillinge haben nach der Geburt ein immenses Verlangen nach dem Anderen. Sie merken sofort, wenn der Andere fehlt. Kinder haben ein Elefantengedächtnis. Diese abrupte Trennung nach der Geburt hinterlässt bei einigen Zwillingen tiefe Wunden. Diese Wunden geschehen natürlich vor allem dann, wenn bei der Geburt plötzlich und unerwartet zwei herauskommen. Seit es Ultraschalluntersuchungen gibt, ist dies undenkbar, aber noch bis vor 30 Jahren entging so mancher Zwilling dem Stethoskop des Arztes.

Unerwartet musste das Klinikpersonal fieberhaft arbeiten, um auch dem zweiten Kind noch den Start ins Leben zu ermöglichen. Sie verloren aber den Blick auf das erste Kind und auf die Mutter. Wir hatten mehrere Klientinnen mit diesem Geburts- und Trennungsschock.

So sehr Zwillinge mit einem Trennungsschock nacheinander verlangen, so wenig können sie dann den Anderen nach der Geburt ganz tief an sich heranlassen, weil der schockartige Schmerz der abrupten Trennung dazwischen steht.

Ein Teil der Seele bleibt dann wie betäubt, auch die Liebe zum Anderen bleibt teilweise betäubt. Das ändert aber nichts an der tiefen Verbindung zum Anderen, die lebenslang bestehen bleibt. Dieses wird heutzutage bei der Geburt häufig berücksichtigt. Die Zwillinge werden nach der Geburt gemeinsam der Mutter auf den Bauch gelegt und wenn möglich, gelegentlich auch gemeinsam gestillt. Das ist der beste Start ins Leben für ein Zwillingspaar.

Eine Ausnahme: Wenn Zwillinge sich überhaupt nicht verstehen – Christian und Ingo

In den vielen Jahren, seit wir uns intensiv mit lebenden und nicht mehr lebenden Zwillingen beschäftigen, ist uns einmal eine Ausnahme begegnet. Während eines Familienaufstellungsseminars kam Ingo, ein hochgewachsener, attraktiver Mann Anfang dreißig, zu uns. Er wollte wissen, warum er sich mit seinem Zwillingsbruder Christian überhaupt nicht verstand.

Auf dem Gymnasium gingen beide in dieselbe Klasse. Niemals wurden sie für Brüder gehalten, von Zwillingen ganz zu schweigen. Christian ist klein und vom Typ her dunkel, Ingo blond und groß. Sie haben keinerlei Ähnlichkeit miteinander. Sie haben sich seit frühester Kindheit immerzu gestritten, dass die Fetzen flogen, aber ohne die sonst bei Zwillingen übliche herzliche Versöhnung. Jetzt als Erwachsene gehen sich die beiden völlig aus dem Weg. Sie mögen sich nicht. – Wirklich?

Was steckt dahinter, wenn Zwillinge, die sich einst so nah waren, sich nicht lieben können? War es die Enge im Mutterleib, hat sich der eine vom Anderen bedroht gefühlt? Tragen sie etwas aus für die Eltern? Bei einer Familienaufstellung stellte sich heraus, dass die Brüder ein Geheimnis tragen, was bei der Mutter liegt. Bei den Stellvertretern für diese Familie war eine gereizte Stimmung und eine unterdrückte Aggression. Es war die gleiche Stimmung, die Ingo von sich und seinem Bruder berichtete. Wir durften in diesem Seminar aus Achtung vor allen Mitgliedern dieser Familie nicht tiefer gehen. Das Geheimnis blieb vorerst ungelöst.

Ein Jahr später sahen wir Ingo wieder. Erleichtert erzählt er, dass er herausgefunden hat, was dieses Geheimnis ist: Sein Vater ist vor kurzem verstorben. Nach seinem Tod hat seine Mutter ihm anvertraut, dass Christian höchstwahrscheinlich einen anderen Vater hat als er. Sie hatte, in der Zeit als sie schwanger wurde, neben ihrem Ehemann eine kurze Affäre mit einem anderen Mann gehabt. Dieser war dunkelhaarig und klein. Sie hat ihn danach nie wieder gesehen. Das hat aber keiner wissen dürfen, schon gar nicht der Ehemann von Ingos und Christians Mutter. Nur die Mutter wusste es und hat sich zeitlebens Vorwürfe gemacht, dass Ingo und Christian sich so schlecht verstanden haben. Ingo zögert jetzt noch, Christian zu sagen, was er weiß. Er hat Angst vor seiner Reaktion. Wer weiß, was Ingo mir berichtet, wenn ich ihn das nächste Mal treffe ... Welch ein Segen, dass die Mutter sich endlich ein Herz gefasst hat, Ingo zu sagen, worum es hier eigentlich geht. Kinder spüren immer, wenn etwas mit der Vaterschaft nicht stimmt. Was mussten die zwei Brüder auf sich nehmen und für die Erwachsenen austragen? Man muss sich die seelische Situation einmal vorstellen: Wie schaut der Ehemann auf den Zwilling, der so ganz und gar anders ist? Wundert er sich? Wie schaut der vermeintliche Sohn auf seinen vermeintlichen Vater? Fühlt er sich ganz zu Hause? Wie schaut der ‚richtige' Zwilling auf seinen Vater? Spürt er, dass etwas anders ist, als bei seinem Bruder? Wie schaut die Mutter, die es als einzige weiß, auf die so unterschiedlichen Zwillinge und auf den Mann? Kann sie ihrem Mann noch offenen Herzens tief in die Augen schauen?

Bei der ganzen Familie hat dieser „Ausrutscher" eine tiefe Verwirrung erzeugt. Für alle Familienmitglieder wäre die Wahrheit zu einem früheren Zeitpunkt auf Dauer sicherlich entspannender gewesen. Wer aber will es der Mutter verdenken, dass sie es damals nicht besser wusste, als es für sich zu behalten? Auch die Ärzte, die mit anonymen Spendersamen Kinderwünsche erfüllen, glauben, dass der soziale Vater entscheidend ist und nicht der biologische. In unserer Arbeit haben wir etwas anderes herausgefunden: Die Seelenbindung zum biologischen Vater bleibt immer erhalten, auch wenn er nie mehr gesehen ward. Kinder spüren das. Wenn Zwillingen mit zwei verschiedenen Vätern der wahre Grund ihrer Unterschiedlichkeit verschwiegen wird, und sie außerdem das unterschwellig angespannte Verhältnis ihrer Eltern mitbekommen, dann leiden sie. Das Schwierige an dieser Konstellation ist, dass es keiner wissen darf, aber jeder spürt, dass irgendetwas nicht stimmt. Jeder zweifelt an seiner Wahrnehmung. Man hält sich schnell für verrückt, eben weil es so ungreifbar ist. Ingo jedenfalls beginnt jetzt, die tiefe Liebe zu Christian zu entdecken, die für Zwillinge angemessen ist. Noch weiß Christian es nicht, aber es dürfte wohl nicht mehr lange dauern ...

Ein Zwilling stirbt bei der Geburt 11

Eines der schlimmsten Ereignisse, die einem Menschen passieren können ist es, wenn sein Zwillingsgeschwister bei der Geburt stirbt. Der berühmteste Betroffene ist Elvis Presley. Sein Zwillingsbruder starb bei der Geburt. Dieses hat sein Leben nachhaltig geprägt. Der Superstar hat seine Villa zweifach, für seinen Bruder mit, eingerichtet. Mit kaum 42 Jahren, völlig überfettet, starb er an Herzversagen im Zusammenhang mit Schlaftabletten. Wie Elvis tragen alle extrem schwer, bei denen der Zwilling bei der Geburt stirbt. Der Andere fehlt so sehr, so unerträglich, dass nichts im Leben so recht Freude machen kann. Ein Teil des überlebenden Zwillings möchte so schnell wie möglich sterben, um wieder ganz nah beim Anderen zu sein, wieder ganz, wieder Eins zu sein. Wieder Eins sein, da man nur halb ist – das ist nicht nur eine Metapher, sondern alltägliche Realität. Wozu sich in der Schule noch anstrengen, wenn man eigentlich sterben will? Wir fügen ein Beispiel aus unserer Arbeit hinzu:

Die Zwillingsschwester starb bei der Geburt – Christoph

Als Christoph zu mir kommt, ist er zwölf Jahre alt. Er wirkt wesentlich jünger. Sein Gesichtsausdruck ist unlebendig, beinahe apathisch. Er ist ein Einzelgänger und hat wenig Kontakt zu seinen Klassenkameraden. Seine schulischen Leistungen sind sehr schlecht, vor allem sprachlich. Seine Eltern sind ganz verzweifelt. Sie waren schon bei vielen Fachleuten, die es alle sehr gut meinten, aber sein schulisches Niveau will nicht besser werden. Die Eltern sehen sich gezwungen, Christoph demnächst in eine Lernbehindertenschule wechseln zu lassen.

Ich arbeite mit Christoph in mehreren Sitzungen zu seiner Zwillingsschwester. Mit einer Stoffpuppe, mit Rollenspielen und Aufstellungen arbeite ich mich behutsam zu der Zeit vor, als er noch mit seiner Schwester im Bauch war. Ich ermutige ihn, noch einmal diese Innigkeit zu spüren, die er damals mit seiner Schwester Lena hatte. Er genießt das sichtlich. Ganz langsam kann er auch der Trauer Platz geben, dass er sie verloren hat.

Zusammen mit seinen Eltern beerdigen wir sie dann symbolisch in einem bewegenden Ritual ein zweites Mal. Jetzt ist sie in Frieden tot. Christoph wird nur noch gelegentlich traurig, weil sie ihm fehlt. Er hat jetzt verstanden, dass es nicht seine Schuld ist, dass sie bei der Geburt starb. Manchmal hat er sie jetzt auch als unsichtbaren Schutzengel an seiner Seite. Seine schulischen Leistungen bessern sich zusehends.

Der Zwillingsbruder starb kurz vor der Geburt – Marianne

Marianne ist eine Teilnehmerin in einer unserer zweijährigen Ausbildungsgruppen in systemischer Familientherapie. Mit ihren fünfundvierzig Jahren ist sie bereits einen weiten Weg persönlicher Therapie gegangen. Unter anderem hat sie eine siebenjährige Psychoanalyse mit 3 Sitzungen pro Woche hinter sich. Sie arbeitet selbst als Therapeutin. Trotz ihrer hohen Intelligenz hat sie ein persönliches Handicap: sie kann überhaupt nicht zählen, geschweige denn rechnen. Mir fiel während der Ausbildung auf, dass sie als einzige der Gruppe für viele Wahrnehmungen im Gefühlsbereich völlig verschlossen war. Sie stellte vor der Ausbildungsgruppe ihre therapeutische Arbeit mit Klienten vor. Dabei wurde deutlich, dass sie keinerlei Trauer wahrnehmen konnte, wenn diese sich bei ihren Klienten gezeigt hat. Marianne war wie taub für diese tiefen Gefühle, bei sich selbst und bei anderen. Mit Scharfsinn und Klugheit analysierte sie alles. Das hatte den Preis, dass jegliche Gefühle verflachten oder sogar verschwanden. Sie hatte selber keinen Kontakt zu ihrem Körper und zu ihren Empfindungen. Wenn man ihre Geschichte kennt, versteht man sofort, dass jemand sich so verschließen musste, um zu überleben.

Ihre Mutter hatte eine sehr schwere Geburt. Sie verlor das Fruchtwasser. Dann dauerte es noch volle 36 Stunden, bis Marianne geboren wurde. Unerwartet wurde noch ein Baby geboren, ein Junge. Er war einige Stunden zuvor gestorben. Er hatte diese Enge und lange Trockenheit ohne Fruchtwasser nicht überlebt.

Ich riet Marianne zu einigen Sitzungen behutsamer körperorientierter Therapie und zu Primärtherapie, damit die betäubten Gefühle langsam auftauen durften. Eine Assistentin von uns begleitete sie einige Monate lang in Einzelsitzungen sehr liebevoll. Mit der Assistentin konnte sie am abgrundtiefen Schock arbeiten, den das Geburtsdrama hinterlassen hat und die innere Verbindung zum Zwillingsbruder wieder herstellen, die bei der Geburt abgerissen war. Allmählich konnte sie sich dafür öffnen, wirklich zu fühlen, anstatt zu analysieren, wo es nicht angebracht ist. Für Marianne war es sehr wichtig, mit therapeutischer Hilfe eine Zeit lang den Verlust des Bruders abgrundtief zu betrauern.

Heute wirkt Marianne bei sich angekommen. Sie ist aufgeblüht und sehr einfühlsam mit ihren Klienten geworden. Einzig ihre Rechenschwäche ist geblieben. Diese Fähigkeit hat der Bruder mitgenommen. Doch auch das hat sie gut gelöst. Wenn sie am Ende einer Therapiestunde mit dem Klienten abrechnet, verweist sie auf eine Holzfigur auf einem Tischchen in der Ecke ihres Therapieraumes. Diese Figur repräsentiert ihren Zwillingsbruder. Sie bittet ihre Klienten, das abgezählte Geld zu Füßen dieser Figur zu legen. Das Nachzählen überlässt sie ihrem ‚Bruder'. Dann wird es wohl stimmen.

12 Das Drama im Mutterleib

Was sich im Mutterleib abspielt, wenn einer stirbt, ist für den Überlebenden eine Katastrophe ungeheuren Ausmaßes. Ein lautloses Drama mit schlimmsten Folgen. Erst die Erkenntnisse der pränatalen Psychologie lassen ahnen, wie schwer manchmal der Verlust eines Zwillings erlebt wird. Viele Ärzte und psychologische Kollegen sind verständlicherweise der Meinung, dass die Gefühle, die mit dem Verlust eines nicht nachweisbaren Zwillings einhergehen, konstruiert – also an den Haaren herbeigezogen – sein müssen. Es gibt für sie nur das, was direkt nachweisbar ist. Das tatsächlich so viele Embryonen verloren gegangen sind, ist erst seit wenigen Jahren im Ultraschall sichtbar.

Die Menschen, die einen Zwilling in der frühen Schwangerschaft verloren haben, reagieren häufig ähnlich wie ein Erwachsener, der sein Zwillingsgeschwister verliert.

Wie Erwachsene auf den Tod des Zwillings reagieren, ist in der Zwillingsforschung genauer untersucht worden. Erwachsene trauern sehr lange und sehr schwer um den Anderen, fühlen sich leer und einsam, selbst wenn sie zu Lebzeiten im Alltag die Verbindung verloren hatten. Oft sind sie voller Schuldgefühle, mehr Glück als der Andere gehabt zu haben. Es fällt einigen Zwillingen, die ihr Geschwister im Erwachsenenalter verloren haben, dauerhaft schwer, sich ihres Lebens zu erfreuen.

Wir möchten Sie, liebe Leserin, lieber Leser, dazu ermuntern, nicht das zu glauben, was wir schreiben oder was andere meinen, sondern Ihren Empfindungen und Gefühlen zu vertrauen. Haben Sie Gefühle wie Einsamkeit, Schuldgefühle und andere Empfindungen, bei denen Ihnen keine anderen Erklärungen, keine Therapie, keine Freunde geholfen haben? Es könnte möglicherweise sein, dass auch Sie einen Zwilling verloren haben, auch wenn Ihre Mutter nichts darüber weiß.

Erst seit wenigen Jahren wissen wir, wie sehr der werdende Mensch auf seiner Wachstumsreise durch die Gebärmutter bewusst erlebt und erinnert. Manche allein geborene Zwillinge berichten in tiefer Entspannung auf einer inneren Bilderreise ähnliches wie Thomas:

Ich kann meinen Bruder spüren. Ich spüre seine Bewegungen und sein Herz. Wir berühren uns mit den Armen, bewegen uns miteinander. Das ist sehr schön. Auf einmal werden die Bewegungen schwächer. Ich verstehe noch nicht, was das bedeutet. Ich lege meine Arme um ihn. Er wird immer schwächer. Ich möchte ihn festhalten, damit er bei Kräften bleibt. Es ändert nichts. Irgendwann regt er sich nicht mehr. Sein Herz hört auf, zu schlagen. Ich fasse ihn fest an. Ich hoffe, dass er wieder zurückkommt. Ich denke, ich hätte ihn retten können, wenn ich irgendetwas anderes gemacht hätte, aber ich weiß nicht, was. Er bleibt regungslos. Ich spüre einen regungslosen, harten Klumpen an meiner Seite. Mich überkommt die Panik. Ich trete und strample, um von ihm wegzukommen. Ich ziehe mich so weit wie es geht zurück. Dann rühre ich mich kaum noch. Ich spüre den harten Klumpen aber immer noch. Ziemlich regungslos bringe ich den Rest der Schwangerschaft hinter mich.

Dieses war für Thomas ein tragisches Drama, von dem er sich bis heute noch nicht erholt hat. Er konnte nichts mehr für seinen Bruder tun und musste mit dem ganzen Körper spüren, wie der Andere langsam starb. Im Kapitel „Bemerkt die werdende Mutter den Tod eines Zwillings?“ schildert uns Angelika, wie sehr ihr Sohn getreten hat, nachdem der Zwilling gestorben ist.

Bert Hellinger berichtet in seinem Buch „Die Quelle braucht nicht nach dem Weg zu fragen“ von einem Ärzteehepaar, das ihm schrieb. Sie haben die Entwicklung der eigenen Zwillingskinder im Bauch selber immer wieder im Ultraschall und mit Überwachung der Herztöne verfolgt. Als eines der Zwillingskinder starb und die Herztöne schwächer wurden, haben sie auf dem Schirm fast das gleiche verfolgen können, was Thomas in seiner Entspannungsreise in dem Moment erlebt hat, in dem sein Zwillingsbruder starb: Der Bleibende legte seinen Arm um den sterbenden Zwilling. Als der Bruder tot war, zog sich der Andere ganz in eine Ecke der Gebärmutter zurück. Bei diesem medizinisch genau überwachten Fall wurde die weitere Entwicklung des Überlebenden verfolgt. Der Bleibende wuchs über mehrere Monate nicht weiter. Erst kurz vor der Geburt begann eine erhebliche Gewichtszunahme, so dass der Junge am Ende ein normales Geburtsgewicht erreicht hatte.

Monique ist eine Frau, die aufgrund ihres Erlebens im Mutterleib unter anderem ihren Partnern gegenüber Ekel empfand. In dem Kapitel über Schwierigkeiten im Leben der allein geborenen Zwillinge gehen wir näher auf sie ein. Sie und Thomas haben beide Ähnliches erlebt. Sie haben für sich zwei unterschiedliche Wege entwickelt, mit dieser ausweglosen Situation umzugehen. Beide leiden unter der „Gelernten Hilflosigkeit", die aus einem unglücklichen Lernprozess in einer ausweglosen Situation entstanden ist.

Der Lebensplan von Thomas hat sich folgendermaßen entwickelt: Er hat einen helfenden Beruf gewählt. Er ist Sozialarbeiter und arbeitet mit schwer beeinträchtigten Menschen. Immer wenn beruflich etwas schief geht, und er wieder mal jemanden „nicht retten" konnte, macht er sich schwerste Vorwürfe. Thomas will andere retten und muss zwangsläufig dabei scheitern, weil nicht jeder der sozialarbeiterischen Klienten nach den Vorstellungen des Helfers gerettet werden will. Er hat die „Flucht nach vorn" gewählt, um sich nicht seinen eigenen Hilflosigkeitsgefühlen von damals auszusetzen.

Monique hat aus diesem Erleben der Hilflosigkeit eine andere innere Einstellung entwickelt, nämlich „was immer ich tue, bewirkt gar nichts" oder sogar als Steigerung davon „alles, was ich tue, geht schief". Dieses hat sich sehr früh in ihr Gedächtnis eingebrannt. Das würde ihre gefühlte Kraftlosigkeit in vielen Situationen erklären. Sie hat einen recht muskulösen Körper und wirkt alles andere als schwach.

Wenn jemand keine Wahl und keinen Einfluss hat, um etwas Schlimmes abzuwenden, bleibt oft nur die Resignation. Die Verhaltenspsychologie hat dazu einen Tierversuch entwickelt, der auch einen Teil des menschlichen Verhaltens nach unabwendbaren Katastrophensituationen erklären kann:

Die Gelernte Hilflosigkeit

In den fünfziger Jahren des letzten Jahrhunderts machten die amerikanischen Verhaltensforscher Klein und Seligman ein berühmt gewordenes Experiment: Unbeeinflusste Ratten wurden einzeln in einen Wasserkübel mit hohem Rand gesetzt, so dass die Ratten gezwungen waren zu schwimmen, um nicht zu sterben. Die Ratten schwammen über 30 Stunden um ihr Leben, bevor sie völlig entkräftet ertranken. Die zweite Gruppe von Ratten wurden vor dem oben genannten Experiment im Laufe mehrerer

Tage mehrfach fest in die Hand genommen und in dem Kübel unter Wasser gedrückt, bis sie fast ohnmächtig wurden. Dann wurden auch diese armen Tiere auf ihre „Schwimmfähigkeit" getestet. Nach etwa 30 Minuten gaben sie auf, gingen unter und ertranken.

Wir möchten an dieser Stelle nicht die Grausamkeit vieler Experimente hinterfragen und offen lassen, inwieweit Rattenexperimente auf den Menschen übertragbar sind. Etwas aber muss dran sein. Wir haben beobachtet, dass manche allein geborene Zwillinge, obwohl sie liebende und kraftvolle Eltern haben, extrem wenig Vertrauen in ihre eigene Kraft haben. Ganz alltägliche kleine Herausforderungen stellen oft ein großes Problem für sie dar.

Das Experiment zur gelernten Hilflosigkeit zeigt eine Möglichkeit, warum sich überlebende Zwillinge manchmal so ungeheuer schwer tun, ihr Leben in die Hand zu nehmen. Dieses beschreibt aber nur einen kleinen Teil der Katastrophe, die der allein geborene Zwilling erlebt hat.

Die versuchte Abtreibung

Manche unserer Klienten haben einen Zwilling durch eine versuchte Abtreibung verloren. Abtreibung, offiziell in einer Klinik oder bei einer Engelmacherin inoffiziell durchgeführt, war bis vor wenigen Jahrzehnten oft die einzige Möglichkeit, sich vor gesellschaftlich untragbaren Lebenssituationen zu schützen. Es war eine Verhütungsmethode. Abtreibungen geschahen nicht selten. Das Kind spürt und erinnert fehlgeschlagene Abtreibungsversuche der Mutter. Ludwig Janus berichtet von einem Klienten, der zu wiederkehrenden Schwindelgefühlen neigt. Seine Mutter ist, als sie mit ihm schwanger war, immer wieder vom Küchentisch gesprungen, um ihn abzutreiben.

Wie reagiert ein Fötus, der zweieinhalb Monate mit einem weiteren Geschwister an der Seite aufwächst, seinen Herzschlag hört, mit ihm spielt, bis dann eines Tages Nadeln kommen und sein Geschwister wegnehmen? Die erwachsenen Klienten, die wussten, dass die Mutter einen scheinbar fehlgeschlagenen Abtreibungsversuch hinter sich hatten, waren tief verstört. „Wieso hat es den Anderen erwischt und nicht mich? Der Andere fehlt mir so. Meine Mutter hat meinen Bruder (oder meine Schwester) getötet. Ich kann mich ihr nicht mehr anvertrauen." Diese und ähnliche

Gedankenfetzen entwickelt ein Embryo in so einer Situation. Der Schock wirkt bis zum Erwachsenen. Natürlich ist es für die Mutter ein schwerer Schlag, nach einer Abtreibung noch immer schwanger zu sein. Wir verurteilen ihre Entscheidung nicht. Es geht hier darum, einen gangbaren, heilsamen Weg für das Kind von damals zu finden. Heilung kann nur dann gelingen, wenn Betroffene anerkennen und achten können, was damals geschehen ist mit allen Konsequenzen, die es für alle Beteiligten hatte. Auch die dazugehörigen Gefühle brauchen einen Platz. Für das Kind ist es ein Riesenschock, dass der Bruder oder die Schwester weggenommen wurde und es sich nach der Geburt nicht mehr mit Urvertrauen in Mutters Arme legen kann. Die Mutter ist aus Embryosicht gefährlich.

Unsere Klienten, denen dieses widerfahren ist, zeigen oft ähnliche Züge. Sie trauen sich nicht, voll im Leben zu stehen, sie wirken trocken und ausdrucksgehemmt. Oft sagen sie von sich selbst, dass das Leben keine Freude macht und sie nur halb da sind. – Natürlich sind sie nur halb da, die andere Hälfte wurde abgetrieben. – Oft können wir diesen Klienten mit wenigen Stunden therapeutischer Unterstützung zu mehr Lebensfreude verhelfen. Wir unterstützen sie zum einen dabei, zu dem verlorenen Zwilling Kontakt aufzunehmen und sich auch an seine Stelle zu versetzen. Wie geht es dem abgetriebenen Geschwister, wenn sein überlebender Zwillingsbruder oder seine überlebende Zwillingsschwester es sich zeitlebens schlecht gehen lässt? Oft ist diese Frage sehr heilsam. Der Abgetriebene will nach unserer Erfahrung vor allem eines: dass es dem Überlebenden gut geht. Der andere Teil der Heilung ist die Wiederherstellung einer tiefen Seelenbindung zur Mutter und dem Vater. Das geht oft leicht mit einer Familienaufstellung, in der die Mutter und der Vater aufgestellt, also durch Gruppenteilnehmer vertreten werden. Dadurch sind sie für einen Heilungsprozess präsent, also anschaubar, können gespürt werden, können zuhören. Das Schlimme und der Schock von damals müssen angeschaut und geachtet werden. Dann gelingt es sehr oft, dass das Kind sich endlich innerlich mit offenem Herzen an seine Eltern von damals anlehnen kann, auch wenn sie heute vielleicht schon alt oder längst gestorben sind. Dann kann der Klient endlich die elterliche Geborgenheit spüren.

Nach einer geglückten Therapie wirken unsere Klienten freundlicher und anderen Menschen zugewandter.

13 Bemerkt die werdende Mutter den Tod eines Zwillings?

Diese Frage wird immer wieder von Betroffenen gestellt. Viele fragen ihre Mütter nach dem Verlauf der Schwangerschaft in der Hoffnung, eine deutliche Bestätigung für die Ursache ihrer Schwierigkeiten zu bekommen. In den meisten Fällen bemerken die Mütter den Tod eines Embryos nicht. Seit Schwangerschaften regelmäßig mit präzisem Gerät im Ultraschall überwacht werden, teilen manche Ärzte den Müttern mit, wenn ein Kind von mehreren in der Gebärmutter gestorben ist. Der äußere Beweis für einen verlorenen Zwilling ist oftmals sehr schwierig. Wir kennen aus unserer Arbeit persönlich aber Mütter, bei denen Komplikationen in der Schwangerschaft aufgetaucht sind, die stark auf einen verlorenen Zwilling hinweisen. Diese Mütter hatten das Gefühl, einen Zwilling verloren zu haben. Die Symptome der mittlerweile großen Kinder bestätigen, was die Mütter vermuteten.

Angelika, eine unserer Ausbildungsteilnehmerinnen, erzählt von einer ihrer Schwangerschaften, bei der am Ende die Geburt eines gesunden Sohnes, Stephan, stand:

„Die letzten Monate dieser Schwangerschaft waren völlig unerträglich. Mein Kind hat panikartig getobt und getreten. Oft konnte ich nachts nicht schlafen. Mal schaute ein Fuß an der einen Seite der Bauchdecke durch, mal an der anderen. Als der Gynäkologe das sah, sagte er, dass er so etwas in dieser Heftigkeit noch nie gesehen hat. Bei der Geburt wurde mir eine weitere Plazenta mit einem eingewachsenen Fötus gezeigt".

Der heute 16-jährige Sohn leidet stark unter Kontaktstörungen. Er ist Einzelgänger und hat keine Freunde.

Wir müssen uns vorstellen, was Stephan in der Gebärmutter erlebt haben könnte: Er ist dabei, als der Andere stirbt. Der Herzschlag wird schwächer und die Bewegungen hören auf. Der Andere regt sich nicht mehr. Jetzt fehlt er. Vielleicht glaubt Stephan sich sogar schuldig am Tod des Anderen. Der Andere ist dann aber nicht verschwunden, sondern als harter Klumpen immerzu gegenwärtig und berührt den Überlebenden, in diesem Fall sogar schwimmend. Das heißt, immer wenn Stephan sich bewegt, bewegt sich sein toter Zwillingsbruder mit, als wenn er ihn verfolgen will. Dieses Horrorszenario hätte Stephen King nicht plastischer erfinden können. Wie also geht es dem kleinen Stephan im Bauch seiner Mutter? Er fühlt sich alles andere als geschützt und leidet unter panischen Fluchttendenzen.

Unsere Klientin Doris, der wir bei einer Sitzung dieses Szenario beschrieben, fiel wie vom Schlag getroffen ohnmächtig vom Stuhl. Sie hat sicher Ähnliches erlebt wie Stephan.

Ähnliches berichtet uns auch Ute über die Schwangerschaft mit ihrer jetzt 20-jährigen Tochter Jana.

Ute erzählt: „Als ich mit meiner Tochter Jana schwanger war, hatte ich in der achten Schwangerschaftswoche sehr starke Blutungen. Ich fuhr sofort in die Klinik. Der Arzt sah im Ultraschall, dass der Mutterkuchen zu fünfzig Prozent verloren gegangen ist und sagte mir, dass es gut sein könnte, dass ich mein Kind verliere. Nachdem sich die Blutungen beruhigt haben, verlief der Rest der Schwangerschaft unauffällig. Ich habe in der gewöhnlichen Zeit Jana gesund zur Welt gebracht. Jetzt, wo ich weiß, dass Jana höchstwahrscheinlich einen Zwilling verloren hat, finde ich das schade. Der Arzt damals wusste vielleicht noch nicht von der Möglichkeit eines verlorenen Zwillings. Er sprach immer nur von einem. Ich fühle mich manchmal mir selbst und Jana gegenüber schuldig, gerade wenn ich sehe, wie schwer sie sich mit Männern tut."

Jana fühlt sich oft einsam und beendet Männerbeziehungen sehr schnell.

Recht häufig kommen leichte Blutungen am Beginn der Schwangerschaft vor ohne dass es zum Abbruch der Schwangerschaft kommt. Es gibt verschiedenste Erklärungen für diese Blutungen, wie Hormonumstellung, Zysten in der Gebärmutter, usw. Wir vermuten, dass auch diese frühen Blutungen in etlichen Fällen mit dem Verlust eines Embryos zu tun haben.

Eine Hebamme erzählt 14

Während eines unserer Wochenendseminare erklärt sich Katharina Napoli bereit, aus ihrer über 20-jährigen Berufserfahrung als Hebamme zum Thema verlorener Zwilling zu berichten. Sie sitzt uns mit dicken, geröteten Augen gegenüber, weil sie in den vergangenen zwei Nächten Hausgeburten begleitet hat.

Katharina, Du bist Hebamme und schaust Dir nach der Geburt auch den Mutterkuchen an. Das ist Deine berufliche Pflicht. Kannst Du in einer Plazenta auch verschwundene Zwillinge sehen oder tasten?
Die Plazenta fühlt sich wie eine Leber an. Manchmal sind da Verdickungen drin. Häufiger sind das Verkalkungen, die haben andere Ursachen, aber manchmal sind da so rote harte Verdickungen, 3-4 cm groß. Bei denen sieht es so aus, als ob die Plazenta drum herum gewachsen ist. Man vermutet, dass das embryonales Material ist, also einer oder mehrere verschwundene Embryos. Aber das hat geburtsmedizinisch gesehen überhaupt keine Auswirkung, deswegen ist es für uns als Hebammen unwichtig.

Solche Verdickungen werden auch Nester genannt?
Ja.

Wie oft siehst Du solche Nester?
In der Zeit als ich im Krankenhaus gearbeitet habe, habe ich oft diese Nester gesehen. Etwa jedes 10. Mal, wenn nicht noch häufiger.

Heißt das, dass die meisten dieser Nester ein verloren gegangenes Kind einschließen?
Ich weiß es nicht, aber ich vermute es.
Mir fällt auf, dass ich seit meiner selbständigen Hebammentätigkeit „andere" Geburten betreue. Da kommt es längst nicht so häufig vor, dass Nester im Mutterkuchen zu finden sind, etwa 1-2 mal in den letzen Jahren. Zu mir kommen nur Frauen, die keinerlei Unregelmäßigkeiten während

der Schwangerschaft hatten. Sie hatten keine Blutungen, die Plazenta hat sich ordentlich eingenistet und hat nicht vor kritischen Bereichen, zum Beispiel vor dem Muttermund, gelegen.
Sie hatten eine komplikationslose Schwangerschaft, also kein Kind, das zuviel strampelt oder sich verdächtig wenig bewegt, sondern bei bester Gesundheit ist. Wenn die Frauen in der Schwangerschaft Blutungen hatten, sind sie häufig so verunsichert, dass sie sich nicht trauen, zu Hause oder im Geburtshaus ihr Kind zu bekommen und gehen dann ins Krankenhaus.

Was genau siehst Du denn an diesen Nestern, die Du vorhin beschrieben hast? Siehst Du da Knubbelchen drin oder kannst du auch so einen kleinen Embryo sehen?
Nein, Embryos kann ich nicht erkennen. Nur dunklere Verdickungen, ungefähr so groß wie ein 2-Euro-Stück. Diese fühlen sich ganz fest an. Ich muss gestehen, dass ich mich nie getraut habe, genau zu gucken, was da drin ist.

Einen später in der Schwangerschaft gestorbenen Fötus, der wie ein kleines Baby aussieht, bezeichnet man als Mondkind. Hast Du in Deiner Zeit als Hebamme einmal ein Mondkind, oder ein Fötus papyracaeus, den ausgetrockneten und flachgedrückten Fötus gesehen?
Ich war selber bei keiner Geburt dabei, wo einer rausgekommen ist. Aber als ich im Krankenhaus gearbeitet habe, sind bei Kolleginnen mehrfach welche mit herausgekommen. Die wurden uns allen gezeigt.

Wie groß ist das, was Du gesehen hast? War das hart oder wie versteinert?
Das Mondkind, was ich gesehen habe, war inklusive Plazenta etwa so groß wie mein Handteller und hat sich sehr hart angefühlt, etwa so wie getrocknetes Fleisch.

Was wird der Mutter gesagt, wenn ein Mondkind mit geboren wird oder Nester in der Plazenta zu sehen sind?
Es kommt auf den Kontakt zwischen der gebärenden Frau und der Hebamme an, ob es ihr gesagt wird. Wenn ich im Krankenhaus während

einer Schicht vier Kinder kriege, dann hab ich einfach nicht die Zeit, mich darauf einzulassen. Im Krankenhaus hieß es dann immer, warum die Frau mit etwas belasten, was sie gar nicht gemerkt hat.

Also wurde meistens nichts gesagt, wenn eine Frau Zwillinge bekommen hätte. Deswegen fehlen also zumindest in der Generation, die vor 1980 geboren ist, fast immer die äußeren Beweise für einen verlorenen Zwilling.
Ja. Ich weiß aber aus den Erzählungen der Frauen, dass sie sich manchmal dessen durchaus bewusst waren, dass da noch jemand war.

Danke Katharina

Der versteinerte Fötus – Das „Steinkind"

Eine andere Hebamme, Ulrike Harder aus Berlin, ist durch unser Buch für das Zwillingsthema sensibilisiert worden. Von ihr haben wir eine bewegende Fotodokumentation über versteinerte Reste eines Zwillings im Mutterkuchen bekommen. Durch eine Fruchtwasserpunktion wusste man, dass der eine Fötus das Down-Syndrom hatte. Er starb etwa in der 18. Schwangerschaftswoche. Das überlebende Mädchen kam mit 2500 Gramm klein, aber gesund zur Welt. Die Plazenta war sehr klein. In der Plazentaseite, die zum Kind hin liegt, sieht man rechts außen deutlich einen Knubbel von den mumifizierten Resten des Zwillings. Dieser versteinerte Fötus ist auf etwa 7 cm zusammengeschrumpft. Man kann man deutlich die Knochen tasten. So deutlich sichtbare Föten in der Plazenta sind selten. Die Hebamme hat das in dreißig Jahren nur zwei- oder dreimal gesehen.

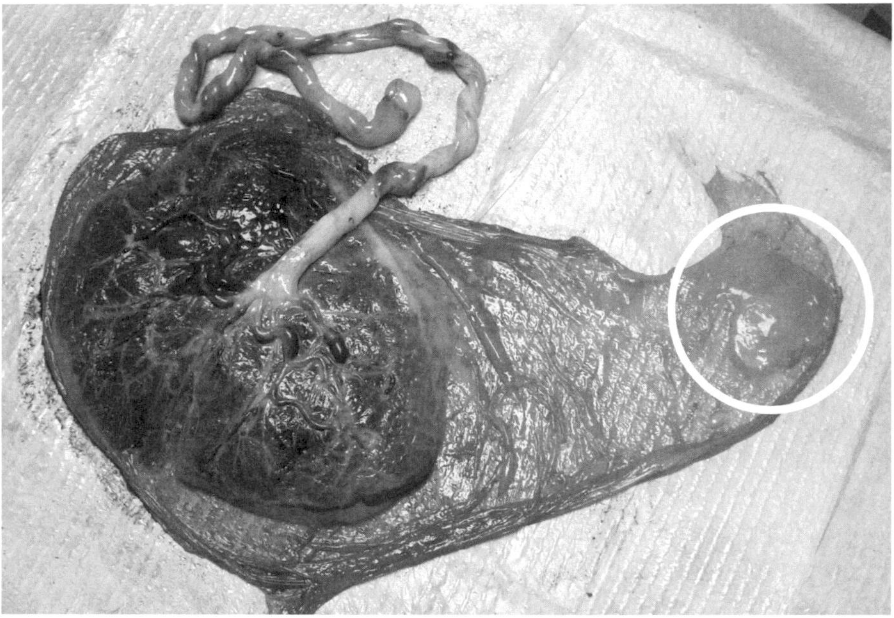

Plazenta mit eingewachsenem Zwilling – „Steinkind"

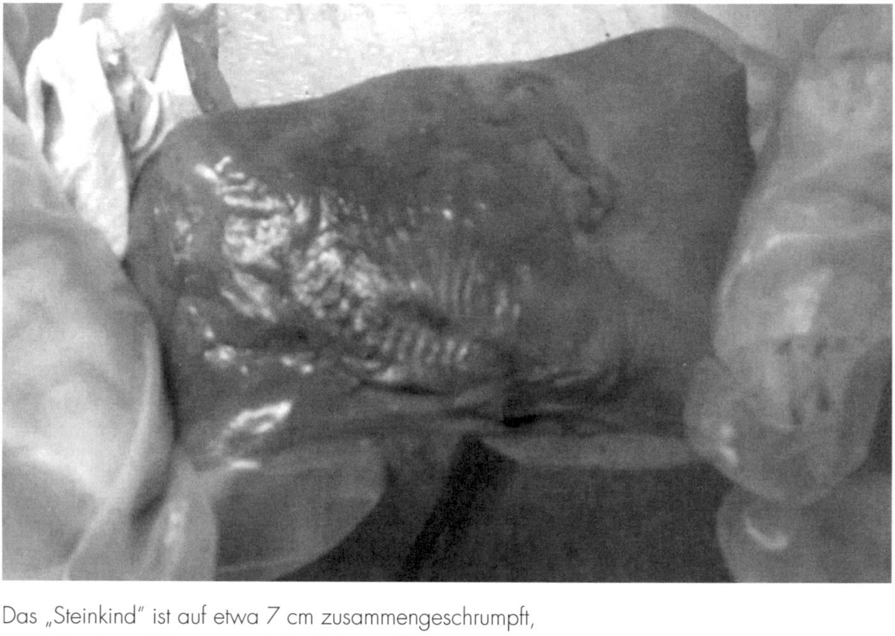

Das „Steinkind" ist auf etwa 7 cm zusammengeschrumpft, Wirbelsäule und Rippen sind deutlich zu erkennen.

15

Einsamkeit, Panikattacken, Schuldgefühle, Bindungsängste ... Die Symptome des allein geborenen Zwillings

Wir erläutern an dieser Stelle körperliche und psychische Symptome, die wir bei allein geborenen Zwillingen beobachtet haben. Wenn jemand unter diesen Symptomen leidet, bedeutet das noch lange nicht, dass er einen Zwilling verloren hat. Die Symptome können auch völlig andere Ursachen haben. Die Ursachen müssen in jedem einzelnen Fall überprüft und vor allem gespürt werden.

1. Körperliche Auswirkungen beim allein geborenen Zwilling – Organische Fehlbildungen

Hörschwierigkeiten

Mehrere Klienten kamen zu uns, die auf einem Ohr vollständig taub sind, weil sich das Innenohr in der frühen Schwangerschaft nicht ausgebildet hat. In der Arbeit zeigte sich, dass auch diese einen Zwilling in der frühen Schwangerschaft verloren haben. Vermutlich wurde die Seite taub, die direkt mit dem Anderen in Kontakt war. Das Anhalten von seinem Herzrhythmus war ein zu großer Schock. Eine andere Klientin berichtet von starken Hörschwierigkeiten auf beiden Ohren seit ihrer frühesten Kindheit. Sie hat mehrere Operationen an den Innenohren gehabt. In einer Gruppensitzung zeigte sich, dass auch sie im Bauch ihrer Mutter nicht allein war. Immer wenn die Sprache auf ihre frühen Verlusterlebnisse kam, verstand sie bezeichnenderweise gar nichts mehr, obwohl sie sonst genügend hört, wenn man deutlich spricht.

Sehschwierigkeiten

Der Berliner Augenoptiker Christian Zech ist über seine Weiterbildung in Familienaufstellungen dazu gekommen, Symptomaufstellungen für Menschen mit Fehlsichtigkeit zu entwickeln. Er hat herausgefunden, dass Kurzsichtigkeit oft mit dem Verlust eines Zwillings zusammenhängt. Nach manchen Aufstellungen hat er eine bleibende Verbesserung der Sehfähigkeit um mehrere Dioptrien gemessen.

Verwachsungen an der Wirbelsäule

Die Mutter eines fünfjährigen Kindes berichtet uns, dass ihre Tochter neben starken Verhaltensauffälligkeiten auch eine Skoliose (seitliche Wirbelsäulenverkrümmung) hat. Sie erinnerte sich an schwere Blutungen in der Schwangerschaft und an den Ultraschallbefund eines verlorenen Zwillings. Erst durch unsere Arbeit wurde ihr deutlich, dass dieses ein wichtiger Grund für die Schwierigkeiten ihrer Tochter ist. Die Skoliose könnte hier dadurch entstanden sein, dass der Fötus sich immer von dem toten Anderen wegdrehen wollte. Dieses Verhalten kann man häufiger im Ultraschall beobachten. Wenn aber der Fötus so liegt, dass es ihm nicht möglich ist, sich wegzudrehen, kann sich die innere Spannung in der Wirbelsäule niederschlagen.

Bisher haben alle unsere Klienten, die eine Skoliose hatten, einen Zwilling verloren. Vielleicht ist der Verlust eines Zwillings generell die Ursache für diese Art von Wirbelsäulenerkrankung.

Der eingewachsene Zwilling – Dermoidzyste und Theratom

Wie an anderer Stelle erwähnt, wächst manchmal der überlebende Zwilling um den Anderen herum und schließt ihn ein (foetus in foeto). Viel häufiger als der eingewachsene Fötus sind jedoch Gewebeteile mit Haaren, Zähnen und anderen ortsfremden Geweben. Wenn sich diese Geschwüre in den Eierstöcken oder in den Hoden finden, werden sie Dermoide oder Dermoidzysten genannt. An anderen Stellen eingelagert, heißen sie Theratom. Ob Dermoide oder Theratome Gewebe von einstigen Stammzellen des Zwillings sind oder körpereigenes fehlangelagertes Gewebe, ist letztlich noch nicht bestimmt, da genetische Untersuchungen fehlen. Da auch dieses Gewebe manchmal langsam weiterwächst, bilden sich in späteren Lebensjahren gelegentlich Geschwulste, die herausoperiert werden müssen.

Christine, eine vierzigjährige Seminarteilnehmerin, berichtete uns folgendes: Als sie 23 Jahre alt war, wurde ihr eine große Zyste an den Eierstöcken entfernt. Auch hier wurden Haare, Zahngewebe und anderes gefunden. Vor vier Jahren, recht kurz nach dem Tod ihrer sehr geliebten Schwiegermutter, bekam sie wieder die von damals vertrauten Schmerzen im Unterbauch. Eine ärztliche Untersuchung ergab, dass sich wieder eine faustgroße Zyste von 12 mal 8 Zentimetern entwickelt hatte. Die Ärzte rieten ihr dringend zu einer Operation. Der Verlust der Schwiegermutter war ein überaus großer Schock, den sie schmerzlich betrauerte. Die Trauer wollte kaum aufhören. Allmählich dämmerte Christine, die jetzt wusste, dass sie einen Zwilling verloren hat, dass die übermäßige Trauer etwas mit ihrem Zwilling zu tun haben könnte. Sie machte sich auf den Weg, den verlorenen Zwilling wiederzuentdecken und zu betrauern. Ihre Zyste ist seitdem erheblich kleiner geworden, nur noch 4 Zentimeter lang und macht keine Beschwerden mehr. Sie wird wohl um eine Operation herumkommen.

Warum bei Christine körpereigene Stammzellen oder Zellen des Zwillings im Zusammenhang mit dem Verlust des geliebten Menschen aus dem Ruder geraten, kann verschiedenste Ursachen haben.
Eine psychosomatische Erklärung wäre hier, dass der Körper Gewebe produziert, um wenigstens einen „Scheinzwilling“ bei sich zu tragen, wenn schon der richtige nicht mehr da ist.

Gehirntumor

Seit der ersten Auflage unseres Buches sind wir vielen alleingeborenen Zwillingen mit verschiedensten körperlichen Symptomen begegnet.
Im Zusammenhang mit dem Verlust eines Zwillings haben wir mit mehreren Erwachsenen und Kindern gearbeitet, die einen Gehirntumor hatten bzw. immer noch haben. In einigen Fällen wurde deutlich, dass der

Tumor eine deutliche Verbindung zu der pränatalen Erfahrung, den geliebten Zwilling verloren zu haben, hatte. Teilweise sollte er die Nähe zu dem Anderen ersetzen bzw. die Leere, die nach dem Tod entstanden war, füllen. Der Tumor erschien wie ein verzweifelter Ausdruck der großen Liebe zu dem Anderen. Inwieweit fehleingenistete Zellen des Zwillings im Laufe des Lebens ähnlich wie bei der Dermoidzyste aus dem Ruder geraten oder inwieweit seelische Faktoren zur Entwicklung eines Tumors beitragen, können wir nicht beurteilen. Wir treffen in unserer Arbeit gelegentlich auf schwerwiegende organische Konsequenzen und sehen, dass manchmal direkte Zusammenhänge zwischen Tumor und verlorenem Zwilling bestehen.

Ein Psychotherapeut und ehemaliger Teilnehmer unserer Weiterbildungsgruppe berichtete uns von einem neunjährigen Mädchen mit einem Gehirntumor. Während der therapeutischen Arbeit mit Aufstellungen zeigte sich die Verbindung zwischen dem Tumor und dem verlorenen Zwilling. Sie wollte ganz offensichtlich ihrem Zwillingsbruder folgen. Für das Mädchen war dies eine tiefe Einsicht. Der Tumor war schon weit fortgeschritten. Sie konnte auch durch diese Aufstellung leider nicht gerettet werden. Ihre Eltern berichteten aber, dass sie nach dieser Aufstellung zufrieden und ruhig war und die Zufriedenheit bis zu ihrem Tod geblieben ist. Ein Seminarteilnehmer unserer „Heilungswege-Seminare", mit einer teilweisen Gesichtslähmung und Taubheit auf einem Ohr, berichtete uns, dass er einige Jahre zuvor eine Tumoroperation hatte, bei der einige Nerven beschädigt wurden. Er hatte immer das Gefühl, den Zwilling im Mutterleib dort zu berühren, wo der Tumor war.

Sicherlich gibt es noch viele weitere Aspekte, wenn es um einen Gehirntumor geht, die wir hier nicht weiter ausführen können.

Verwachsungen an den Geschlechtsorganen

In der medizinischen Literatur sind wir darauf gestoßen, dass es häufiger zu Missbildungen im Genitalbereich kommt, wenn Zellen des verlorenen Zwillings im anderen weiterwachsen. Es wird vermutet, dass, neben den uns bekannten Missbildungen in den Eierstöcken, die Ursache für die seltenen hermaphroditischen Missbildungen (gleichzeitig unvollständig ausgeformter Penis und Scheide) auch im verlorenen Zwilling zu suchen sind. Im Laufe der Jahre sind uns zahlreiche Frauen mit Missbildungen und möglicherweise Zellgewebe vom Zwilling in den Eierstöcken begegnet.

2. Psychosomatische Auswirkungen

Schwindelanfälle

Einige überlebende Zwillinge haben uns von unerklärlichen Schwindelanfällen ohne Störung des Gleichgewichtssinnes berichtet. Diese Anfälle kommen scheinbar aus dem Nichts und sind oft von Angstzuständen begleitet. Die Ursache konnte von Ärzten nicht gefunden werden. Da die Schwindelanfälle mit der Entdeckung des verlorenen Zwillings aufhörten, vermuten wir Zusammenhänge. Hier sammeln wir für eine endgültige Schlussfolgerung weitere Erfahrungen.

Enge in der Brust/Herzschmerz

Oft haben Enge in der Brust, Atemschwierigkeiten oder Schmerzen beim Atmen und Herzschmerzen keine organischen Ursachen. Manchmal hängen diese Symptome mit der großen alten Wunde der Trennung zusammen, die immer wieder aufreißt, wenn es im Leben des Erwachsenen um Trennungssituationen geht. Einige berichten von einer Wunde in der Brust, die wie Feuer brennt. Diese Wunde heilt oft bei der Wiederentdeckung des verlorenen Zwillings und der Integration dieses Verlustes.

Panikattacken, Zitterkrämpfe, Herzrasen, Schüttelfrost und Todesangst

Manchmal hängen diese Angstsymptome mit dem frühen Tod des Zwillings zusammen. Aus nächster Nähe muss der Überlebende spüren und hören, wie der Andere stirbt und ist dem vollkommen hilflos ausgeliefert. Besonders die Überlebenden einer Abtreibung berichten von diesen Symptomen. Sie sind Teil einer schweren Schockreaktion. Uns berichteten mehrere Klienten von wahnsinnigen Todesängsten aus dem Nichts heraus, die manchmal auftreten und für die es scheinbar keine Ursache gibt.

Menschen mit dramatischen Panikattacken gehen oft zu Psychiatern, die die eigentliche Ursache der Panikattacken nicht verstehen können. Die Psychiater verschreiben oft Beruhigungsmittel, die aber nichts an der Ursache ändern. Ein Teil der Panikattacken geht auf das vorgeburtliche Erleben zurück. Wer um die Möglichkeit des verlorenen Zwillings weiß und sich einfühlen kann, hat ganz andere Heilungsmöglichkeiten. Wir ahnen, dass eine konsequente Überprüfung auf Ereignisse des vorgeburtlichen Lebens die Psychologie gründlich revolutionieren kann. Menschen, die mit Angstzuständen, Phobien und Panikattacken in der psychologischen oder psychiatrischen Praxis auftauchen, kann wesentlich effektiver geholfen werden.

Wir können nicht oft genug erläutern, was es für den Embryo bedeutet, aus nächster Nähe hilflos zu erleben, wie das geliebte Geschwister stirbt. Für manche Erwachsene bedeuten enge Orte wie Tunnel oder Fahrstühle ein Erinnern an die Situation von damals. Das erklärt auch die unreale Todesangst, die mit den Panikattacken einhergeht. Für den Embryo von damals ist die Todesangst real.

Diane, eine Teilnehmerin unseres Heilungsseminars für allein geborene Zwillinge berichtet uns folgendes:
Ich hatte seit vielen Jahren große Angst in Fahrstühlen und Tunneln. In Berlin musste ich die unterirdischen Teile der Stadtautobahn vermeiden und überirdisch weiterfahren. Den acht Kilometer langen Rennsteigtunnel bei Erfurt konnte ich nie benutzen. Statt dessen haben wir eine Stunde länger über die Berge gebraucht. Ich habe bei Euch ein Wochenendseminar zum verlorenen Zwilling mitgemacht. Dort gab es Übungen, bei denen wir wieder in die Gebärmutter zurück gegangen sind. Wir haben uns mit der Innigkeit zu unserem Zwilling, aber auch mit seinem Sterben auseinander gesetzt. Danach spürte ich mehr Sicherheit in mir. Ich habe meinen Mann gebeten, doch mal einen Tunnelabschnitt der Stadtautobahn zu probieren. Zu meiner völligen Überraschung ging es gut. Ich blieb entspannt, indem ich an die Übung dachte, bei dem ich mit einem Stellvertreter für meinen Zwillingsbruder eng aneinander gekuschelt gelegen habe. Ich habe mich dabei an die schöne Zeit mit

meinen Zwillingsbruder erinnert. Seit dem kann ich durch Tunnel fahren und in Fahrstühlen bekomme ich nur noch leichtes Herzklopfen, mit dem ich umgehen kann.

Schüttelfrost und Zähneklappern

Schüttelfrost und starkes, unwillkürliches Zähneklappern können bei einigen allein geborenen Zwillingen auftreten, wenn sich der Verlust des Anderen wieder meldet. Bei einigen Halbzwillingen tauchen diese Symptome dann auf, wenn sie sich insgesamt sehr tief entspannen und sich der chronische Muskelpanzer lockert. Dieses ist eine Schockreaktion des Körpers, die häufig auftritt, wenn sich das Energiesystem entlädt. Der Körper erinnert sich an den frühen Schock.

Eine wichtige Entdeckung von Wilhelm Reich in den Neunzehnhundertzwanziger Jahren in Berlin war, dass Gefühle nicht mehr wahrgenommen werden, in dem sich Muskeln im Körper verspannen. Beispielsweise wird Angst nicht mehr gespürt, indem man die Pomuskulatur zusammenkneift. Dieses kann willkürlich geschehen, wie bei Soldaten, meistens aber geschieht das unbewusst. Bereits der Körper des kleinen Kindes verspannt sich an vielen Stellen chronisch, um bedrohliche Empfindungen abzuschneiden. Dieses dient dem Überleben. Es schränkt aber auch gleichzeitig die Empfindungsfähigkeit ein. Tiefe Gefühle, wie Liebe, Angst, Trauer, Wut und Lust werden dadurch nur noch sehr bedingt wahrgenommen, die Lebensqualität wird eingeschränkt. Soweit Wilhelm Reich. Wir haben entdeckt, dass die chronischen Verspannungen noch viel früher einsetzen, nämlich bereits in der Zeit als Embryo. Der Greifimpuls nach dem Anderen zum Beispiel kann in chronisch harter Unterarmmuskulatur einfrieren. Massiert man bei Erwachsenen länger und auf tiefgehende Weise diese Muskelstränge, so können Empfindungen und Bilder aus der vorgeburtlichen Zeit auftauchen, begleitet von der Angst und dem Schrecken von damals.

Wir haben Klienten begleitet, die Warmwassertiefenentspannung (Aqua-Release®Healing) bekommen haben und zusätzlich eine gute Tiefenmassage genossen haben. Ihnen ging es einige Wochen lang sehr gut mit der Entspannung. Bei mehreren zeigten sich nach einigen Sitzungen nachts starke Symptome von Schüttelfrostanfällen, in Schüben von 10 Minuten, begleitet von massivem unwillkürlichem Zähneklappern und Todesangst. Zunächst tauchten bei ihnen keine Bilder auf. Einige Tage später berichteten sie uns von schweren Verlassenheits- und Einsamkeitsgefühlen. Als diese Empfindungen mit dem Erleben im Mutterleib verbunden wurden, klangen die Symptome nach einiger Zeit ab. Unsere Klienten fühlten sich nach einer Zeit der Integration kraftvoller und mehr ganz, mehr sie selbst als vor der Therapie.

Von Schüttelfrostanfällen berichteten uns auch Klienten bei Beziehungstrennungen und nach Einnahme bestimmter Drogen wie MDMA (Ecstasy). In allen Fällen hatten die Betroffenen für einige Minuten panische Angst, dass etwas Schlimmes passiert oder sterben zu müssen und das Gefühl, das Zittern nicht mehr kontrollieren zu können. Manche Klienten verspürten auch ein Brennen und Ziehen in den Muskeln und berichteten von der Angst, verrückt zu werden. Gedanken, den Notarzt zu verständigen, wurden erwähnt.

Oft melden sich die genannten Symptome erst, wenn ein Klient sich auf die Suche nach den wahren Ursachen seiner Schwierigkeiten macht und einiges an Therapie und an stärkenden Methoden hinter sich hat. Der pränatale Schock fängt an, aufzutauen. Dieses ist an sich ein sehr begrüßenswertes Zeichen, auch wenn es nicht immer leicht zu ertragen ist. Durch das Auftauen des Schocks öffnen sich Türen zu mehr Liebesfähigkeit, zu mehr Lebendigkeit und zu mehr Lebensfreude.

Allerdings melden sich diese Symptome oft unvorbereitet und ohne therapeutische Begleitung. Unvorbereitet und von der Umwelt unverstanden, richten sich manche allein überlebende Zwillinge mit diesen Symptomen an Ärzte und Psychiater. Dort kann ihnen aber häufig nicht weitergeholfen werden, weil die Ursache noch nicht verstanden wird und allgemein wenig bekannt ist. Mehr als Psychopharmaka können Handhalten und menschliche Nähe bewirken.

Hauterkrankungen

Die Haut ist unser wichtigstes Organ zur Herstellung von Kontakt mit der Außenwelt. Viele psychosomatische Symptome spiegeln sich durch eine gereizte, gerötete, spröde und entzündete Haut wider. Es gibt zahlreiche Ursachen für Hauterkrankungen. Manche haben mit Themen zu tun, die aus der Familiengeschichte des Betroffenen kommen, andere sind genetisch bedingt oder durch Umweltfaktoren entstanden. Eine Klientin berichtete uns von ihrer von Geburt an sehr spröden Haut, die erheblich besser wurde, nachdem sie den verlorenen Zwilling und die Sehnsucht nach ihm wieder entdeckt hat.

Die Neurodermitis, unter der eine andere Klientin viele Jahre sehr gelitten hat, verschwand innerhalb weniger Wochen fast vollständig, nachdem der Zwilling wiederentdeckt wurde.

Ein Teilnehmer unserer Heilungswege-Seminare hatte einige Tage vor der Geburt seinen Zwillingsbruder verloren. Der tote Körper lag, anders als bei kleinen Föten früh in der Schwangerschaft, unausweichlich direkt an seinem. Sofort nach der Geburt entwickelte er eine extrem schwere Neurodermitis. Er musste zwei Monate im Krankenhaus bleiben, bevor er nach Hause durfte. Wir brauchen an dieser Stelle nicht weiter auszuführen, wie stark das Leben dieses Mannes durch den Zwillingstod und durch die lange Isolation im Krankenhaus, ohne in den liebenden Armen der Mutter gewesen zu sein, beeinträchtigt ist.

Koliken

Koliken haben unterschiedlichste Ursachen. Nicht immer liegt die Schulmedizin richtig mit ihren Diagnosen. Eine unnötig entfernte Gallenblase ist ein Beispiel dafür.

Judith, eine Frau Mitte 30 trifft endlich einen Mann, mit dem sie rundum glücklich ist. Die Beziehungen, die sie vorher hatte, waren alle nicht das Gelbe vom Ei. Nachdem Judith mit ihm ein Jahr sehr glücklich und intensiv zusammen ist, bekommt sie zunehmend heftigere Bauchkrämpfe, die die Ärzte als Gallenkoliken diagnostizieren. Judith hat, wie viele Menschen in ihrem Alter, die aber trotzdem symptomfrei sind, einige

Gallensteine. Sie lässt sich die Gallenblase entfernen. Die Koliken kommen aber trotzdem immer wieder, mal stärker, mal schwächer. Einige Monate später, während der Trauzeremonie im Moment des Unterschreibens, leidet sie unter heftigsten Krämpfen, so dass sie versucht ist, die Trauung abzubrechen, dann aber doch durchhält. Später dämmert Judith, dass ihre Koliken etwas mit dem Sterben des Zwillings im Mutterleib zu tun hatten. Sie hat eine Riesenpanik bekommen, ihren Zwilling durch die Heirat zu verraten und am Ende den geliebten Mann doch wieder verlieren zu können. Aufgeweicht durch die innige Partnerschaft sind erst jetzt die Gefühle von damals wieder aufgestiegen. In den vorherigen Beziehungen hat so viel Innigkeit nicht stattgefunden. Wahrscheinlich hat Judith all die Jahre vorher unbewusst immer Partner gesucht, mit denen sie nicht so verletzbar war, und sie die alte Wunde von damals nicht mehr spüren musste.

Weitere psychosomatische Störungen

Die Liste an psychosomatischen Symptomen, die in Zusammenhang mit einem verlorenen Zwilling stehen können, wird immer länger, je mehr Rückmeldungen wir von unseren Klienten bekommen. Wir bekommen Berichte von Gliederschmerzen, Nackenschmerzen, Atemnot, Haarausfall, Reizdarmsyndrom, Magenbeschwerden und weitere. Auch nervöse Verdauungsstörungen und Zähneknirschen, wie auch Nägelkauen, können eine Auswirkung des frühen Dramas im Mutterleib sein. Bei einigen Klienten haben wir Zusammenhänge gefunden, obwohl wir sicher sind, dass auch zahlreiche andere Faktoren allein oder zusätzlich dafür verantwortlich sein können.

Wenn es um den Zwilling geht, bessern sich häufig die Symptome, wenn er wiederentdeckt und der Verlust integriert ist.

3. Psychische Auswirkungen des frühen Verlustes

Schuldgefühle

Schuldgefühle – weil man mehr Glück hat als der Andere

Um diese Art von Schuldgefühlen zu verdeutlichen, schauen wir zunächst auf ein dramatisches Kriegsereignis, bei dem einige überlebt haben und andere, die sich in nächster Nähe aufhielten, umgekommen sind. Die achtzigjährige Antonia erzählte uns folgendes:

Bei dem Bombenangriff auf Dresden hatte die damals zwanzigjährige Antonia im Keller eines Hauses ausgeharrt. Sie hat knapp überlebt. Eine Leiter fiel auf sie und schützte sie vor den herabfallenden Schuttmassen. Ihre Nachbarn, die nur wenige Meter neben ihr saßen, wurden erschlagen. Sie konnte sich durch die Schuttberge freiwühlen und entkam dem Inferno. Ihr Leben lang musste sie immer wieder an die umgekommenen Nachbarn denken. Sie konnte den Nachbarn, deren Todesschreie sie hörte, nicht helfen, da das Haus lichterloh brannte und am Einstürzen war. Sie fühlt sich bis heute schuldig, dass sie mehr Glück hatte als ihre Nachbarn.

So ähnlich empfinden manchmal auch überlebende Zwillinge, vor allem, wenn einer durch eine Abtreibung erreicht wurde, er selbst aber übersehen wurde und überlebt hat.

Schuldgefühle – weil man dem Anderen Platz weggenommen hat, und er deswegen gestorben ist

Einige übrig gebliebene Zwillinge haben das Bild, sie hätten sich in der Gebärmutter zu viel bewegt und den Anderen zu Tode getreten. Das ist zwar anatomisch nicht möglich, aber manchmal wird es von unseren Klienten so empfunden. Manche Überlebende glauben, zu schnell gewachsen zu sein und dadurch dem Anderen Platz und Nahrung weggenommen zu haben. Das ist sogar anatomisch möglich, je nachdem, wo sich die beiden Mutterkuchen einnisten. Wenn sie sehr dicht beieinander liegen, wächst die eine Plazenta manchmal über die andere. Auf diese Weise gräbt der eine Zwilling dem anderen tatsächlich das Wasser ab, die Blutzufuhr für den zweiten ist verringert. Dieses wird Transfusionssyndrom genannt. Oft aber, wenn der Überlebende das Bild hat, zu schnell gewachsen zu sein, ist es so, dass der andere Fötus nicht stark genug war, um durchzukommen. Dennoch wird es häufig wie eine Schuld gefühlt. Allein geborene Zwillinge, die davon geprägt sind, können sich oft im Leben nicht durchsetzen und haben Schwierigkeiten, für sich etwas zu fordern oder Raum einzunehmen.

Dieters Geschichte zeigt, wie es jemandem gehen kann, der unter dieser Art von Schuldgefühlen leidet.

Dieters Schuldgefühle

Dieter ist klein gewachsen und recht schlank. Er wirkt unscheinbar und seine Stimme ist sehr leise. Er ist ein hochintelligenter und beruflich durchschnittlich erfolgreicher Mann, Vater von zwei Kindern. Dieter erzählt:

„Mit jedem Schritt, den ich bisher in meinem Leben tat, hatte ich unerklärliche Schuldgefühle. Es war nicht zum Aushalten. Ich suchte verzweifelt, wo ich „gesündigt" haben könnte, hatte auch in der Kirche nach Erlösung gesucht. In meinem eigenen Leben konnte ich nichts Größeres entdecken, das diese Schuldgefühle rechtfertigen könnte. Ich hatte gehört, dass Kinder manchmal Schuldgefühle entwickeln, wenn ihre Väter oder Großväter im Krieg an sehr schlimmen Sachen beteiligt waren. Ich habe oft an meinen Opa, der in Russland war, gedacht. Lange Zeit hatte ich geglaubt, ich würde für meinen Opa, der in Russland an Erschießungen beteiligt war, etwas tragen und versuchen, das zu sühnen. Das hätte auch gut sein können, aber bei mir rastete diese verzweifelte Erklärung für meine Schuldgefühle nicht wirklich ein. Es änderte sich nichts dadurch. Als ich meinen verlorenen Zwilling entdeckt habe, fiel es mir wie Schuppen von den Augen. Ich hatte immer das Gefühl, weil ich lebe, kann mein Bruder das nicht. Dank der Unterstützung von den Austermanns habe ich jetzt die tiefere Ursache hinter meinem schlechten Gewissen verstanden. Ich habe Kontakt aufgenommenen mit meinem verschwundenen Bruder und gemerkt, dass er mir überhaupt nicht böse ist. Er will, dass es mir und meiner Familie gut geht. Das hat mich ungemein erleichtert. Jetzt überfallen mich meine Schuldgefühle nur noch ab und zu".

Schuldgefühle – weil man den Anderen „verschlungen" hat

Selten kommt es tatsächlich vor, dass der tote Zwilling in den Überlebenden einwächst. Der Überlebende wächst um den Anderen herum. Das nennt man foetus in foeto. Manche überlebende Zwillinge haben das Bild, den Anderen verschlungen zu haben. Rein anatomisch ist das nicht möglich. Der Mund des Fötus wäre viel zu klein, um einen anderen aufzunehmen. Als Bild in der Seele des Überlebenden scheint es manchmal so zu wirken, als ob der Andere wirklich verschlungen worden wäre.

Claude Imbert berichtet sogar von einem Klienten, der das Bild hatte, er habe ein Verbrechen begangen, indem er den Anderen im Mutterleib getötet habe. Er, so Imbert, hat den Anderen verschlungen, um dieses Verbrechen zu kaschieren. Niemand sollte bei der Geburt noch bemerken, was sich im Mutterleib abgespielt habe.

Wir haben bisher keinen überlebenden Zwilling getroffen, der das Gefühl hatte, ein Verbrechen begangen zu haben, was versteckt werden muss. In dem Fall von Claude Imbert vermuten wir, dass in der Familie dieses Klienten tatsächlich ein Verbrechen geschehen und verschwiegen worden ist. Nachkommen tragen nach unserer Erfahrung aus der systemischen Familientherapie tatsächlich manchmal die schlimmen Taten der Vorfahren mit. Auch allein geborene Zwillinge tragen gelegentlich neben dem Verlust des geliebten Zwillings auch noch andere Familienschicksale aus.

Schuldgefühle – weil der Überlebende dem Anderen nicht helfen konnte und ihn nicht am Leben halten konnte

Neben der tiefsten Hoffnungslosigkeit, Ohnmacht und Resignation, die wir unter der „gelernten Hilflosigkeit" beschrieben haben, gibt es auch ein anderes Phänomen mancher überlebender Zwillinge. Als Kompensation der Ohnmacht entwickeln einige Halbzwillinge, so wie der oben erwähnte Thomas, eine allmächtige Wahnvorstellung: Sie hätten damals tatsächlich mit ihren kleinen kurzen Stummelärmchen die Möglichkeit gehabt, den Anderen zu halten und ihn damit retten zu können. Das ist natürlich völlig unmöglich. Wie will ein kleines Körperchen von 2 bis 3 Zentimetern

Länge und so kurzen Armen, dass der Daumen noch nicht einmal zum Mund reicht, jemanden halten? Der Andere war nicht stark genug, es war nicht sein biologisches Programm, die Reise bis zu Ende durchzuführen. Bereits im Mutterleib hat der Überlebende aus Verzweiflung diese Allmachtsphantasien entwickelt und ist damit natürlich gescheitert. Er hat Schuldgefühle, dass er dabei versagt hat, den Anderen zu retten. Wenn es dem erwachsenen allein geborenen Zwilling gelingt, eine gesunde Demut gegenüber dem Schicksal zu entwickeln, ist er erleichtert. Er ist von seinen Schuldgefühlen befreit und damit auf erfrischende Weise frei von seinem Helfersyndrom.

Aber bitte, liebe Leserin, lieber Leser, schließen Sie jetzt nicht daraus, dass alle Menschen mit Helfersyndrom ihren Zwilling retten wollen. Das sind nach unseren Erfahrungen nur wenige. Viele Menschen mit Helfersyndrom, so die Erfahrung unserer Tätigkeit als Lehrtherapeuten, wollen eher ihre Mutter retten, das ist aber ein anderes Thema. Bitte seien Sie vorsichtig mit Schlussfolgerungen und Verknüpfungen.

Einsamkeit

Eine sehr häufig wiederkehrende Grundmelodie des übrig gebliebenen Zwillings ist die Einsamkeit. Selbst unter vielen Menschen, selbst unter Freunden oder in der Familie oder innerhalb der Geschwisterschar, kann er sich einsam und unverstanden fühlen. Oft sind die Eltern scheinbar nicht ganz die Richtigen. Sie hätten anders sein müssen. Erst recht die Geschwister. Ja, sie sind schon ganz lieb, aber irgendwie sind sie nicht die Richtigen. Irgendetwas stimmt auch mit den Freunden nicht, ebenso mit dem Partner.

Die armen Eltern, Geschwister, Freunde, Partner. Alle sind irgendwie nicht die Richtigen, obwohl sie völlig richtig sind. Aber der allein geborene Zwilling sucht etwas anderes. Er sucht seinen verlorenen Zwilling in den Menschen, die ihm nahe stehen. Er ist völlig unverstanden, er versteht sich selbst auch nicht. Auch viele Psychotherapeuten verstehen den allein geborenen Zwilling nicht, weil sie nichts darüber wissen. Auch wenn die Eltern noch so liebende und verstehende Menschen sind, können sie eines nicht ersetzen: Den Zwilling. In all ihrer Fürsorge verstehen sie ihr Kind mit dem verlorenen Zwilling nicht. Sie verstehen seine Gefühle, seine Einsamkeit und seinen Schmerz nicht. Das fängt manchmal bereits mit der Geburt an. Manche Schreibabys haben einen Zwilling verloren. Die sorgenden Eltern verstehen aber nicht, was ein Kind braucht, das die große Katastrophe im Mutterleib erlebt hat. Das können sie auch nicht, woher sollen sie es wissen? Mit den Schwierigkeiten in der Schule und mit den Klassenkameraden geht es weiter. Auch das verstehen weder Lehrer noch Eltern. Woher auch. So zieht sich das Unverstandensein und die große unerfüllte Sehnsucht bis hin zum Erwachsenenalter.

Ein allein geborener Zwilling kann beispielsweise so zu seiner jüngeren Schwester fühlen: Die kleine Schwester, dieses zarte Wesen, ist ja ganz lieb und eben die Schwester. Aber eigentlich wünsche ich mir eine Schwester, mit der ich anders zusammen sein kann. Außerdem hat sie nach ihrer Geburt alle Aufmerksamkeit der Eltern bekommen. Die Abwendung der Eltern erinnert ihn an das Weggehen des Zwillings. Wieder einmal fühlt sich der allein geborene Zwilling abgrundtief verlassen.

Unsere Klientin Doris hat in ihrem Brief sehr eindringlich beschrieben, wie sehr sie sich von ihren Eltern verlassen fühlte, als ihr Bruder geboren wurde. Sie finden diesen Brief im Kapitel über die Schwierigkeiten des allein geborenen Zwillings im Alltag.

Zurück zu unserem Beispiel der jüngeren Schwester. Die fehlende Zwillingsschwester kann sie nicht ersetzen. Niemand kann wirklich den fehlenden Zwilling ersetzen, seine innige Liebe, seinen Hautkontakt und die innige Nähe von damals. Es bleibt ein riesengroßes Loch in der Seele zurück und tiefe Einsamkeit. Der wichtigste Mensch fehlt. Niemand versteht das, am wenigsten der Halbzwilling selbst.

Einige allein geborene Zwillinge haben sich völlig eingeigelt. Sie sind nicht in der Lage, tragfähige Kontakte mit Freunden herzustellen. Sie werden dort, so glauben sie, sowieso nicht verstanden und bekommen auch nicht, was sie suchen. Sie haben aufgegeben. Was bleibt, ist die Sehnsucht. Sehnsucht nach tiefer Nähe, Verschmelzung, Einheit. Seelenjammer.
Manchen allein geborenen Zwillingen bleibt nur noch, aus der Einsamkeit eine Tugend zu machen. Heerscharen an Künstlern schöpfen ihre Kreativität aus diesem Seelenkrater. Am Ende des Buches beleuchten wir einige Musiker, von denen wir vermuteten, dass sie einen Zwilling verloren haben:

Michael Jackson, Georges Moustaki, Leonard Cohen, Herbert Grönemeyer, Udo Lindenberg, Silly – Tamara Danz und Cat Stevens/Yussuf Islam. Wir laden Sie ein, ein sehnsüchtiges Lied zu einer Melodie von Cohen zu singen.

Einsamkeit und Depression

Viele allein geborene Zwillinge leiden unter Sehnsucht, Einsamkeit, Trauer und Kraftlosigkeit. Ärzte nennen diese Symptome oft Depression. Nach unserer Erfahrung hört diese Art von „Depression" auf, wenn die dahinter stehenden Gefühle bei der Wiederentdeckung des Zwillings genauer erkundet und benannt werden.

Wochenbettdepressionen

Manche Frauen leiden nach der Geburt eines Kindes unter starken Gefühlsschwankungen. Sie sind weinerlich und traurig. Sie haben das Gefühl, dass etwas fehlt. Dann können sie sich kaum über das Kind freuen. Die Mediziner begründen das gerne mit der radikalen Hormonveränderung nach der Geburt, die die junge Mutter durchmacht. Der Schwangerschaftshormonspiegel sinkt fast sofort auf null. Das ist sicher einer der Faktoren, die diese Gefühlsschwankungen hervorrufen können. Doch gerade dieses Gefühl von Leere, von einem Loch, wenn das Kind nicht mehr so nah bei der Mutter ist, wie damals, kann eben auch mit dem frühen Verlust des Zwillings zu tun haben. Es strampelt nicht mehr im Bauch. Da ist kein Zweiter mehr so nah. Mit dem Wissen darum, dass die Gefühle von damals, als der Zwilling gegangen war, reaktiviert werden können, kann man die Schwangerschaftsdepression anders verstehen und behandeln.

In seltenen Fällen ist die Mutter vollständig handlungsunfähig und kann sich nicht um das Kind kümmern. Bei solch schweren Symptomen gibt es noch mehr Ursachen, als allein der Verlust des Zwillings. Es könnte beispielsweise die innerlich fehlende Mutter sein, die sich damals nicht um das Kind kümmern konnte, welches jetzt Mutter geworden ist. Das möchten wir an dieser Stelle nicht eingehender betrachten. Sicherlich kann der Tod des Zwillings auch bei diesen Frauen die Gefühle von Haltlosigkeit und Sinnlosigkeit verstärken.

Depressionen – Mein erster Winter seit 10 Jahren ohne Depression

Anne, eine 40-jährige Teilnehmerin unseres Heilungsseminars für allein geborene Zwillinge berichtet uns ein halbes Jahr nach dem Seminar folgendes: In den früheren Jahren habe ich mich vor allem im Winter sehr kraftlos, einsam und extrem antriebslos gefühlt. Das ging so weit, dass ich nicht mehr arbeiten konnte. Nachdem ich mich mit meinem verlorenen Zwillingsbruder verbunden habe, hat sich viel verändert. Im letzten Winter ging es mir endlich viel besser, als die letzten zehn Winter davor. Es gab zwar auch Zeiten, in denen ich traurig und einsam war. Die extreme Kraftlosigkeit ist aber ausgeblieben. Ich hatte mich schon jeden Sommer vor dem nächsten Winter gefürchtet. Das ist vorbei. Jetzt fühle ich mich ich stark genug für das Beerdigungsritual, das ihr vorgeschlagen habt. Ich möchte meinen Zwillingsembryo, den ich aus Ton geformt habe, in ein Kästchen packen und, von einigen mir lieb gewordenen Teilnehmern aus dem Seminar begleitet, den Wassern der Spree (ein Fluss in Berlin) übergeben.

An Freunden „kleben"

Die Freunde und Bekannten eines allein geborenen Zwillings haben es auch nicht immer leicht mit ihm. Manche Halbzwillinge suchen einen zu nahen Kontakt zu ihrem Umfeld und machen es anderen und sich schwer. Holger lebt in einer Wohngemeinschaft und möchte häufig mit den Mitbewohnern Gemeinsames erleben. Dieses ist aber für die Mitbewohner in diesem Umfang nicht möglich, weil sie beruflich stark eingebunden sind und auch noch andere Freunde haben. Es kommt immer wieder zu Spannungen in der Wohngemeinschaft, bis Holger schließlich verärgert und frustriert auszieht. Auch die Mitbewohner waren nicht die „Richtigen". Sie sollten, wie Holger viel später herausfand, seinen verlorenen Zwilling ersetzen.

Kraftlosigkeit

Viele überlebende Zwillinge trauen sich nicht, kraftvoll und leistungsfähig durchs Leben zu gehen. Einige können nicht aus vollen Stücken leben, weil der Andere so fehlt und sie sich so einsam fühlen. Andere können keine

Kraft entwickeln, weil sie nicht wirklich leben wollen, sie sind dem Tod näher. Im Tod können sie möglichst schnell wieder beim Anderen sein. Sie haben aufgegeben. Wozu sich da anstrengen, es lohnt ja doch nicht, ist eine innere Einstellung dieser Betroffenen.

Die dritte Gruppe der scheinbar Kraftlosen traut sich nicht in ihre körperliche Kraft. Diese Halbzwillinge glauben, den Anderen mit ihrer Leibesfülle und ihrer Kraft getötet zu haben. Vielleicht, so glauben sie, haben sie ihn auch zu Tode getreten. Für sie wäre es Verrat am Anderen, Kraft zu entwickeln und sich im Leben durchzusetzen. Dementsprechend bekommt ein so Betroffener bei Spiel und Sport Angst, sobald der Kreislauf angeregt ist, das Herz kräftig schlägt, und er seine eigene Kraft spürt. Deswegen vermeidet er jegliche Energiemobilisierung. Viele allein geborene Zwillinge hassen Konkurrenzspiele. Dabei gewinnt einer, der andere bleibt auf der Strecke, so wie damals ... Viel lieber machen diese allein geborenen Zwillinge Spiele, bei denen alle gewinnen, bekannt als „New Games". Halbzwillinge beim Sport in der Schule sind oft die Ladenhüter, wenn es um die Auswahl der Mannschaften geht. Sie sind oft die letzten, die gewählt werden. Ein wenig einfühlsamer Sportlehrer, der Leistung fordert und einen solchen allein geborenen Zwilling, der wirklich nicht kann, ausgrenzt und abwertet, benimmt sich in der Seele des übrig gebliebenen Zwillings wie ein Elefant im Porzellanladen: Er verstärkt die Einsamkeit und schwächt das sowieso geringe Selbstvertrauen.

Chronische Müdigkeit und Schlafkrankheit (Narkolepsie)

Ein übermäßig hohes Schlafbedürfnis kann neben zahlreichen anderen Ursachen auch mit einem verlorenen Zwilling zusammenhängen. Das Bett bedeutet hier die Gebärmutter, zu dem Zeitpunkt, als der Andere noch gelebt hat. Man möchte immer wieder dem Anderen nahe sein und wird sehr müde. Diese Form der Müdigkeit schützt davor, den Verlustschmerz wieder zu spüren. Eine krasse Form der Müdigkeit ist die Narkolepsie. Die Betroffenen fallen mitten im Alltagsgeschehen in einen festen Sekunden- oder Minutenschlaf und leiden unter großer Konzentrationsschwäche. Bei einer unserer Klientinnen wurde Narkolepsie diagnostiziert. Ihr wurde als Ursache eine „verschleppte Depression" genannt. In der Einzelsitzung zeigte sich, dass sie sofort viel wacher wurde, als ihr verlorener Zwilling, vertreten durch ein Stofftier, auftauchte.

Verfolgungsgefühle, Angst vor Berührungen und Panik im Fahrstuhl

Für einige allein geborene Zwillinge ist jegliche Form von Körperkontakt ein Gräuel. Sie fühlen sich regelrecht verfolgt. Diese Verfolgungsgefühle gehen manchmal sogar in die Richtung von paranoiden Wahnvorstellungen. Paranoia haben aber ganz andere Ursachen als einen verlorenen Zwilling. Jede Berührung von fremden Menschen löst Panik und Angstzustände aus. Besonders krass wird es im Fahrstuhl, wo Ausweichen nicht möglich ist. Ein mildes Beispiel davon ist die auf Seite 146 beschriebene Doris, die im Kino immer nur auf Außenplätzen sitzen konnte. Dahinter steckt, wie bei Doris, die Angst des überlebenden Fötus, an den toten Klumpen, der mal der Zwilling war und manchmal frei im Fruchtwasser schwebte, anzustoßen. Manche fühlen sich von ihrem toten Zwilling verfolgt.

Eifersucht

Wie am Beispiel von Doris erläutert, ist es für manche allein geborene Zwillinge existentiell bedrohlich, wenn es auch nur geringste Zeichen dafür gibt, dass sich der Partner anderen zuwenden könnte. Wenn der Beziehungspartner beispielsweise nicht zu gegebener Stunde nach Hause kommt, erinnert sich der überlebende Zwilling wieder an das Drama im Mutterleib und reagiert entsprechend: Er bekommt abgrundtiefe, panische Angst, die oft von Wut überdeckt ist. Das ist für den Partner oft erdrückend. Der Halbzwilling ist, solange die eigentliche Ursache nicht gefunden ist, machtlos diesen Gefühlsschüben ausgesetzt. Gute Vorsätze und den-Anderen-loslassen-wollen, wie in so vielen Beziehungsratgeberbüchern erwähnt, bleiben hier wirkungslos.

Träume vom Mörder und seinem Opfer

Henry ist zu uns gekommen, weil er oft nachts nicht schlafen kann. Er wacht schweißgebadet auf. Wieder einmal hat er geträumt, dass er einen

Mann umgebracht hat und dann nicht mehr wusste, wie er die Leiche wegschaffen sollte. Manche Menschen träumen derartiges, wenn in ihrer Familiengeschichte ein verdeckter Mord geschehen ist. In Henrys Familiengeschichte gibt es keinerlei Hinweise für einen Mord. Als wir mit Henry nach den Ursachen seiner Schlafstörungen und seiner heftigen Träume gesucht haben, fand er seinen im Mutterleib verlorenen Zwillingsbruder. Er glaubte, ihn getötet zu haben.

Hauthunger

„Ich will angefasst werden, so viel und oft wie es geht." Dieses berichten uns manche lebende Zwillinge und viele allein geborene Zwillinge. Sie sprechen von einem wahnsinnigen, beinahe unstillbaren Hunger nach Berührung. Das trifft sicherlich auch auf einige Menschen zu, die sehr wenig Kontakt und Halt von der Mutter bekommen haben. Dieser Hunger nach einer nährenden, mütterlichen oder auch väterlichen Berührung unterscheidet sich jedoch von einer gleich zu gleich-Zwillingsberührung und von einer eher sexuell gefärbten Berührung. Dieses wird jedoch oft miteinander verwechselt.

Einige unserer Klienten berichteten uns, dass sie nach wie auch immer gearteter Berührung lechzen. Einige stürzen sich in ein sexuelles Abenteuer nach dem anderen, möglichst ohne „gefährliche" Verbindlichkeit. Andere suchen ihr Heil in einem berührenden Beruf wie Krankengymnastik, Masseur oder Friseur. Stellvertretend dafür, selber berührt zu werden, berühren sie beruflich andere. Oder sie lassen sich, so oft es geht, Massagen verschreiben oder nehmen diese im Sportstudio. Für manche ist das häufige Eincremen mit Sonnenmilch im Schwimmbad oder am Strand eine Form, auch von nur mäßig guten Bekannten sozial erlaubten Körperkontakt zu bekommen.

Manche Männer suchen den Kontakt in der Schwulenszene, wie Heiner uns beschrieb. Manche Frauen, wie die uns bekannte Gabriele, baden sehr gerne mit ihrer Freundin. Der Hautkontakt zu dem Anderen damals war so ungeheuer innig, so wichtig, dass der überlebende Zwilling immer wieder danach sucht. Er gibt Sicherheit und erinnert an die Nähe des Anderen.

Sehr zum Leidwesen lärmgeplagter Eltern provozieren manche Kinder immer wieder Rangeleien und Kämpfe untereinander, um möglichst viel angefasst zu werden.

Wir haben gesehen, dass allein geborene Zwillinge eine andere Art von Nähe suchen als Einlinge. Zwillinge wollen oft verschmelzen, manchmal sogar in den anderen hineinkriechen. Eines aber wollen sie nicht: den anderen aussaugen und auffressen. Der Hauthunger eines allein geborenen Zwillings hat nichts klebriges. Man darf das nicht mit dem vampirähnlichen Saugen unbefriedigter Menschen verwechseln. Wir nennen sie hier Energievampire. Um den Unterschied des Hauthungers eines allein geborenen Zwillings zum Saugen von Energievampiren zu erklären, beschreiben wir, was wir unter Energievampiren verstehen:

Wer kennt sie nicht, die gierigen Blicke einiger Männer, wenn eine zu knapp bekleidete attraktive junge Frau die Szene betritt. Dieses ist ein Verschlingen mit Blicken, welches nichts mit der verschmelzen wollenden Zwillingsenergie zu tun hat. Es gibt ausgehungerte Frauen, bei denen Männer Reißaus nehmen, weil sie sich verschlungen fühlen. Umgekehrt gibt es aushungerte Männer, vor denen die Frauen flüchten. Wenn sie gelassen würden, würden sie den anderen energetisch aussaugen wie ein Vampir sein Opfer. Diese Menschen sind nicht in der Lage, genügend eigene Energie und eigene körperliche Aufladung zu erzeugen und heften sich an andere, damit sie selbst ganz lebendig werden. Oft fühlt man sich nach der Begegnung mit so jemanden ausgelaugt, ohne zu verstehen warum. Wenn man von einem Energievampir berührt wird, fühlt sich das an wie schleimig oder klebrig. Davor möchte man gerne die Beine in die Hand nehmen.

Wir wollen an dieser Stelle nicht tiefer darauf eingehen. Es genügt hier, zu wissen, dass Energievampirismus andere Ursachen hat als die eines verlorenen Zwillings. Wenn jemand selber die Befürchtung hat, er könnte sich an andere dran hängen oder von Bekannten zurückgemeldet bekommt, dass er Lebensenergie absaugt, hier nur ein Hinweis: Es ist ganz wichtig, den eigenen „Generator“ zu aktivieren. Das kann über Sport, Tanz, Hobbys, Wellness, Psychotherapie und vieles andere geschehen. Nur jemand, der innerlich aufgeladen ist wie eine Batterie, jemand, der viel eigene Lebensenergie erzeugen kann, ist als Gegenüber und als Partner interessant. Er muss in sich ruhen und mit sich selbst, so wie er gerade ist, einigermaßen zufrieden sein.

Neigung zu schweren Fehlschlägen und Misserfolgen im Beruf

„Was ich auch anfasse, geht schief." Das ist die Grundeinstellung von Jaqueline. Das zog sich durch ihr ganzes Berufsleben. Sie hat eine Bäckerlehre begonnen und eine Mehlstauballergie entwickelt. Dann hat Jaqueline umgeschult auf eine Bürotätigkeit. Im Sitzen hat sie dermaßen starke Rückenschmerzen entwickelt, dass sie der Tätigkeit nicht mehr nachgehen konnte. Der Leidensweg zieht sich weiter. Sie versuchte es mit einer Floristinnentätigkeit und entwickelte eine Pollenallergie. Nun hangelt sie sich durch die Arbeitslosigkeit. Als sie zu mir kam, wollte sie wissen, was hinter dieser starken Abwehr des Körpers steht. Wir entdeckten ihren verlorenen Zwilling. Dann erzählte sie mir, dass sie sich mit siebzehn die entzündeten Eierstöcke hat herausnehmen lassen. In dem Gewebe hat man Haare, Zahngewebe und Knochen, also die Überbleibsel des Anderen, entdeckt. Sie wusste bisher nichts von den Zusammenhängen. Natürlich wird Jaqueline niemals mehr Kinder bekommen können, auch wenn sie jetzt um den Hintergrund ihrer Eierstockoperation weiß. Seit der Operation mit siebzehn hat sie keine Menstruation mehr, ein wichtiger Teil des Frauseins. Mit dem Bild, dass die Seele des Zwillings an ihrer Seite ist, geht es ihr besser.
Auch die von uns an anderer Stelle vorgestellte Monique hat neben Beziehungsunglück und Ekel vor den Partnern eine Neigung zu beruflichen Fehlschlägen, Sehnenscheidenentzündungen und Allergien. Sie hat bisher in ihrem Leben auch beruflich nicht richtig Fuß fassen können. Wie viele andere allein geborene Zwillinge trauen sich beide nicht, mit beiden Beinen im Leben zu stehen. Dahinter stehen die oben beschriebenen Schuldgefühle und ein besonderes Pech.

Schwierigkeiten, Kinder zu bekommen

Viele der Klienten, bei denen wir im Laufe der Sitzungen einen verlorenen Zwilling wiederfinden, haben keine Kinder. Die Zahl der Kinderlosen unter den allein geborenen Zwillingen liegt weit über dem Durchschnitt.

Bei den Frauen beobachten wir, dass sie trotz Kinderwunsch häufig nicht schwanger werden, oder dass sie keine Kinder in sich behalten können und es wiederholt zu Fehlgeburten kommt. Viele Frauen, die einen Zwilling verloren haben, trauen sich nicht zu, Kinder großzuziehen. Sie haben zu viele Schuldgefühle dem verlorenen Zwilling gegenüber oder panische Angst, dass das Kind sterben könnte. Viele Halbzwillinge haben extreme und übersteigerte Ängste, den Verlust eines Kindes zu erleben und/oder den Verlust des Partners. Manche Männer und Frauen haben sich aus diesem Grunde sterilisieren lassen. Anderen, wie der uns bekannten Doris und Jaqueline, blieb die Möglichkeit auf Kinderglück durch Verwachsungen im Eierstock von vornherein verwehrt.

Elisabeth Noble beschreibt in ihrem Buch „Primäre Bindungen“ eine Klientin, die mehrfach Fehlgeburten hatte und alles medizinisch Mögliche bei verschiedensten und kostspieligen Untersuchungen über sich erfolglos ergehen ließ. Nur zwei Monate, nachdem Noble bei ihr mit einer inneren Bilderreise einen verlorenen Zwilling entdeckt hat, ist die Klientin schwanger geworden und hat ein gesundes Kind bekommen. Einige Jahre später hat sie ohne größere Komplikationen noch weitere Kinder bekommen.

Die Sehnsucht in den Tod – zu dem verlorenen Zwilling

In unserer Arbeit sind wir bei einigen überlebenden Zwillingen auf eine sehr gefährliche Dynamik gestoßen:

Einige überlebende Zwillinge sind so tief mit ihrem Zwillingsgeschwister verbunden, dass sie eine Sehnsucht in den Tod haben. Sie möchten ihren Zwilling dort finden. Äußerlich „passieren“ ihnen beispielsweise wiederholt schwere Unfälle. Oder sie bekommen Krankheiten, bei denen sie nur mit Glück überleben. Andere neigen zu großen Risiken, indem sie beispielsweise bei Extremsportarten wie Drachenfliegen oder Bergsteigen besonders viel wagen. Weil diese Sehnsucht gefährlich ist, widmen wir ihr das nächste Kapitel.

Mit einem Bein beim Zwilling im Totenreich 16

Die gefährliche Sehnsucht, dem gestorbenen Zwilling in den Tod folgen zu wollen, ist meist völlig unbewusst. Der überlebende Zwilling hat oft, ohne dass er das bewusst entscheidet, eine Lebensweise dicht am Tod. Es geschehen Unfälle, er wird schwer krank oder er riskiert zu waghalsige Unternehmungen. Hier schildern wir ein Beispiel:

Lara sitzt seit einem schweren Verkehrsunfall vor 6 Jahren, den sie selbst verschuldet hatte, mit einer Querschnittlähmung im Rollstuhl. Sie kam ein Jahr nach ihrem Unglück zu uns, mit der Frage, warum sie in ihrem Leben immer wieder schwere Unfälle hatte. In dem Seminar stellte sich heraus, dass sie einen Zwilling im Mutterbauch verloren hat. In einem Interview, fünf Jahre nachdem sie ihre Zwillingsschwester wiedergefunden hat, erzählt sie uns von ihrer damaligen Nähe zum Tod: „Bevor ich meine Zwillingsschwester in dem Seminar bei Alfred wiederentdeckt habe, habe ich nicht wirklich gelebt. Ich war gar nicht auf der Erde, immer irgendwo, immer zwischen Himmel und Erde oder Tod, ich hab immer diesen Tod gesehen.“ Am Ende des Kapitels: „Auf dem Weg zur Heilung“ finden Sie dieses Interview in voller Länge.

Auch andere Betroffene berichten von dem Gefühl, nicht richtig lebendig gewesen zu sein. Das wurde für sie erst dann besonders deutlich, nachdem sie ihren verlorenen Zwilling wiedergefunden haben. Dann spürten sie auf einmal den Unterschied. Unabhängig von ihrem Lebensalter berichten sie, ähnlich wie Lara, dass sie nach der Wiederentdeckung des verlorenen Zwillings erst richtig auf der Erde und im Leben angekommen sind.

So unterschiedlich die Menschen sind, so unterschiedlich sind die Auswirkungen eines verlorenen Zwillings. Bei vielen Menschen, die wir therapeutisch begleitet, und bei denen wir einen verlorenen Zwilling gefunden haben, haben wir nur mäßig schwere Schicksale vorgefunden. Häufig fanden wir bis dahin unerklärliche Sehnsüchte, Schuldgefühle und Misserfolge, aber viele dieser Klienten stehen wenigstens mit dreiviertel Kraft im Leben. Bei ihnen hat der verlorene Zwilling nur schwächere

Auswirkungen gehabt. Manche aber sind durch den verlorenen Zwilling mit mindestens einem, eher mit anderthalb Beinen im Totenreich. Wir schildern dazu ein Beispiel von einer Klientin, die vom Schicksal schwer gebeutelt ist:

Janina hat Diabetes

Janina, eine sehr attraktive 28-jährige Frau, schildert, dass sie immer wieder Beziehungsprobleme hat und sich sehr hässlich findet. Oft ist sie sehr traurig.

Der Tod der Großmutter, als sie fünf Jahre alt war, war für sie sehr schwer. Es ist ihr nicht geglückt, sich von ihr zu verabschieden. Kurz danach hat ihre Bauchspeicheldrüse aufgehört zu arbeiten. Binnen weniger Monate musste sie vollständig auf Insulin umgestellt werden. Für sie allerdings noch schwieriger als der Tod der Oma, sagt sie, war der Tod ihrer Katze vor einigen Jahren.

Janina arbeitet seit Jahren in einer Beratungsstelle für Zuckerkranke. Dort hat sie herausgefunden, dass dem Versagen der Bauchspeicheldrüse bei den Klienten, die sie berät, immer ein sehr schwerer seelischer Schock vorausging.

Wenn die geliebte Oma stirbt, ist das traurig für ein Kind. Davon wird aber gewöhnlicherweise niemand zuckerkrank. Wenn ein Haustier stirbt, so ist auch das traurig, aber nach einer gewissen Zeit darf es vorbei sein.

Was kann dahinter stecken, wenn jemand ohne die Hilfe von Medikamenten zum Tode verurteilt ist? Gibt es etwas in ihm, das sterben will, um jemand anderem zu folgen? Was kann dahinter stecken, wenn jemand wegen dem Verlust eines geliebten Menschen oder Tieres gar nicht mehr aufhören kann zu trauern?

Das könnte viele Ursachen haben. Aus der systemischen Familientherapie von Bert Hellinger ist bekannt, dass Kinder manchmal stellvertretend für andere aus der Familie Gefühle ausleben oder sogar sterben wollen, nach der Devise „lieber ich als Du“. Wenn beispielsweise ein Kind immerzu traurig ist, könnte es auch anstelle der versteinert wirkenden Mutter traurig sein, die ihrerseits die Mutter kurz nach der Geburt verloren hat. Diese und andere Möglichkeiten überprüfen wir in unserer Arbeit. Bei

Janina handelte es sich um einen im Mutterleib verlorenen Bruder. Sie wirkte nach der Sitzung, in der sich dies zeigte, so gelöst und erleichtert.

Schon der Abschied von der geliebten Oma hat bei Janina den Schock und den Schmerz reaktiviert, den sie damals erlebt hat, als ihr Zwilling starb. Der Tod der Katze war noch einmal eine Trennung. In unserer Arbeit haben wir gesehen, dass Janina dem verlorenen Anderen so gefährlich nah ist, dass ein Teil von ihr sterben will. Sie hat über das ganze Gesicht gestrahlt, als ich ihr anbot, dass sie eigentlich nur noch bei ihrem Zwillingsbruder sein möchte und ihr das Leben hier egal ist.

Nachdem Janina in den Armen des Stellvertreters für den Zwillingsbruder lange und bitterlich geweint hat, war sie so erleichtert, endlich den eigentlichen Grund ihrer schier endlosen Traurigkeit zu verstehen. Was blieb, war aber immer noch ein Zug in den Tod. Damit wäre allerdings der Zwillingsbruder gar nicht einverstanden.

Sie hat intensive Blicke mit dem Stellvertreter ihres Zwillingsbruders ausgetauscht und verstanden, dass es für sie richtig ist, das Leben auszukosten.

Am Ende der Sitzung gelang es ihr, mit offenem Herzen ihrem Zwillingsbruder zu sagen: „Ich komme auch, aber erst wenn mein Leben erfüllt ist. Und jetzt gehe ich Dir zuliebe ins Leben und bin mit meinem Mann glücklich."

Hier hört die Begleitung von Janina auf. Wir stellen hier eine vielleicht verwegene Überlegung an: Hätte Janinas Bauchspeicheldrüse gerettet werden können, wenn damals ein erfahrener Kindertherapeut, der über die Dynamik des verlorenen Zwillings Bescheid weiß, mit Janina gearbeitet hätte? Wäre eine Heilung möglich gewesen? Mit Blick auf die Vermeidung von schweren Schicksalen müssen diese Überlegungen für zukünftige Therapien angestellt werden.

17 Die rechte und die linke Gehirnhälfte bei Zwillingen

Zwillinge sind nicht gleich, nicht einmal eineiige

So nah sich Zwillinge im Mutterleib sind, sie entwickeln sich sehr verschieden. Sehr früh teilen sie sich die Gehirnschwerpunkte auf.

Was ist ein Gehirnschwerpunkt? Die Gehirnforschung hat sich mit den Funktionen beider Hälften des Gehirns beschäftigt und herausgefunden, dass die beiden in der Mitte verbundenen Teile des Gehirns unterschiedliche Funktionen haben. Sie sind über Kreuz mit dem Körper verschaltet. Die rechte Körperhälfte, auch das rechte Auge und Ohr sind mit der linken Hälfte des Gehirns verbunden.

Für unsere Beobachtungen über lebende und allein geborene Zwillinge vereinfachen wir die Erkenntnisse der Gehirnforschung auf ein Maß, das für psychotherapeutische Zwecke ausreicht.

Die rechte Körperhälfte wird eher den männlichen Werten wie Kraft und Durchsetzungsvermögen zugeordnet und produziert tendenziell kantigere Bewegungen. Die linke Körperhälfte wird eher den weiblichen Attributen wie Ausdauer, Nachgiebigkeit und Geborgenheit zugeordnet. Sie produziert tendenziell runde und fließende Bewegungen.

Es gibt in der Fotografie die Experimente, aus zweimal der linken Gesichtshälfte und zweimal der rechten Gesichtshälfte ein Portrait zu montieren. Die Unterschiede sind frappierend. Das Foto aus zwei linken Gesichtshälften wirkt weich, weiblich und rund und das Pendant aus den rechten Gesichtshälften wirkt kantig, streng und männlich.

In der Tanztherapie gibt es eine Übung, Bewegungen zu erschaffen. Mal führt dabei die linke Körperseite den Bewegungskanon an, mal die rechte. Dabei kann man beobachten, dass sich, je nach dem welche Körperseite gerade die Bewegungen anführt, extrem unterschiedliche Muster entstehen. Von der linken Seite kommen runde und fließende Bewegungen, von der rechten eckigere und klarere Bewegungen.

Ähnliches gilt für die Gehirnhälften, nur wegen der kreuzweisen Verschaltung ist es umgekehrt. Die rechte Gehirnhälfte regelt schwerpunktmäßig Intuition, Musik, sinnliche Erfahrungen, emotionale Sprache und Kommunikation. Tendenziell sind das eher weibliche Stärken. Die linke Gehirnhälfte sorgt für analytisches, rationales Denken und Sprache, Abstraktion, mathematische Fähigkeiten, Kontrolle der Gefühle und des Handelns. Tendenziell sind dieses eher männliche Stärken.

Für ein ausgewogenes Leben wird beides in gutem Maß gebraucht. Keines ist besser oder schlechter. Aber Menschen haben unterschiedliche Schwerpunkte, ihr Gehirn und damit auch ihren Körper einzusetzen. Die Gehirnhälften werden auch Hemisphären genannt. Wir sprechen vom „Linkshemisphäriker", wenn er seine Schwerpunkte im rationalen, mathematischen und analytischen Bereich hat und vom „Rechtshemisphäriker", wenn er seine Schwerpunkte im emotional-sprachlichen, intuitiven und musischen Bereich hat. Beide sind unter Männern und Frauen zu finden, aber die Anzahl der „Linkshemisphäriker" ist unter Männern höher und die Anzahl der „Rechtshemisphäriker" unter Frauen.

Wir zeigen hier, warum das für unser Zwillingsthema sehr bedeutsam ist. Zwillinge teilen sehr früh im Mutterleib die Gehirnschwerpunkte unter sich auf. Als würden sie sich absprechen: „Nimm Du das Musisch-Kreative, ich nehme das Analytisch-Mathematische – ok?" Vielleicht ist das die Rettung für Zwillinge, trotz der großen Ähnlichkeit und Nähe zueinander immer ein Stück Individualität zu bewahren. Charles Boklage hat beobachtet, dass es bei eineiigen Zwillingen immerhin 35 Prozent Linkshänder gibt, das heißt, dass der eine Rechts- und der andere Linkshänder ist. Der Prozentsatz der Linkshänder in der restlichen Bevölkerung ist etwa halb so hoch.

Selbst eineiige lebende Zwillinge haben sehr unterschiedliche Handschriften. Der eine schreibt mit schmalen, länglichen Buchstaben, die Zwischenräume der Flächen beispielsweise bei a, o und l sind wenig ausgefüllt. Er schreibt in einer nüchternen, abstrakteren Schrift als der andere. Dieser füllt die Flächen mehr aus und schreibt insgesamt runder und verspielter. Welcher der beiden sich für den linkshemisphärischen Schwerpunkt, also das Mathematisch-Rationale entschieden hat und welcher für das Musisch-Emotionale, wird beim Betrachten der Handschrift sofort klar. Eineiige Zwillinge sind, auch wenn beide genetisch völlig identisch sind, sehr verschiedene Menschen.

Die Aufteilung in den links- und rechtshemisphärischen Schwerpunkt sowohl bei ein- als auch bei zweieiigen Zwillingen, scheint sehr früh während der Schwangerschaft zu geschehen. Wenn dann der eine stirbt, bleibt bei dem anderen ein großes Fähigkeitsloch zurück. Wären beide Zwillinge geboren worden, hätten sie sich beim Heranwachsen gegenseitig mit ihren besonderen Fähigkeiten geholfen, so dass sie unterm Strich zu zweit über mehr Kraft und Kreativität verfügen als zwei Einlinge. Wenn jemand in „Absprache" mit seinem für kurze Zeit dagewesenen Zwilling einen Gehirnschwerpunkt schwächer entwickelt hat, hat er auf der anderen Seite besonders viele Stärken.

Dieses Kapitel ist wichtig zum Verständnis des Defizits, das manche überlebende Zwillinge mit ins Leben bringen. Wir haben ein dramatisches Beispiel im Kapitel „Wenn ein Zwilling während der Geburt stirbt" geschildert. Mariannes Zwillingsbruder hat die Rechenfähigkeiten mit in den Tod genommen. Neben der tiefen seelischen Wunde hat sie unter der frühen Spezialisierung der Gehirnschwerpunkte gelitten. Wir vermuten, dass ein überlebender Zwilling sich manchmal erst recht nicht traut, den Gehirnschwerpunkt des Anderen in sich zu entwickeln. Der Überlebende fühlt subjektiv, dass er damit in den Bereich des Anderen eindringen und ihm dieses auch noch wegnehmen würde.

Der kleine Peter und seine Rechenschwäche

Als wir auf einem Kongress einen Vortrag über den verlorenen Zwilling hielten, sprach uns Annegret Chucholowski, eine Heilpraktikerin und Kinesiologin, an. Sie berichtete von einem sehr bewegenden Fall, den wir hier wiedergeben wollen. Die Erkenntnis, dass Schulschwierigkeiten mit einem verlorenen Zwilling zusammenhängen können, ist in der Pädagogik bis jetzt leider noch völlig unbekannt. Wir hoffen, dass viele Eltern, die ein Kind mit scheinbar unlösbaren Schulschwierigkeiten haben, auch die Möglichkeit eines verlorenen Zwillings bei ihrem Kind in Erwägung ziehen. Dann können sie das Richtige tun. Ein einfacher Weg, der bei jüngeren Kindern möglich ist, ist sie zu fragen. Die Mutter kann das Kind fragen: „Wie war das, als Du bei mir im Bauch warst?“ Claude Imbert berichtet, wie überraschend präzise die Antworten ausfallen.

Peters Eltern sind völlig verzweifelt. Der achtjährige hochintelligente Sohn kann einfach nicht rechnen. Sobald er zwei und drei zusammenzählen soll, verdunkelt sich sein Geist. Die Eltern haben alles versucht. Sie waren bei unzähligen Ärzten, Erziehungsspezialisten und Sonderpädagogen. Jeder hat alles in seinen Möglichkeiten Stehende versucht, doch leider ohne Erfolg. Dyskalkulie, so heißt dieses Symptom, ist, ebenso wie Legasthenie, schwierig in den Griff zu kriegen. So ist die gängige Meinung. Da Peters Rechenschwierigkeiten eine dramatische Form haben und seine Zukunftsprognose sehr düster war, ließen die Eltern nicht locker und versuchten ihr Glück in alternativen Heilmethoden. So fanden sie Annegret Chucholowski. Diese hat über kinesiologische Tests herausgefunden, dass Peter im Mutterleib einen Zwillingsbruder verloren hat.

Zusammen mit seiner Mutter hat sie mit Peter Übungen entwickelt, damit der verlorene Zwilling Platz in Peters Leben hat. Außerdem hat sie mit Peter Bewegungsübungen gemacht, welche die Gehirntätigkeiten ausgleichen und synchronisieren. Peters Rechenschwäche hat sich innerhalb von wenigen Wochen entschieden verbessert.

Auch wenn ein Erwachsener in einem der beiden Gehirnschwerpunkte ein großes Defizit hat, liegt die Vermutung nahe, dass er im Mutterleib nicht allein gewesen ist. Dieses muss aber individuell überprüft werden.

18 Schwierigkeiten im Leben des allein geborenen Zwillings

Für jeden Menschen, der im Mutterleib Geschwister verloren hat, sind die Auswirkungen im Leben unterschiedlich. Jeder hat eigene Wege gefunden, mit der Katastrophe umzugehen. Für jeden bedeutet das Ereignis etwas anderes. Einigen, die einen Zwilling im Mutterleib verloren haben, gelingt es, diese Erfahrungen im Leben sehr gut auszugleichen. Doch manchmal reichen kleine Ereignisse in ihrem Leben, um die Erfahrungen um den verlorenen Zwilling wieder wachzurufen. Der verlorene Zwilling erscheint dann wie ein „Jack in the box". Ausgelöst durch ein Lebensereignis geht die Klappe auf und Jack, also frühe Erfahrungen um den Verlust des Zwillingsbruders oder der Zwillingsschwester, springt mit voller Wucht heraus. Verschiedene Lebenssituationen fordern den überlebenden Zwilling auf, ihn wiederzuentdecken. Es ist, als würde er rufen: „Hallo, hier bin ich – jetzt erinnere Dich endlich an mich!"

Bei allein geborenen Zwillingen spiegelt sich der Andere im Alltag wider

Manche allein geborenen Zwillinge sind fasziniert von Spiegeln und spiegelsymmetrischen Ornamenten in ihren Wohnräumen und im Schmuck, den sie tragen. Uns ist bei einem Halbzwilling einmal besonders der Silberanhänger einer Halskette aufgefallen. Darauf waren zwei Delfine, die ineinander verwoben mit einem Halbedelstein spielen.

Was dem einen überlebenden Zwilling das Kuscheltier, ist dem anderen der Rucksack. Wir haben beobachtet, wie gerne einige unserer Klienten immer mit einem vollgestopften Tages- oder Schulrucksack zu uns kommen. Der Rucksack vertritt hier den verlorenen Zwilling. Mit Rucksack auf dem Rücken fühlen sich die überlebenden Zwillinge nicht so alleine. Ein Bekannter von uns steht selbst am heimischen Herd lieber mit Rucksack vor den Töpfen. Auch so manche chronisch überfüllte Damenhandtasche vertritt den verlorenen Zwilling.

Unter Sporttauchern findet man auch viele allein geborene Zwillinge, denen das natürlich nicht bewusst ist. Was in der Welt eines Erwachsenen gleicht mehr der Gebärmutter, als Tauchen im tiefen Meer mit gedämpftem Licht? Man ist über den Regulator und den Schlauch mit der Luftflasche verbunden. Der Schlauch repräsentiert die Nabelschnur und der Pressluftttank die Plazenta. Der Tauchfilm „Im Rausch der Tiefe" berührt viele Menschen. Als der Kultfilm in den achtziger Jahren erschien, war er über lange Zeit in aller Munde. Der Plot schöpft aus der kollektiven Faszination für das Meer, das hier auch für das Fruchtwasser steht. Daneben spiegelt die Sucht zum Tauchen und Suchen, um die es in diesem Film geht, vermutlich für sehr viele Menschen die Suche nach dem verlorenen Zwilling wider. Die Hauptperson, Jaques Mayol, sucht in den Tiefen des Meeres unbewusst seinen Vater, der beim Tauchen umkam, als er klein war. Sein Gegenspieler Enzo Molinari, das verlorene Muttersöhnchen, sucht unbewusst seinen verlorenen Zwilling.

Etwas anderes kann ebenso die Zeit im Mutterleib wieder wach rufen: körperwarmes Wasser. Die Faszination für den Aufenthalt in der Gebärmutter spiegelt beispielsweise das „Liquidrom" in Berlin wider. Die Kuppelhalle, in der sich das Warmwasserbecken befindet, ist schummerig beleuchtet. Im Becken gibt es Unterwasserlautsprecher, über die ständig Musik abgespielt wird. Man liegt beinahe schwerelos in einer Salzsole. Wir vermuten viele allein geborene Zwillinge in diesen Wassern. Im Kapitel „Auf dem Weg zur Heilung" gehen wir tiefer darauf ein.

Eine besondere Rolle spielt für allein geborene Zwillinge oft auch das Tagebuch. Wenn jemand sein liebes, liebes Tagebuch wie den allerbesten Freund behandelt, vertritt es die Zwiegespräche mit dem Anderen.

Norbert Mayer berichtet in seinem Buch „Der Kain-Komplex" von einem allein geborenen Zwilling. Immer, wenn dieser einen Raum betritt, wiederholt er seine Situation in der Gebärmutter, nachdem der Andere gestorben ist: Egal, wie groß der Raum ist, der Klient stellt sich ganz eng in eine Ecke des Raumes.

Wir haben allein geborene Zwillinge getroffen, die uns erzählten, dass sie, einem inneren Zwang folgend, oft zweimal das Gleiche kaufen mussten. Kathrin, auf die wir gleich genauer eingehen, berichtete uns, dass sie sich lange Zeit jeweils zwei Paar gleiche Schuhe gekauft hat. Nach

Möglichkeit ein blaues und ein schwarzes Paar. Ebenso beim Kauf von Kleidung. Sie verstand selbst nicht, warum sie dies tat, zumal sie oft nur wenig Geld hatte. Andere haben Ähnliches über ihren Kleidungskauf berichtet.

Am häufigsten meldet sich der verlorene Zwilling in Paarbeziehungen, wie wir in dem Kapitel „Beziehungen – allein geborene Zwillinge lieben anders“ ausführlich beschreiben. Die starke körperliche Nähe in Paarbeziehungen hat viele Parallelen zu dem Erleben von Zwillingen oder Mehrlingen im Mutterleib.

Aber auch in Situationen mit den eigenen Kindern kann sich der verlorene Zwilling melden. Wenn beispielsweise ein Kind krank wird, kann das schnell an den verlorenen Zwilling im Mutterleib erinnern, dem die jetzige Mutter oder der jetzige Vater damals als Embryo nicht helfen konnte. So brechen manche Eltern in unangemessene Panik aus. In Kapitel 19 gehen wir ausführlicher auf dieses Thema ein.

Im Folgenden stellen wir die Auswirkungen des verlorenen Zwillings von einigen Klienten vor.

Der Beruf

Berufliche Situationen stellen immer Herausforderungen dar. Die beruflichen Aufgaben müssen erfüllt werden. Daneben gibt es die Arbeitskollegen und das Team. Für allein geborene Zwillinge ist es manchmal besonders schwierig, in Konkurrenz zu anderen zu treten, sich durchzusetzen und erfolgreich zu sein. Sehr schnell glauben sie, sie könnten anderen zu viel wegnehmen, wie damals, als sie nach ihrem Empfinden im Mutterleib zu viel Platz beansprucht hatten.

Anderen übrig gebliebenen Zwillingen fehlt insgesamt die Kraft, mit vollem Engagement einen Beruf auszuführen. Sie stehen mit einem Bein in diesem Leben und mit dem anderen Bein sind sie der Welt der Toten nah. Sie sind voller Sehnsucht und auf der Suche nach ihrem Zwilling. Ein neues Team, ein Arbeitsplatzwechsel, berufliche Neuorientierung, der Schritt in die Selbständigkeit können dann plötzlich zu kaum überwindbaren Hindernissen werden.

Bin ich erfolgreich, verrate ich meine Zwillingsschwester – Kathrin

Kathrin kam zu mir mit dem Anliegen in die Einzelberatung, ihre berufliche Situation zu klären. Sie ist 43, arbeitet selbständig und hat das Gefühl, ihr fehlt etwas, um erfolgreich sein zu können. Notorischer Geldmangel ist ein äußeres Zeichen ihrer Situation. Kathrin erzählt:

„Ich mag meine Arbeit und sie erfüllt mich sehr. Es ist mein zweiter Beruf. Ursprünglich habe ich Theologie studiert. Jetzt arbeite ich selbständig als Tänzerin und möchte es auch nicht mehr anders. Allerdings schaffe ich es nicht, erfolgreich zu sein. Ich verstehe mich selbst oft nicht. Wenn ich ein Engagement bekomme, bin ich zuerst sehr erfreut. Wenn es darum geht, dieses auszuarbeiten, bekomme ich regelmäßig Angst. Mir kommen große Zweifel, ob ich gut genug bin und ob ich es schaffe, eine gute Performance auf die Beine zu stellen. Ich spüre einen riesigen Widerstand vor dem Engagement, als würde etwas mich daran hindern, die Auftritte vorzubereiten. Ich möchte mich dann am liebsten zurückziehen und ganz allein sein, genau das Gegenteil von dem, was ein Auftritt bedeutet. Wenn es sich um einen großen Auftritt handelt, bei dem ich gut verdiene, bekomme ich ein schlechtes Gewissen, als würde ich jemanden verraten."

Es stellt sich im Laufe der Sitzung heraus, dass Kathrin zu Beginn ihres Lebens eine Zwillingsschwester hatte, als sie noch im Bauch ihrer Mutter war. Sie berichtet später:

„Am Ende dieser besonderen Sitzung hatte ich das Gefühl, ich bin jetzt zum ersten Mal in dieser Welt angekommen. Ich kann anderen Menschen jetzt ganz anders begegnen. Die Angst vor einem guten Auftritt ist wesentlich kleiner geworden. Ich fühle meine eigene Kraft und genieße sie. Innerlich spreche ich oft mit meiner Schwester. Manchmal bitte ich sie um einen Rat. Ich weiß jetzt, dass ich sie nicht verrate, weder mit einem guten Auftritt noch mit einer Beziehung."

Die Seele wurde mir bei der Abtreibung aus dem Leib gerissen – Barbara

Barbara war im Rahmen eines Seminars bei uns. Sie sagte im Eingangsgespräch: „Als ich vor Jahren ein Kind abgetrieben habe, war es, als hätte man mir die Seele aus dem Leib gerissen. Das war das schlimmste Ereignis für mich." Eine Abtreibung ist nie folgenlos und hat immer Auswirkungen auf die Seele der werdenden Eltern. Fast immer sind Liebesbeziehungen dann innerlich beendet. Wenn allerdings der Schmerz um das abgetriebene Kind nach einer gewissen Zeit nicht vorbei sein darf und so heftige Gefühle ausgelöst werden, die nicht zu einer Abtreibung passen, liegen andere Ursachen hinter dieser Äußerung.

Im Laufe des Seminars stellte sich bei Barbara heraus, dass sie im Mutterleib einen Zwilling verloren hat. Danach hat sie verstanden, warum die Abtreibung diese heftigen Bilder in ihr ausgelöst hat.

Tiere ersetzen den fehlenden Zwilling

Manche Menschen haben einen sonderbaren Umgang mit ihren Tieren. Uns ist aufgefallen, dass wir bei ihnen nicht genau unterscheiden können, wer hier eigentlich das Sagen hat. Das Tier wird auf die gleiche Stufe gehoben und ist extrem wichtig, noch wichtiger als Freunde oder Partner. Manche nehmen das geliebte Tier sogar mit ins Bett.

Wenn dieses geliebte Tier dann stirbt, ist das für den Besitzer unendlich traurig. Bei manchen endet diese Trauer um sein geliebtes Haustier über Monate und Jahre nicht. Das Tier hatte mehr Bedeutung, als „nur" ein Haustier zu sein. Wenn jemand so besonders mit einem Tier umgeht, könnte es sein, dass es den Menschen ersetzen soll, der dem Besitzer am allernächsten und am liebsten war – seinen verlorengegangenen Zwilling. Tiere können aber auch andere Personen oder Lücken im Leben schließen, wie Kinderlosigkeit, Leben ohne Partner, fehlender Halt durch die Eltern und anderes. Hierzu ein paar Beispiele:

Sophias Hund

Sophia, eine attraktive erfolgreiche Frau in mittleren Jahren, ist selten ohne ihr kleines Schoßhündchen, Franzi, zu sehen. Auch wenn sie zu Verwandten verreist, selbst wenn sie beruflich unterwegs ist und in Hotels übernachtet, ihr Hund muss immer mit. Er hat eine besondere Bedeutung für sie. Sie spricht mit ihm, wie zu einer besonders vertrauten Person. Im Restaurant sitzt das Hündchen, wenn möglich, auf seiner Decke auf dem

Stuhl neben Sophia. In ihrer Wohnung hat sie einen Lieblingsplatz. Direkt daneben steht das Körbchen für Franzi. Meistens aber wird das Körbchen nicht gebraucht, weil Franzi auf Sophias Schoß sitzt. Vertritt der Hund Sophias verlorenen Zwilling?

Der Tod von Janinas Katze

Wir kommen noch mal zu Janina zurück. Sie war wegen ihrer Schwierigkeiten, Beziehungen eingehen zu können, zu mir in ein Seminar gekommen. Sie erzählte folgendes: „Der Tod meiner Oma war sehr schwer. Es war so schlimm für mich, dass ich mich nicht verabschieden konnte. Ich war damals 5 Jahre alt. Allerdings war der Tod meiner Katze vor einigen Jahren für mich noch schwieriger und schlimmer."

Dieser Satz lässt aufhorchen. Nach dem Tod der Oma hatte die Bauchspeicheldrüse von Janina aufgehört zu arbeiten. Damit wurde sie zuckerkrank. Trotz alledem erlebte sie den Tod ihrer Katze als weitaus schlimmer. Es ist offensichtlich, dass für Janina der Tod ihrer Katze mehr bedeutete als „nur" der Tod eines geliebten Haustieres.

Im Laufe des Seminars wird klar, wen die Katze vertreten hat – ihre so früh verlorene Zwillingsschwester. Als die Katze starb, hat Janina sich unterschwellig an die Zeit im Mutterleib wiedererinnert, als ihre Schwester starb. Der Schmerz war für Janina unerträglich.

Das Pferd

Erika kommt mit einem besonderen Anliegen zu mir. Sie ist eine erfahrene und leidenschaftliche Reiterin. Vor drei Jahren hat sie sich ein eigenes Pferd gekauft. Erika mag ihr Pferd sehr, trotzdem hat sie große Schwierigkeiten mit ihm. Mehrmals als sie ritt, hat das Pferd gescheut und sie einige Male abgeworfen. Vor einem halben Jahr hat sie sich dabei ernsthaft verletzt und musste für einige Wochen ins Krankenhaus. Bei ihren Reitkollegen gilt ihr Pferd allerdings als zuverlässig, ruhig und leicht reitbar. Wenn Erika die Box ihres Pferdes betrat, wurde es unruhig. Zum Zeitpunkt als sie zu mir kam, traute sie sich nicht mehr, auf ihm zu reiten. Sie überlegte, ob sie es verkauft. Nur sehr ungern würde sie sich von ihm trennen. Wenn Erika auf Pferden anderer Besitzer reitet, hat sie keine Schwierigkeiten. Was hat das Pferd so unruhig gemacht?

Während der Sitzung bitte ich Erika, sich in ihrer Phantasie vorzustellen, dass sie alles mit dem Pferd tun kann, was sie tun möchte. Unabhängig von der Realität macht das Pferd alles, was Erika sich von ihm wünscht. Wie ist sie in ihrer Phantasie am liebsten mit ihrem Pferd? Wie ist das Pferd zu ihr?

Erika wünscht sich ihr Pferd ganz nah, sie möchte es viel anfassen und streicheln, sich selbst an das Pferd anschmiegen. Am liebsten möchte sie dem Pferd alles, was sie bewegt, ins Ohr flüstern, sich mit ihm unterhalten. Sie möchte, dass das Pferd sie versteht, und sie möchte ihr Pferd verstehen. Mit ihrem Pferd möchte sie sein, wie zwei ganz nahe und vertraute Freunde. Diese gewünschte Innigkeit erinnert mich an die Beziehung von Zwillingen. In der Sitzung überprüfe ich dies, und es stellt sich heraus, dass Erika nicht allein im Mutterleib war. Das Pferd soll unbewusst die Zwillingsschwester von Erika vertreten und ersetzen.

Erika berichtet später: „Jedes Mal wenn ich im Reitstall bin, stelle ich mir meine Zwillingsschwester vor, als ob sie mit dabei ist. Innerlich sage ich zu meinem Pferd: ‚Du bist nur mein Pferd und ich bin die Reiterin und Besitzerin. Meine Zwillingsschwester ist in meinem Herzen'. Nach und nach ist das Pferd mir gegenüber ruhiger geworden. Ich habe wieder begonnen, auf ihm zu reiten. Das geht gut. Ich brauche es nicht zu verkaufen."

Die große Suche nach dem Zwilling in der weiten Welt

Es gibt Menschen, die „müssen" immer wieder in die exotischsten Länder reisen, oft auch allein. Es ist, als würde es eine Kraft geben, die sie immer wieder in die Welt zieht. Einige von ihnen spüren unbewusst, dass es irgendwo jemanden gibt, dem sie mal ganz nah waren. Er muss irgendwo zu finden sein. Ahnungslos suchen sie ihren Zwilling, klettern wie besessen in Höhlen oder auf die höchsten Gipfel. Gleichzeitig schaffen sie sich immer wieder Situationen, in denen sie allein sind, so wie damals, als der Andere gegangen ist.

Auf einer Reise in Nepal treffen wir Ellen, eine junge Frau Mitte 20. Sie ist Amerikanerin und für sechs Monate allein in Asien und Europa unterwegs. Sie ist eine kontaktfreudige, etwas jünger wirkende, leicht ängstliche Frau. Für sie ist es selbstverständlich, allein durch die Welt zu reisen. Sie erzählt, dass sie niemals länger zu Hause bleibt. Sobald sie wieder genug Geld zusammen hat, verreist sie für mehrere Monate. Alle ihre Reisen zusammengerechnet ist sie mit Sicherheit schon mindestens zweimal um die Welt gereist. Wir lernen sie näher kennen. Auch bei ihr spüren wir, wie im Fall von Charlotte, den wir weiter unten beschreiben, dieses gewisse „Loch" in der Aura. Wenn wir genau auf ihre Ausstrahlung achten, spüren wir eine Einladung, ihr ganz nah zu kommen. Das ist unabhängig von Mann und Frau. Es ist wie ein lautloser Ruf nach Verschmelzung. Wir vermuten, dass Ellen ihren Zwilling sucht. Um ihn zu finden, durchquert sie immer wieder die Welt. Sie bleibt dabei allein, feste Beziehungen sind für sie nicht möglich. Auch hierin wiederholt sie ihre Situation im Mutterleib.

In der Schwulensauna – Christoph

Christoph bezeichnet sich als heterosexuell mit bisexuellen Neigungen. Lange hat er in seinem Leben gesucht, um herauszufinden, weshalb er sich oft so unstillbar einsam gefühlt hat. In einer Einzelstunde ist er auf seinen verlorenen Zwillingsbruder gestoßen. Während einer Sitzung beschrieb ich ihm, was ein Embryo im Mutterleib mit seinem Zwilling erlebt. Daraufhin hat er mir erzählt, dass er gelegentlich in die Schwulensauna geht, weil er da Ähnliches erlebt. Ich bat ihn, für uns aufzuschreiben, was er dort erfahren hat:

„Endlich habe ich verstanden, was ich eigentlich in der Männersauna gesucht habe: meinen Bruder. Manchmal gehe ich in diese dunklen Ecken der Schwulensauna und genieße es, im Dunkeln andere Körper zu spüren. Besonders die Feuchtsauna hat es mir angetan. Sie ist schwarz wie die Nacht, angenehm dampfig feucht, aber nicht zu heiß. Ich fühle mich sicher und geborgen. Weil es dunkel ist, kann man rein gar nichts sehen, nur fühlen. Man denkt nicht nach, man hat keine Bilder von dem, was da passiert. Im dunklen Dampf gibt es keine Moral, nur Sein. Ich fühle mal einen, mal mehrere nackte Körper. Ich schmiege mich an und bin erregt. Mein Herz schlägt stark. Ich bin in diesem dunklen Dampf nicht allein. Endlich wieder zu zweit oder zu mehreren. Ich gebe mich den Berührungen hin ..."

Wir haben im Kapitel „Mit einem Bein beim Zwilling im Totenreich“ erwähnt, dass es manche allein geborene Zwillinge in den Tod zieht. Sie gefährden ihr Leben mit riskanten Unternehmungen. Wer unbewusst seinem toten Zwilling folgen möchte, verzichtet im Eifer der Erregung schneller auf Aidsvorbeugung als jemand, der ein gesegnetes Alter anstrebt. Dieses gilt sicher nicht nur in der Schwulenszene, wo der schwule Freund manchmal auch den Zwillingsbruder ersetzt, sondern auch in heterosexuellen Kreisen.

Das Loch in der Aura – Charlottes seelischer Hunger

Jeder Mensch hat eine eigene Ausstrahlung, die weit über seinen Körper hinausgeht. Sie haben sicher schon folgendes Phänomen beobachtet: Wenn jemand den Raum betritt, indem Sie sich bereits aufhalten, verändert sich die Atmosphäre im Raum. Bei einigen verändert sie sich sehr stark, bei anderen weniger. Es gibt Menschen, die Ihnen sympathisch sind, von denen Sie sich angezogen fühlen. Andere Menschen lassen Sie gleichgültig, und von wieder anderen fühlen Sie sich abgestoßen.

Diese Ausstrahlung, die jemanden umgibt, ist wie ein unsichtbarer Körper aus Energie. Man bezeichnet das auch als Aura. Sie können dazu ein einfaches Experiment machen: Stellen Sie sich in einem größeren Raum jemandem gegenüber, mit viel Abstand zueinander. Dann geht der Eine langsam auf den Anderen zu, während der Andere stehen bleibt. Spüren Sie jetzt genau, ab wann der eigene Raum des Anderen beginnt, wann Sie die Grenze – ein Stopp beim Anderen spüren, ohne dass er spricht. Hier beginnt der Raum des Anderen. Das kann sehr nah, aber auch sehr weit entfernt sein.

Besonders deutlich konnte ich bei Charlotte, einer Klientin von mir, ein Phänomen wahrnehmen, welches häufig bei überlebenden Zwillingen auftritt: Sie hatte ein energetisches Loch in ihrer Aura, wie eine fehlende Grenze. Außerdem fühlte es sich an, wie ein freundliches, warmes Loch, von dem ich mich sehr angezogen fühlte. Unwillkürlich wollte ich dort ganz nah hinrutschen und beinahe hineinkriechen. Das dürfte die Stelle gewesen sein, wo sie der Zwilling im Mutterleib berührt hat. Ich bin für diese Wahrnehmungen besonders empfänglich. Ich habe selbst eine eineiige lebende Zwillingsschwester und bin mit dem zarten verschmelzenden Gefühl von innigster Nähe vertraut, das hinter Abgrenzung und Distanziertheit liegt. Aber auch andere können dieses wahrnehmen.

Charlotte kam mit einem beruflichen Anliegen zu mir. Sie ist zur Zeit arbeitslos und auf der Suche nach neuen Perspektiven. Es fällt ihr leicht, Ideen zu entwickeln, aber wenn es an das Umsetzen geht, kommen ihr große Zweifel. Aus irgendeinem Grund kann sie nicht ihre Kraft und ihre Fähigkeiten einsetzen, um erfolgreich zu sein. Innerlich hört sie immer wieder den Glaubenssatz: „Tu es lieber nicht, das geht nicht gut."

Während ich mit ihr ihren Glaubenssatz: „Tu es lieber nicht, das geht nicht gut" und das, was hinter diesem Satz steht, anschaue, rückt sie unwillkürlich dicht neben mich. Ich spüre eine warme Welle zwischen uns, die mich anfangs überrascht. Es fühlt sich sehr nah an. Von ihr aus kann ich fast keine Grenze mir gegenüber spüren. Es ist wie ein energetisches Loch in dem sie umgebenden Raum, in ihrer Aura, in das ich ganz leicht hineingleiten könnte, wie um mit ihr zu verschmelzen.

Im Laufe der Sitzung erklärt sich mir diese Wahrnehmung. Es stellt sich heraus, dass Charlotte für eine Zeit im Mutterbauch nicht allein war. Sie hat eine Zwillingsschwester gehabt. Für sie ist das ein sehr neues Bild. Wenn sie sich ihre Schwester an ihrer Seite vorstellt, hat der Glaubenssatz: „Tu es lieber nicht, das geht nicht gut." keine Wirkung mehr.

In den folgenden Wochen nach der Sitzung wird sie oft sehr traurig. Sie spürt, dass die Andere ihr fehlt. Aber sie fühlt sich auch kompletter und vollständiger als vorher. Durch diese Entdeckung kann sie endlich trauern.

Ein paar Monate später findet sie eine Stelle, bei der sie mit viel Freude und großem Engagement arbeitet. Auch in ihrem Liebesleben ändert sich allmählich vieles, wie sie uns später freudig berichtet.

Dieses Phänomen, dass wir ein Loch in der Aura wahrnehmen, begegnet uns immer wieder. Wir nehmen es in unserer therapeutischen Arbeit bei einzelnen Klienten wahr, aber auch in anderen Zusammenhängen. Wir spürten dieses „Loch" auch bei einer jungen rastlosen amerikanischen Travellerin, die schon viele Male allein um die halbe Welt gereist ist. Wir berichteten weiter oben von ihr.

Wenn der Tod eines Nahestehenden die Erinnerung an die große Katastrophe aufweckt

Der Tod von Menschen, die uns nahe waren, ist immer schlimm. Es ist ein endgültiger Abschied. Für Menschen, die einen Zwilling verloren haben, kann dieser Verlust zu einem doppelten Verlust werden. Plötzlich bricht die Erfahrung aus der Zeit im Mutterleib wieder auf. Neben dem Schmerz um den gestorbenen lieben Menschen meldet sich der Schmerz um den verlorenen Zwilling.

Das wird zu einem doppelten Schmerz. Manchmal wird der Schmerz so groß, dass er nie wieder aufzuhören scheint. Die Trauer ist nie vorbei. Oder der Schmerz ist so groß und bedrohlich, dass Trauern nicht mehr möglich ist. Die Gefühle müssen abgeschnitten werden, es wäre sonst zu schlimm. Wir geben hier ein Beispiel für eine übersteigerte Trauer, die nicht für die Situation angemessen ist. Diese Trauer hatte eine andere Ursache, als die vordergründig sichtbare.

Meine Oma ist gestorben – Monika

Die Oma von Monika hat ein gesegnetes Alter von 94 Jahren. Da sie inzwischen sehr viel Unterstützung benötigt, lebt sie im Altenheim. Sie wird krank, eine Lungenentzündung wird festgestellt, drei Wochen später stirbt sie. Für Monika ist dies unendlich traurig. Sie hat ihre liebe Oma regelmäßig besucht. In den letzten Wochen hat die Oma Monika und die anderen Familienmitglieder oft nicht mehr richtig erkannt. Sie wurde immer schwächer und ist dann friedlich eingeschlafen. Als Monika von dem Tod ihrer Oma hört, sagt sie alle ihre Verabredungen, die sie mit Freunden hatte, ab. Sie weint sehr viel. Tagelang bricht sie immer wieder in Tränen aus. Freunde, mit denen sie telefoniert, können ihre tiefe Trauer nicht verstehen. In diesem gesegneten Alter friedlich einzuschlafen, erscheint ihnen als Geschenk.

Erst Jahre später, in einer Sitzung bei mir, versteht Monika ihre große Trauer. Der Tod ihrer Oma hat sie an ihren verlorenen Zwillingsbruder erinnert.

Eine besonders bewegende Gruppensitzung haben wir mit Doris erlebt. Weil diese Einzelarbeit innerhalb einer Gruppe besonders deutlich und dramatisch war, erläutern wir einige Einzelheiten.

Doris ist 47 Jahre, hat keine Kinder und lebt in einer ziemlich zufriedenen Beziehung mit Ecken und Kanten. Manchmal aber ist sie furchtbar eifersüchtig. Sobald ihr Partner sich mit jemand anderem trifft, kriegt sie eine wahnsinnige Wut und könnte alles kurz und klein schlagen. Sie berichtet, dass sie ihren Partner deshalb auch schon einmal geschlagen hat.

Doris erzählt: „Mein langjähriger Partner hatte sich letzten Sommer in eine andere Frau verliebt. Ich bin einer überwältigenden Eifersucht begegnet, die mich teilweise zu Boden geworfen und in Krämpfe gebracht hat. Dann habe ich ihn aus Wut und Verzweiflung geschlagen. Da ich in seiner Schuld stand, weil ich auch einmal fremdgegangen bin, habe ich durchgehalten und mich nicht von ihm getrennt. Ich wollte nicht einfach wieder weglaufen."

Ich sage ihr, dass man mit dieser Art von Eifersucht provozieren kann, dass der andere geht. Wenn der Andere dann gegangen ist, kann man endlich einen Schmerz, ein altes Verlassensein wieder spüren. Daraufhin nickt sie. Ich frage sie nach Verlusten in ihrem Leben. Hat sie einen schweren Verlust erlitten oder wurde in ihrer Familie auf der Seite der Mutter oder des Vaters jemand verlassen? Ist ein Kind oder ein Elternteil früh gestorben? Sie verneint das alles. Um sicherzugehen befrage ich sie auch zu ihrer Geburt. Auch mit der Geburt und der frühen Kindheit ergeben sich keine Hinweise auf Traumen, die diese Ängste begründen. Hier also ist der Verlust nicht zu finden.

Dennoch erscheint die Energie, mit der sie über ihre Ängste vor dem Verlust spricht, sehr existenziell. Auch in der Art, wie sie von ihrer Wut spricht, zeigt sich, dass sie sich existentiell bedroht gefühlt hat. Sie reagierte so massiv eifersüchtig, als ob sie ihrem Partner sagen wollte: „Wenn Du gehst, muss ich sterben und ich tue alles, damit Du hier bleibst, damit ich nicht sterben muss".

In der Gruppensitzung kommt in einer Aufstellung, in der wir die Situation in der Gebärmutter aufstellen, ein verlorener Zwilling ans Licht.

Als ihre Stellvertreterin sich nicht traut, den Stellvertreter für den verlorenen Zwilling zu berühren, zittert Doris heftig. Sie zuckt, wie von etwas geschüttelt und presst die Finger ihrer Hände ganz fest aufeinander. Ich biete Doris die Deutung an, dass sich manchmal der Fötus nicht traut, den toten harten Klumpen des Anderen zu berühren und dass manchmal Gewebe des Anderen in dem Überlebenden gefunden wird. Wie vom Blitz getroffen fällt Doris vom Stuhl und ist eine Zeit ohnmächtig. Allmählich kommt sie wieder zu sich und begreift, dass sie wirklich nicht alleine im Bauch ihrer Mutter war.

Später schreibt Doris uns und erläutert, was sie erlebt hat: „Ein großes Danke an meine innere Führung, dass sie mich zu Euch geschickt hat. Ihr habt mein schlimmstes Problem zum Ende gebracht. Ich habe noch viel über meine Arbeit bei Euch nachgedacht. Mir ist vieles klargeworden. Jetzt, einige Wochen nach meiner Gruppensitzung, kann ich Euch folgendes zurückmelden:

Mein frühestes Erleben der Eifersucht begann mit der Geburt meines kleinen Bruders, als ich 4 Jahre alt war. Ich fühlte mich von meinen Eltern verlassen und habe so stark reagiert, dass sie sich nicht anders zu helfen wussten, als mich zu bestrafen und abzuwerten. Allein schon, dass Alfred meine rasende Eifersucht in existenzielle Verlustangst umgedeutet hat und mich gefragt hat, ob ich jemanden früh verloren habe – hat mich halb geheilt. Ich hatte mich selbst dafür gehasst, dass ich meinen kleinen Bruder nicht richtig lieben konnte.

Durch die Erfahrung der Ursache – den Verlust meiner Zwillingsschwester noch im Mutterleib und der unmissverständlichen Bewusstwerdung dieser Tatsache hat sich folgendes verändert: Ich fühle mich komplett. Der Platz ist ausgefüllt – ich bin wieder eins mit mir.

Mein Partner Jaques war nach meiner Sitzung ebenfalls 2 Tage krank. In unserer Beziehung ist alles durcheinander geraten. Jetzt fühlt Jaques sich frei an meiner Seite. Er spürt nicht mehr den Sog, einen leeren Platz füllen zu müssen.

Als Alfred während der Sitzung sagte, dass manchmal Gewebe vom gestorbenen Fötus in den anderen einwächst, bin ich doch vom Stuhl geknallt – das genau ist passiert. Mich hat es wie ein Schlag getroffen, so sehr, dass ich ohnmächtig wurde. Später wurde mir klar, dass dies der

Grund war, weshalb ich keine Kinder bekommen konnte. Bei einer Eileiter-Schwangerschafts-Operation wurden Verwachsungen im Unterleib festgestellt. Das war also der Grund für die Verwachsungen.

Ich hatte oft Platzangst. Ich konnte im Kino immer nur am Rand sitzen. Beim letzten Kinobesuch habe ich mich, ohne es zu merken, mitten in die Sitzreihen gesetzt. Erst als ich saß, ist mir die plötzliche Veränderung seit dem Seminar bei Euch aufgefallen.

Ich bin früher immer vor dem Thema Eifersucht davon gelaufen und habe eher eine Beziehung beendet, als im entferntesten daran rühren zu lassen. Mit Eurer Unterstützung konnte ich ein wichtiges Lebensthema grundsätzlich auflösen.
Herzliche Grüße
Doris“

Ekel vor sich und vor dem Partner – Monique

Monique ist eine schlanke Frau in den Dreißigern. Uns sind die vielen Akne-Narben in ihrem Gesicht aufgefallen und ein Ausdruck von Gram, der sich tief in ihr Gesicht geschnitten hat. Monique hat ihre Geschichte aufgeschrieben:

„Ich habe immer wieder große Beziehungsschwierigkeiten. Zur Zeit lebe ich allein. Oft habe ich das Gefühl, ich bin nur halb in diesem Leben. Schnell fühle ich mich erschöpft und bin recht oft krank. Wenn ich an meine vergangenen Liebesbeziehungen denke, überkommt mich der Schrecken. Nach einer gewissen Zeit ekelte ich mich vor mir selbst und auch vor meinem Partner. Deshalb habe ich eine Zeit lang geglaubt, ich sei sexuell missbraucht worden. Ich habe mir mit diesem Bild therapeutische Hilfe gesucht. Es hat sich aber nichts verändert. Heute weiß ich, dass es in meinem Leben höchstwahrscheinlich keinen sexuellen Missbrauch gab.

Ich habe schon vieles getan, um Beziehungen leben zu können und mehr Kraft zu haben. Ich habe viele Selbsterfahrungsworkshops, Meditationen, verschiedene Körpertherapien und anderes gemacht. Vieles war gut. Heute schaffe ich es über Meditation und Atemübungen, wenn ich ganz tief unten bin, aus diesem Loch wieder rauszukommen. Aber an meinen grundsätzlichen Problemen konnte ich bisher nichts ändern. Ich fühlte mich immer noch, als würde ich von einer Blase umgeben sein, aus der ich nicht raus kann. Latent fühlte ich mich ständig schuldig, auch wenn ich es offensichtlich nicht bin.

Ich habe mich an Austermanns gewandt, in der Hoffnung, endlich mehr Lebensfreude finden zu können. In einer Sitzung bin ich zurück in die Zeit gegangen, als ich noch nicht geboren war, als ich noch ganz klein war, im Bauch meiner Mutter. Ich habe mich wie ein Embryo auf den Boden zusammengerollt. Anfangs fühlte sich das noch gut an. Auf einmal spürte ich Ekel und starke Übelkeit. Ich spürte einen bitteren, fauligen Geschmack im Mund. Ich habe mich umgesehen, ob da noch jemand ist. Zuerst habe ich nichts gesehen, mir war aber, als sei neben mir eine schwere dunkle Wolke. Dann wusste ich, dass da noch jemand anderes ist. Er kam mir riesengroß und beängstigend vor. Stellvertretend für den Anderen wurde mir ein großes Kissen gegenübergelegt. Mein Herz begann heftig zu schlagen. Ich traute mich nicht, dorthin zu schauen.

Nach einiger Zeit habe ich ganz vorsichtig hingeschaut. Was bei mir lag, hat mich sehr angezogen aber auch Angst gemacht. Ich bin vorsichtig etwas näher gerutscht und habe den Anderen vorsichtig berührt. Der Andere fühlte sich für mich an wie ein Zwilling, ich denke, es war ein Bruder. Dann wurde ich sehr traurig und musste weinen. Lange habe ich den Anderen angesehen und mit den Händen berührt. Stück für Stück konnte ich näher rücken. Er war nicht gefährlich. Aber ich fühlte mich ihm gegenüber schuldig, als hätte ich irgendetwas getan, was schlecht für ihn ist.

Nach einer ganzen Zeit habe ich mich auf den Platz, wo das Kissen lag, gelegt und für mich ein anderes Kissen hingelegt. Ich wollte spüren, wie es sich anfühlt, am Platz des Bruders zu liegen. Auf seinem Platz wurde ich als Bruder traurig und auch wütend, weil ich auch leben wollte. Aber ich war nicht auf Monique wütend, die mir da gegenüber lag. Ich wollte nicht sterben, aber ich hatte nicht genügend Kraft für das Leben.

Dann habe ich wieder meinen eigenen Platz eingenommen. Ich spürte auch Wut, dass mein Bruder nicht mehr da ist und mich allein gelassen hat. Zur Unterstützung hat Bettina eine große Holzfigur als Symbol für das Schicksal hingestellt. Sie sagte, dass das Schicksal eine Kraft ist, die größer ist und mehr Macht hat als unser Wollen. Sie bat mich, der kleinen noch ungeborenen Monique zu erklären, dass es ihr Schicksal ist, dass sie ohne diesen Bruder leben muss. Das habe ich diesem inneren Kind von mir, der ganz kleinen Monique erklärt. Ich habe ihr auch erklärt, dass es für sie traurig war, und dass sie das damals nicht verstehen konnte, was geschah. Ich habe ihr gesagt, dass sie nicht Schuld hat, sondern dass es ihr Schicksal ist, dass sie allein im Bauch von Mama am Leben geblieben ist. Dann habe ich das auch meinem Bruder in der Gestalt des Kissens erklärt und ihn noch mal lange umarmt und gestreichelt. Ich wollte ihn gar nicht loslassen. Es war schwer für mich zu glauben, dass ich keine Schuld habe, dass er so früh gestorben ist.

Ich habe mich noch einmal auf den Platz von meinem Bruder gelegt und Monique angeschaut. Mir fiel jetzt auf, wie klein auch sie ist. Ich, als mein Bruder, war noch nicht zufrieden, nicht leben zu können, aber Monique hat mit Sicherheit keine Schuld daran. Als Bruder wünsche ich ihr so sehr, dass es ihr gut geht.

Nach dieser Sitzung ist mir viel aus meinem Leben klargeworden, vor allem über meine Schwierigkeiten in Beziehungen. Mir fiel wieder ein, dass ich oft Träume von Wasserleichen gehabt habe. Vielleicht hängt des Gefühl von Ekel mit dem toten Bruder zusammen.

Ich hatte aber auch viele Zweifel, ob dies wirklich so gewesen ist. Ich fragte meine Mutter, ob während der Schwangerschaft etwas besonderes passiert ist. Meine Mutter wusste nichts. Ich brauchte eine zweite Sitzung, um noch mal zu dieser Zeit zurückzugehen, als ich noch als ganz kleiner Mensch im Bauch meiner Mutter war. Die Bilder waren sehr ähnlich. Ich fragte meinen Bruder, was ich für ihn tun kann, dass es ihm gut geht. Er sagte, dass er sich wünscht, dass es mir gut geht. Dann geht es ihm auch besser. Dann habe ich ihn lange umarmt und mich dann von ihm verabschiedet.

Danach habe ich eine Zeit durchlebt, in der ich oft weinen musste. Ich habe mich viel mit meinem Zwillingsbruder beschäftigt, der so früh gegangen ist. Ich bin erleichtert, dass ich nach vielen Jahren verzweifelter Suche endlich den Grund für meine Traurigkeit, mein Gefühl von Allein-sein und für meine Einsamkeit gefunden habe.

Diese Erfahrung ist wie ein neuer Anfang in meinem Leben. Ich brauche noch Zeit, aber Stück für Stück mache ich neue und gute Erfahrungen."

19

Beziehungen: Allein geborene Zwillinge lieben anders

Bei lebenden Zwillingen ist der Zwilling seelisch oft wichtiger als der Partner. Es ist vielfach erforscht worden, wie tief die seelische Bindung bei Zwillingen ist. Wenn bei bereits geborenen oder erwachsenen Zwillingen einer stirbt, ist das eine große Katastrophe für den Anderen. Die Trauer des Überlebenden ist oft schier endlos.

Wir haben beobachtet, dass dieses auch für Menschen gilt, die einen Zwilling im Mutterleib verloren haben. Liebesbeziehungen werden häufig vom Verlust des Zwillings geprägt. Rund jeder Zehnte hatte einen Zwilling und sucht oft eine andere Nähe, eine andere Art des Beisammenseins mit dem Partner, als Einlinge dies tun.

Mit dem Wissen, dass es die Möglichkeit eines verlorenen Zwillings gibt, verändert sich der Blick auf Liebesbeziehungen völlig. Das größte Mysterium der Menschheit ist die Paarbeziehung. Über nichts anderes werden so viele Bücher geschrieben, nichts anderem wird so viel Musik und Dichtung gewidmet. Aus welchem Stoff ist dieses Glück, aus welchem Stoff ist das Leid, das daraus erwächst? Wie schafft es das eine Paar, glücklich und erfüllt miteinander zu sein, wieso gelingt dieses einem anderen Paar nicht?

Der große Sigmund Freud hat nur zum Teil richtig gelegen, wenn er sagte, dass man im Partner den gegengeschlechtlichen Elternteil sucht. Männer suchen, so Freud, in ihrer Partnerin ihre Mutter und Frauen suchen im Partner ihren Vater. Ein Mann, der mit einer Frau symbiotisch eins sein möchte, möchte, laut Freud, mit seiner Mutter verschmelzen. Er möchte die frühe Mutter-Kind Symbiose in der Gebärmutter wiederherstellen. Dafür liebt er seine Mutter und hasst sie gleichzeitig, weil er dann so abhängig von ihr ist. In diesem Wechselspiel von Innigkeit und Abgrenzung wächst der Mensch heran ...

Soweit einer der Grundpfeiler der psychoanalytischen Theorie. Doch was ist, wenn der Mann gar nicht die Mutter sucht, sondern seine

Zwillingsschwester oder seinen Zwillingsbruder, mit dem er die ersten Lebensmonate geteilt hat? Dann ist auf einer gewissen Ebene weder die Mutter die richtige Person, noch die spätere Partnerin.

Alle Theorien, die wir uns zurechtgestrickt haben, warum eine Beziehung funktioniert oder auch nicht, bekommen dann Risse. Die Theorien darüber, wie Neurosen entstehen, werden um eine weitere Möglichkeit bereichert: Es gibt noch eine andere Komponente – Einling oder allein geborener Zwilling.

Solange der Mensch in feste Gemeinschaften und großen Familien mit vielen sozialen Verpflichtungen eingebunden ist, verbringt er viel Zeit mit Menschen vom gleichen Geschlecht. Die Dorfgemeinschaften bestehen meist aus Frauen, die mit Frauen die Zeit verbringen und Männern, die mit Männern die Zeit verbringen. Jüngere Kinder sind oft bei den Müttern, später sind sie vor allem unter sich. Das Paar verbringt wenig Zeit alleine miteinander. Wenn jemand, der in einer so festen Gemeinschaft lebt, einen Zwilling im Mutterleib verloren hat, kann das gar nicht diese heftigen Auswirkungen haben, wie für jemanden, der paarorientiert in der westlichen Welt lebt.

Dieses beobachteten wir deutlich auf Bali. Um uns ohne Ablenkung ganz unserem Buch widmen zu können, haben wir uns vorübergehend von den täglichen beruflichen Anforderungen nach Bali zurückgezogen. Wir beobachteten die balinesische Eingebundenheit:

Ketut, ein balinesischer Holzschnitzer und Reisbauer, steht im Morgengrauen auf, um sich nach einigen Stunden Arbeit, bevor es zu heiß wird, der Zubereitung und Verteilung der täglichen Opfergaben zu widmen. In den Essenspausen werden mit der Großfamilie die familiären und vor allem die religiösen Angelegenheiten besprochen. Es wird organisiert, wer welche Hilfestellung beisteuert für die fast wöchentlich stattfindenden Tempelfeste. Diese erstrecken sich manchmal über mehrere Tage. Dabei werden in den verschiedenen Familientempeln und den Tempeln des Dorfes intensiv gestaltete Zeremonien abgehalten. Gemeinschaftlich bastelt und baut man die teuren und ungeheuer verzierten Ritualaltäre.

Es gibt immer etwas zu tun. Jede Geburt, jede Hochzeit, jede Beerdigung und spätere Verbrennung ist mit vielen Ritualen und großen Zeremonien verbunden. Abends werden oft Gamelankonzerte und Tanzaufführungen gegeben. Ketut tritt einmal wöchentlich auf und übt einmal wöchentlich im Orchester. Seine Tochter tanzt in einer Tanzgruppe, und einer seiner Söhne singt im Kecak-Dorfchor. Beide brauchen intensive Hilfe bei der Einkleidung mit den komplizierten Gewändern. Ketut ist so sehr und in so vieles eingebunden, dass er und seine Frau Wayan fast nie alleine Zeit miteinander verbringen ... Wenn Ketut oder seine Frau Wayan einen Zwilling im Mutterleib verloren hätten, würde das an ihrem Lebensgefühl und an ihrem Tagesablauf wenig ändern.

Die heutige Paarbeziehung in der westlichen Welt muss viel mehr leisten und viel mehr erfüllen. Der Partner muss in einer ganz anderen Dimension mit dem Anderen harmonieren. Ist das nicht der Fall, treten die Schwierigkeiten viel deutlicher ans Licht als je zuvor. Nicht zuletzt deshalb hat die Psychologie in den letzten hundert Jahren einen Riesenboom erlebt. Im Rahmen dieses Booms wurden alle nur erdenklichen Theorien über eine gute Paarbeziehung und eine gute Ehe gebildet. Nach diesen Theorien wird mal mit viel, mal mit wenig Erfolg therapiert.

Wer sich mit offenen Herzen auf einen anderen Menschen eingelassen hat, gibt und bekommt sehr viel und riskiert sehr viel. Wir begegnen dem Partner, der Partnerin mit allen unseren Erfahrungen, die auch tiefe Verletzungen beinhalten und mit allen Ängsten, die aus unseren bisherigen Erfahrungen hervorgehen. Eine Beziehung eingehen heißt immer auch, dass eine Bindung entsteht, vielleicht auch Kinder, gemeinsame Lebensinhalte und materielle Werte.

In der Beziehung hat jeder seine eigenen Gefühle zu bestimmten Situationen: Für jeden können unterschiedliche Dinge bedeutend sein. Jeder hat eine eigene Vergangenheit mit guten und schmerzhaften Erfahrungen. Diese Erfahrungen und die Gefühle, die damit verbunden sind, werden im Zusammensein angestoßen und aktiviert.

Für Einlinge beginnt das Leben völlig anders als für Zwillinge. Sie erfahren sich im Mutterleib als allein, aber mit dem „Universum" der Gebärmutter verbunden, mit der Mutter verbunden. Es kann positive Erfahrungen und negative Erfahrungen im Mutterleib und während der Geburt geben, aber niemals gibt es jemanden, der so ähnlich und so nah ist, wie das bei zwei werdenden Menschen im Mutterleib der Fall ist.
Wo es keinen Zweiten gibt, kann dieser nicht vermisst werden.

Einlinge kommen allein auf die Welt, das ist so, das ist weder gut noch schlecht, sondern es ist eine Grundlage ihrer Existenz. Sie sind genauso wie der allein geborene Zwilling auf die Bindung an die Mutter und den Vater angewiesen, ihre Geschwister sind wichtig. Wenn jemand sehr Nahes tragisch stirbt, ist das auch für einen Einling sehr schlimm und kann existenziell bedrohlich sein. Aber es ändert niemals etwas an dem ersten Fundament, was sie im Leben gefunden haben, ihre Erfahrungen im Mutterleib. Sie sind und bleiben Einlinge.

Der Erfahrungshintergrund von allein geborenen Zwillingen ist anders. Ihre ersten Wahrnehmungen waren, dass es neben ihnen im Bauch der Mutter noch jemand anderen gibt. Dieser Andere ist so nah und ihnen sehr ähnlich. Am Beginn des Lebens sind sie und der Andere noch sehr klein. Es ist anfangs eine Daseinsform ohne Wollen, ohne Tun. Es ist nur möglich, einfach da zu sein in einem Zustand, der beinahe schwerelos ist. Nach und nach erweitert sich dieser Zustand, die Embryonen wachsen und lernen, sich selbst zu bewegen. Sie sind nicht allein, spüren immer die Gegenwart des Anderen.

Wir vermuten, dass zumindest manche Zwillinge im Mutterleib bereits die ersten zarten sexuellen Empfindungen teilen und sich vielleicht auch gegenseitig erregen. David Chamberlain berichtet von 4 Monate alten Föten, bei denen im Ultraschall ein steifes Glied zu erkennen ist, während sie am Daumen lutschen. Die Sexualität beginnt bereits im Mutterleib. Sie hat eine ganz andere Bedeutung als beim Erwachsenen. Diese ersten frühen Erfahrungen prägen auch das Liebesleben mancher allein geborener Zwillinge.

Diese Hundewelpen sind eine Woche alt. Sie suchen die selbe Innigkeit wie im Bauch ihrer Mutter. Ähnlich geht es Zwillingen vor und nach der Geburt.

Wir laden Sie jetzt auf eine Reise in Ihre innere Bilderwelt ein, um ein wenig zu erspüren, wie die Welt eines allein geborenen Zwillings aussieht:
Stellen Sie sich vor, Sie schwimmen im körperwarmen Wasser, das sie trägt, sie brauchen nichts zu tun. Sie lassen sich treiben, auch die Versorgung mit Nahrung und Sauerstoff geschieht von allein. Sie lassen sich von den Wellen und Strömungen sanft bewegen. Sie sind noch ein sehr kleiner, sehr zarter werdender Mensch am Anfang des Lebens. Sie haben Kopf, Rumpf und Schwanz und die ersten Ansätze von Armen, Händen und Beinen. Ihre Augen sehen noch nichts, die Haut ist noch sehr dünn, weich und empfindsam. Sie spüren, es gibt noch jemanden. Sie berühren den Anderen, die gleichen Wellen tragen sie gemeinsam, die gleichen Strömungen erfassen Sie beide. Sie werden beide langsam größer, ihre Wahrnehmungen werden deutlicher. Sie beginnen beide jetzt zu hören, erst noch sehr ungenau. Sie hören Rauschen und Pulsieren, Ihr Herz und das Herz des Anderen in einem ähnlichen Rhythmus wie Ihrem schlagen. Daneben hören Sie das Herz der Mutter und weitere Geräusche. Sie spüren die Haut des Anderen und er spürt Ihre. Sie werden größer und größer. Sie beginnen, hell und dunkel wahrzunehmen und erkennen schemenhaft den Anderen. Nachdem Sie eine gewisse Zeit miteinander verbracht haben, wird der Andere nicht mehr mit Ihnen größer und sein Herz hört auf zu schlagen. Er ist noch neben Ihnen spürbar. Das Weiche wird langsam härter, nach einer Zeit ist er nicht mehr da. Nichts ist mehr wie vorher …

So könnte der Erfahrungshintergrund eines allein geborenen Zwillings aussehen.

Bei einem überlebenden Zwilling bleiben körperlich die Erfahrungen aus der Zeit im Mutterbauch gespeichert. Wenn der allein geborene Zwilling den Anderen in einer therapeutischen Sitzung wieder gefunden hat, ist er mit einem Stellvertreter für seinen Zwilling sehr nah, sehr innig und sehr zart. Es ist wie ein Verschmelzen, bei dem es fast keine äußere Grenze mehr gibt. Trotzdem bleibt immer fühlbar, was der eine ist und was der andere. Der übrig gebliebene Zwilling machte damals die Erfahrung innigster Nähe, die abrupt unterbrochen wurde.

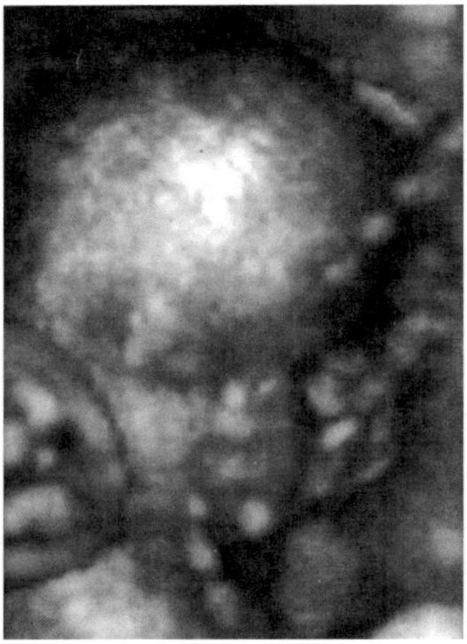

Auf diesem dreidimensionalen Ultraschallbild sehen Sie die Köpfe von Zwillingen, Wange an Wange. Links unten ist ein Teil vom Gesicht des gestorbenen Zwillings zu erkennen. Man schaue nach der Nase und erkennt dann das Bild. Er ist zwei Wochen zuvor gestorben. Es ist in der 20. Schwangerschaftswoche aufgenommen worden. Dieses Bild lässt ahnen, wie eng der Kontakt von Zwillingen tatsächlich ist. Man kann sich leicht vorstellen, dass es an dem Überlebenden nicht spurlos vorübergeht, wochenlang so nah das tote Geschwister an der Seite zu spüren. Zum einen bereitet der leblose Körper Angst, zum anderen wird der Andere vermisst.

Einige allein geborene Zwillinge werden zu Einzelgängern und lassen diese Nähe in ihrem Leben nie wieder zu. Die Erinnerungen über den Verlust des Anderen und der Schmerz darüber wäre zu groß. Manche haben eine panische Angst vor Berührung. Berührungen können an den im Fruchtwasser schwimmenden abgestorbenen Klumpen des Zwillings erinnern. Statt Nähe zuzulassen, zieht sich dieser Mensch lieber ganz allein zurück, sowie er sich damals in eine Ecke der Gebärmutter zurückgezogen hat. Diese Verhaltensweise behält er in seinem ganzen Leben bei. Als Kind spielt er viel allein und als Erwachsener lebt er ohne Beziehung. Diese wäre zu gefährlich für ihn.

Die meisten suchen aber sehnsuchtsvoll nach der Nähe des Anderen. Sie haben dieses weiche und zarte Erleben mit dem Zwilling körperlich gespeichert, ohne es zu verstehen. Viele allein geborene Zwillinge, die sich an ihren Zwilling wieder erinnert haben, empfinden die Nähe zu dem Anderen noch näher, noch inniger und intensiver als die Nähe zur Mutter.

Trifft nun ein allein geborener Zwilling auf einen Liebespartner, erinnert sich sein Körper und sein Herz an die Nähe zu seinem Zwilling, damals als der Andere noch da war. Er möchte mit seinem Liebespartner wieder dieses innige, miteinander verschmelzende Zusammensein erleben.

Bei einem frisch verliebten Paar ist es zu Beginn der heißen Liebe kaum von Bedeutung, ob der andere das gleiche Liebesprogramm hat oder nicht. Ein frisch verliebtes Paar will voll und ganz verschmelzen. Dies ist ein biologisches Grundprogramm, welches vom einfachen Geißeltierchen bis zum Menschen reicht. Man will dem anderen nah sein, ja man ist süchtig nach seiner Nähe, seinem Atem, seinem Geruch. Hier gibt es erst mal eine große Ähnlichkeit vom frisch verliebten Paar und Zwillingen im Mutterleib.

Einige allein geborene Zwillinge suchen tiefe Nähe in der Partnerschaft
Der „Schmelzzwilling"

Für manche allein geborene Zwillinge könnte das Verschmelzen der ersten Verliebtheit ewig weitergehen. Wenn der Partner ein Einling ist, ist er nach der anfänglichen Verliebtheit irritiert. Eine Zwillingsnähe sucht der Partner nicht. Diese Art Nähe kann er nicht geben. Er kennt sie nicht und sie hat ihm nie gefehlt.

Öffnet der allein geborene Zwilling sich ganz seinem Partner, wird diese Beziehung für beide zu einer großen Herausforderung. Sehr schnell sucht er durch zu viel Nähe beim Partner seinen verlorenen Zwilling.

Der Einling versteht den Halbzwilling nicht. Er hat das Gefühl, dass er alles gibt und den anderen auch von Herzen liebt, so wie es seinem „Liebesprogramm", seinem innersten Bedürfnis, entspricht. Schnell fühlt er sich kritisiert und bedrängt. Er möchte beispielsweise im Urlaub endlich die Zeit nutzen, sich zu entspannen, interessante Bücher lesen, die Gegend zu erkunden, möchte im Meer schnorcheln und tauchen. Auch der überlebende Zwilling möchte das. Aber noch wichtiger ist ihm, endlich miteinander Zeit zu haben. Er möchte lange und oft die körperliche Nähe des anderen genießen. Das hat Priorität vor allem anderen. Konflikte sind vorprogrammiert.

Dem Einling wird, vor allem wenn die große Verliebtheit vorbei ist, dieses Nähebedürfnis zu viel. Er zieht sich zurück. Der allein geborene Zwilling kennt dieses Zurückziehen von damals im Mutterleib – eine Welt bricht zusammen. Massive Ängste, den anderen wieder zu verlieren, und eine riesige Sehnsucht überfluten den überlebenden Zwilling. Er versucht, den Partner mit allen Mitteln wieder zu gemeinsamer Nähe zu bewegen. Der Partner zieht sich erst recht zurück. Er fühlt sich nicht verstanden und gibt alles, was für ihn möglich ist.

Manche allein geborene Zwillinge nehmen sich vor, den Partner mehr loszulassen, ihm nicht mehr vorzuwerfen, dass er sich in der Beziehung nicht engagiert. Sie strengen sich an und versuchen alles, um den Partner nicht zu bedrängen. Aber lange halten diese guten Vorsätze nicht. Sie können nicht anders, jeder Rückzug ist bedrohlich und schmerzt.

Eine Lösung aus diesem Dilemma kann möglicherweise geschehen, wenn dem überlebenden Zwilling bewusst wird, wer ihm fehlt und was ihm so große Angst macht. Er nimmt innerlich Kontakt zu seinem verlorenen Zwilling auf. Im Zusammensein mit seinem Partner stellt er sich vor, dass neben ihm auch die Seele seines Zwillings ist. Der Partner braucht dann diese Zwillingsnähe nicht zu geben und den fehlenden Zwilling nicht zu ersetzen. Damit ist er aus dem Schussfeld. Dann kann eine solche Beziehung möglicherweise doch noch glücklich weiterbestehen.

Andere allein geborene Zwillinge vermeiden tiefe Nähe in der Partnerschaft Der „Fluchtzwilling"

Manche allein geborene Zwillinge können ihr Herz nur wenig öffnen, damit nicht zu tiefe und gefährliche Gefühle entstehen. Dahinter steht die quälende Angst, dass der Andere gehen könnte. Das fühlt sich für sie absolut lebensbedrohlich an. Wenn sie den Partner ganz nah an sich heranlassen und dieser dann geht, ist es wie Sterben. Die Erinnerung an die große Katastrophe von damals wird unterschwellig wach. Das kann sich in quälender Eifersucht ausdrücken. Um diese Angst und diesen tiefen Schmerz nicht zu fühlen, verkaufen manche Halbzwillinge lieber ihre Seele. Sie nehmen über viele Jahre eine sehr schlechte Beziehung in Kauf, nur damit diese damalige Verlassenheit nicht wieder auftaucht. Diese Beziehungen erfüllen aber nicht wirklich ihre tiefe Sehnsucht. Sie müssen immer weiter suchen. Manche suchen den fehlenden Zwilling in Partnern außerhalb der Beziehung, andere in religiösen Gruppen oder in fernen Ländern.

Jeder kann nur nach seiner eigenen „Beziehungsmelodie" leben

Den größten Fehler, den allein geborene Zwillinge und auch lebende Zwillinge bei der Partnerwahl machen können, ist, sich einen Partner zu suchen, der in seiner Grundstruktur unverbindlich ist. Wenn es für den Partner eines allein geborenen Zwillings besonders wichtig ist, sich frei zu fühlen, Verabredungen kurzfristig ändern zu können, immer im Moment zu entscheiden, wann er kommt und wann er wieder geht, sind viele Konflikte und viel Leid vorprogrammiert. Viele allein geborene Zwillinge und auch lebende Zwillinge brauchen, um ihr großes Herz öffnen zu können, einen verlässlichen Partner, für den ihre verschmelzenden Nähewünsche keine Bedrohung sind.

Wenn überlebende Zwillinge ihr Herz öffnen, werden ihre Grundbedürfnisse offensichtlich. Ihre Beziehungen werden tief und intensiv. Eine andere Art von Beziehung ist für sie nicht möglich. Diese Tiefe und Intensität, mit der sich überlebende Zwillinge auf einen Partner einlassen, ja einlassen müssen, lässt sich auch mit der besten Therapie nicht wegtherapieren.

Die grundlegende Struktur, mit der ein Mensch sein Liebesleben lebt, ist durch keine Therapie veränderbar. Es ist nur möglich, die eigenen Herzenswünsche und Sehnsüchte zu bejahen. Der Halbzwilling kann seinen Partner nicht verändern, wenn dieser es unverbindlicher mag und viel Freiraum braucht. Ebenso wenig kann der freiheitsliebende Einling den Partner ändern, der sehr viel Nähe und Innigkeit braucht.

An beiden ist nichts falsch. Jeder kann nur nach seiner eigenen „Beziehungsmelodie" leben. Jemand, der es gerne nah hat, kann sich nichts Schlimmeres antun, als seine tiefe Sehnsucht nach inniger Nähe, die auch am Anfang seines Lebens da war, abzuschneiden.

Beziehungstrennungen sind für allein geborene Zwillinge, wenn sie einmal ihr Herz geöffnet haben, fast unmöglich. Selbst wenn sie über viele Jahre in einer unerfüllten Beziehung leben, glauben sie nicht, dass sie nach einer Trennung wieder glücklich sein können. Sie halten es nicht für möglich, dass es eine glücklichere und erfülltere Beziehung für sie geben könnte. Viele glauben, dass der jetzige Partner, auch wenn vieles schwierig ist und nicht stimmt, das höchst mögliche Glück für sie ist. Die Angst vor der Trennung und vor dem Verlust des Anderen kann so groß sein, dass sie diesen Schritt niemals wagen. Manchmal ist dieser Schritt jedoch die einzige Möglichkeit, den langandauernden „Beziehungsjammer“ zu beenden.

Wir zeigen nun eine Auswahl an Fallgeschichten. Diese geben einen Einblick in die vielfältigen Möglichkeiten und Lösungen in Beziehungen. Diese Fallgeschichten sprechen eine deutliche Sprache. Um nichts zu verwässern, verzichten wir an dieser Stelle auf Kommentare.

Endlich die richtige Frau gefunden – Hermann

„In Sehnsucht lebte ich früher mein Leben in meiner Familie mit meiner damaligen Frau. Meist war es mir nicht möglich, die Augenblicke mit meinem damals kleinen Sohn zu genießen. Irgendetwas fehlte mir, auch in meiner damaligen Partnerschaft. Wir trennten uns.

Ich war von der „Sehn-sucht“ getrieben und machte Dinge, die nicht jeder machte. Dabei habe ich sehr viel gelernt und erfahren. Das „Sehnen“ war gut. Es hat mich zu dem gemacht, was ich heute bin. Die „Sucht“ dabei war sehr schmerzerfüllt. Es war wie ein Loch in mir, das ich verzweifelt versucht habe, zu füllen. Es gelang mir nie vollständig, auch nicht mit anderen Partnerinnen. Die Sehnsucht und das unbändige Bedürfnis nach Nähe blieb.

Nach vielen Jahren der Suche, ich bin inzwischen zum zweiten Mal Vater geworden, änderte sich mein Leben schlagartig. Ich fand mit therapeutischer Hilfe von Alfred R. Austermann heraus, dass ich nicht alleine im Bauch meiner Mutter war. Doch wurde ich alleine geboren. Mein Zwillingsbruder hatte sich sehr früh verabschiedet. Jetzt weiß ich endlich, wo meine Sehnsucht und mein Schmerz hingehören. Mit der Wiederentdeckung von Ihm hat sich mein Leben radikal gewandelt. Meine Lebensart, mein Lebensantrieb und meine Einstellung zum Leben haben sich grundlegend verändert. Ich bin nicht mehr so von einer schmerzhaften Sehnsucht getrieben. Endlich brauche ich nicht mehr zu suchen.

Einige Monate nach dieser Erkenntnis traf ich eine wunderbare Frau mit der ich jetzt endlich alles, was ich tief in meinem Herzen gesucht hatte – diese Innigkeit, ohne mich zu verlieren – leben kann. Bereits sechs

Wochen später bezogen wir eine gemeinsame Wohnung, die auf wunderbare Weise überraschend frei wurde. Jetzt bewohnen wir unser gemeinsames Haus mit meinem ersten Sohn. Auch meine Praxis ist in diesem Haus. Alles ist auf wunderbare Weise zusammengeflossen."

Die verzweifelte Suche nach Nähe – Andrea erzählt

„Ich war fünf Jahre mit Sebastian zusammen. Seit einem Jahr sind wir getrennt und wenn ich ehrlich bin, liebe ich ihn immer noch. Für mich war Sebastian meine große Liebe. Ich kann mir nicht vorstellen, noch einmal einen Mann zu treffen, den ich so liebe. Das erste Jahr unseres Zusammenseins war wunderschön. Er wohnte in Hamburg und ich in Berlin. Wir besuchten uns, so oft es ging, jedes Wochenende und manchmal sogar noch öfter. Wenn wir uns nicht sahen, telefonierten wir lange miteinander. Später entschieden wir uns für Hamburg und zogen in eine gemeinsame Wohnung. Wir erlebten beide in dieser Zeit einen beruflichen Neuanfang. Erst wollte ich es gar nicht wahrhaben, aber unsere Beziehung veränderte sich merklich. Wir liebten uns immer noch sehr. Wenn Sebastian von seiner Arbeit nach Hause kam, war ich meistens schon da. Ich freute mich auf ihn, lief ihm entgegen und genoss es einfach, in seiner Nähe zu sein. Er dagegen wollte nach seiner Arbeit erst mal seine Ruhe haben und allein sein. Ich konnte grundsätzlich auch gut allein sein. Aber jedes Mal, wenn ich mich von dem Zusammensein trennte, war ich für einige Minuten recht traurig, ehe ich mich wieder gut meinen Dingen widmen konnte. Sebastian beklagte sich bei mir, dass ich zu viel von ihm will. Ich verstand das nicht. Nach meinem Empfinden wollte ich gar nicht viel. Seine Gegenwart war einfach so schön.

Nach einiger Zeit unseres Zusammenlebens gab es immer häufiger Situationen, in denen er am Wochenende in seine Geburtsstadt Hannover fuhr, um dort Freunde zu treffen. Von dort aus rief er mich immer seltener an. Manchmal kam er erst Montag früh zurück und fuhr gleich zu seiner Arbeit. Mich kränkte das sehr. Ich fühlte mich abgelehnt. Anfangs schob ich seine Distanziertheit auf seine neue Arbeitssituation, die ihn sehr forderte. Aber auch nach zwei Jahren wurde es nicht besser. Es kam zu regelrechten Szenen. Ich hielt seine Reserviertheit einfach nicht aus und machte ihm dann Vorwürfe. Er zog sich erst recht zurück. Ich bereute meine Szenen und wollte mich ändern. Hat doch schließlich eine Liebe nur dann einen Bestand, wenn sie auf Freiheit gegründet ist, so sagte ich mir. Ich suchte nach Gründen für meine innere Verzweiflung. Ich machte eine Therapie und glaubte, die Gründe bei meinen Eltern zu finden. Natürlich gab es Situationen, in meiner Kindheit, die nicht optimal waren. Damit begründete ich mir meine riesige Angst vor dem Verlassenwerden. Aber es half nichts.

Nach drei Jahren unseres Zusammenseins spürte ich, dass die Beziehung kurz vor dem Aus steht. Unsere sexuelle Lust aufeinander wurde immer weniger. Aber ich liebte ihn nach wie vor, mehr als andere Männer vor ihm. Er war meine große Liebe. Um die Beziehung zu retten, zog ich in eine eigene Wohnung. Ich hoffte, dass es mir dort leichter fallen würde, ihn loszulassen und er sich nicht mehr bedrängt fühlen würde.

Wir sahen uns in diesem letzten Jahr des Zusammenseins weniger. Aus unserer Beziehung wurde wieder eine Wochenendbeziehung, diesmal aber immer nur für einen Teil des Wochenendes. Manchmal hatte ich das Gefühl, dass ich schon wie eine frustrierte Ehefrau bin, die über zwanzig Jahre mit einem Mann zusammen ist, wo jede Leidenschaft verloren gegangen ist. Ich hatte Sehnsucht, mich mal wieder zu verlieben. Aber ich liebte Sebastian immer noch über alles, und ich hoffte immer wieder, dass es miteinander besser werden würde. Ich war nicht wirklich frei für einen anderen Mann. Meine Enttäuschung nahm zu, da allmählich klar wurde, dass er wohl nie ein gemeinsames Kind mit mir haben wollte, ich hoffte auf ein Verhütungsunglück.

Eines Tages trafen wir uns und er sagte mir, dass er nicht mehr weiß, wie er zu mir fühlt. Eine Welt brach zusammen. Die nächsten Tage las ich wie verrückt in einem Beziehungsratgeber, nur um Möglichkeiten zu finden, wie wir einen neuen Anfang schaffen können. Ich gab die Hoffnung immer noch nicht auf. Ein paar Tage später stellte sich heraus, dass er schon seit einiger Zeit mit einer anderen Frau zusammen ist. Jetzt brach endgültig meine Welt zusammen.

Schließlich trennte er sich von mir. Ich war wie außer mir, konnte nächtelang nicht schlafen, weinte viel, war verzweifelt und todunglücklich. Das Leben war grau, bis auf wenige Lichtblicke. Jeden Tag hoffte ich auf

Anrufe oder einen Brief von ihm. Seitenlange Briefe schrieb ich an ihn, ohne sie abzuschicken. Erst nach Monaten wurde es langsam besser. Ich orientierte mich mehr nach außen, ging wieder tanzen und suchte wieder Kontakt zu Männern. Ich entdeckte Hamburg noch einmal neu.

Inzwischen weiß ich, dass ich, als meine Mutter mit mir schwanger war, nicht allein in ihrem Bauch war. Mit mir war wahrscheinlich noch ein Bruder. Den habe ich bei Sebastian gesucht, deshalb war es für mich auch nicht schlimm, als unser sexuelles Zusammensein spärlicher wurde. Jetzt trauere ich um meinen Zwillingsbruder und ich spüre, wie nah wir uns waren. Für eine nächste Beziehung bitte ich ihn um Unterstützung, damit ich einen Mann treffe, der besser zu mir passt".

Wenn eine Trennung nicht gelingt – Johannes

Johannes ist Anfang 40. Er lebt in Scheidung und hat drei, zum Teil schon erwachsene Kinder. Johannes erzählt:
„Vor 21 Jahren traf ich meine Frau Sybille. Wir waren beide noch recht jung und wir verliebten uns unsterblich ineinander. Es muss die romantischste Beziehung dieses Jahrhunderts gewesen sein. Mit dieser Frau zu sein, war einfach wunderbar. Die ersten Jahre verliefen recht glücklich. Unsere Tochter Caroline wurde bald geboren, knapp zwei Jahre später unser Sohn Elias. Sybille war für mich immer die wichtigste Frau. Aus irgendeinem mir unerklärlichen Grund wurde nach und nach unser sexuelles Zusammensein weniger. Ich suchte ab und zu außerhalb unserer Beziehung sexuelle Kontakte. Doch die Beziehung zu meiner Frau war mir heilig. Ich spürte, dass sie mich liebt und ich liebte sie sehr, obwohl wir so gut wie keinen Sex mehr miteinander hatten.

Nachdem wir zehn Jahre zusammen waren, kriselte es merklich zwischen uns. Meine Frau sprach von Trennung. Ich wollte mich zu keiner Zeit von ihr trennen. Ich fühlte mich wohl mit ihr. Wir gingen zu einer Paarberatung und machten auf Anraten der Therapeutin einen Urlaub, in dem wir nur zu zweit waren. Der Urlaub war nicht leicht, aber unser drittes Kind ist in dieser Zeit entstanden, unsere Tochter Eleonore. Danach wollte sich auch meine Frau nicht mehr trennen. Es schien wieder so wie früher. Allerdings gab es inzwischen kein sexuelles Zusammensein mehr miteinander.

Mich machte das traurig, aber das soll ja in vielen längeren Beziehungen so sein. Ich fand meine Frau immer noch attraktiv, konnte aber akzeptieren, dass sie nach diesen vielen Ehejahren andere Bedürfnisse hatte und mich körperlich nicht mehr anziehend fand. Ich behalf mir mit der ein oder anderen Beziehung außerhalb. Für meine Frau war das o.k. und ich liebte sie immer noch sehr.

Vor zwei Jahren ist sie ausgezogen. Ich dachte, dass dies wohl nur vorübergehend sei. Viele Frauen brauchen ihre Selbstfindung nach den vielen Jahren des Familienzusammenlebens. Dann hat sie aber aktiv nach einem neuen Beziehungspartner gesucht. Das machte mir Angst. Ich wollte es einfach nicht wahrhaben, dass sie wirklich gehen wollte. Wir haben uns immer gut verstanden. Unseren Alltag haben wir gut miteinander organisiert. Wir hatten uns viel zu geben. Kleinere körperliche Zärtlichkeiten gab es fast bis zum Schluss, auch als sie schon lange aus unserem gemeinsamen Schlafzimmer ausgezogen war.

Jetzt lassen wir uns scheiden. Ich habe mich lange dagegen gewehrt. Es ist, als würde ich jetzt erst langsam begreifen, dass sie wirklich gegangen ist. Es ist schrecklich. Ich fühle mich so verletzt. Ich habe alles, was ich konnte, in diese Beziehung investiert. Die beiden älteren Kinder leben jetzt bei mir und die jüngste Tochter bei meiner ehemaligen Frau. Ich habe meiner Frau alles ermöglicht, aber es hat nicht gereicht. Es kommt mir vor, als ob ich ihr nach all den Jahren nicht mehr genügt habe. Es fällt mir schwer, heute unsere Beziehung mit Abstand zu betrachten und nicht sarkastisch zu werden.

In meiner Verzweiflung habe ich bei Austermanns an einem Seminar teilgenommen. Ich wollte ursprünglich wissen, ob es nicht doch noch irgendeine Möglichkeit gibt, unser Familienleben wiederzubeleben. Dort stellte sich heraus, dass ich einen Zwilling gehabt hatte, eine völlig neue Idee für mich. Ganz langsam beginne ich, diese Idee zu begreifen, vor allem, dass es mehr als eine Idee ist.

Meine Beziehung zu meiner geschiedenen Frau ist vorbei, auch wenn es sehr weh tut, sogar schon lange vorbei. Das habe ich aber niemals wahrhaben wollen. Aber jetzt sehe ich wieder Licht am Ende des Tunnels. Ich hoffe auf eine nächste Beziehung mit einer Frau, die mich als Mann liebt und begehrt, mit Herz und Sex“.

„Zwölf Jahre lang waren Brigitte und ich ein Paar. Wir haben keine Kinder miteinander, aber ich habe einen 15-jährigen Sohn aus einer früheren kurzen Begegnung.

Brigitte und ich wollten eigentlich miteinander alt werden. Ich habe sie sehr geliebt. Genauso wollten wir uns oft trennen, sind aber nicht voneinander losgekommen. Wir verstanden uns sehr gut. Wir hatten ähnliche Interessen für Musik und Kunst, hatten ähnliche Berufe, bei denen wir uns gegenseitig sehr unterstützten. Wir wurden von unserem Freundeskreis oft als das ideale Paar angesehen. Manche empfanden uns zu sehr wie Brüderchen und Schwesterchen. Wir haben viele Entwicklungen gemeinsam durchlebt und so vieles geteilt, auch das Bett. Wir liebten uns oft und innig, aber nie so ganz heiß. Es war sehr herzlich, aber nur halbwarm. Irgendetwas hat immer gefehlt. Wir haben das beide nicht verstanden. Ich begehrte sie über alles, sie mich auch, aber nur bis zum Bauchnabel. Darunter aber war es von ihr aus ambivalent. Wir hatten beide lange Zeit geglaubt, dass sie als Kind schwer missbraucht worden sei. In der Therapie die sie machte, zeigten sich aber nicht die rechten Anzeichen dafür. Wir haben alles nur erdenkliche probiert, um heißeren Sex miteinander zu haben. Wir haben beide eine Psychotherapie gemacht, an Massagekursen, Entspannungsübungen und Tantragruppen teilgenommen. Es hat sich nicht wirklich etwas an unserem Problem geändert.

Mir sagten mehrere gute Freunde, denen ich mich anvertraute, dass Brigitte wohl für mich nicht die richtige Frau sei. Das konnte und wollte ich nicht wahrhaben. Ich liebte sie doch so sehr. Ich konnte mir für mich keine bessere Frau vorstellen als sie. Das muss doch gehen, habe ich verbissen geglaubt. Mehrfach haben wir versucht, uns zu trennen. Das glückte aber immer nur kurz. Das war unerträglich traurig. Eines Tages aber hat sie sich in jemanden verliebt und mit ihm die heißesten Liebesnächte verbracht. In mir brach alles zusammen. Wochenlang konnte ich nicht schlafen und in meiner Brust fühlte es sich so wund und brennend an, als hätte jemand einen Flammenwerfer hineingehalten. Mir war, als hätte mir jemand das Herz herausgerissen. Ich wollte nur noch sterben. Sie konnte auf einen anderen Mann körperlich anders reagieren als auf mich.

War an mir etwas falsch? Wir trennten uns dann heftig und für immer. Heute weiß ich, dass an mir nichts falsch war. Ich habe nach langer Zeit des Trauerns und Abschiednehmens eine andere Frau getroffen, die auf allen Ebenen zu mir passt. Ich hätte nicht für möglich gehalten, dass auf mich noch etwas Intensiveres gewartet hat. Dafür musste ich erst die Beziehung zu Brigitte lassen und selber entdecken, dass ich einen verlorenen Zwilling habe, den ich in Brigitte gesucht hatte."

Nicht mit Dir und nicht ohne Dich – Gabriele erzählt

„Ich war mit Markus fünf Jahre mehr oder weniger zusammen. Am meisten habe ich ihn geliebt, als er sich von mir getrennt hat. Wir haben uns getroffen, als wir beide in Trennung von unseren vorherigen Partnern lebten. Ich habe mit meinem vorherigen Partner einen zehnjährigen Sohn. Markus und ich verband das gleiche Trennungsthema und wir konnten uns aneinander festhalten. Daraus ist dann nach und nach mehr entstanden. Nach einem halben Jahr wollte ich mich von ihm trennen. Ich hatte mich ja nie bewusst für eine Beziehung zu ihm entschieden und wollte offen sein für die große Liebe, die vielleicht woanders wartet. Wir sind dann für einen Monat auseinandergegangen.

In dieser Zeit fühlte ich mich trotz meines Sohnes sehr allein. Ich konnte überhaupt erst in diesen Wochen über das Ende der letzten Beziehung trauern. Es waren schwere Wochen und in mir wuchs die Sehnsucht nach Markus. Ich dachte an seinen wunderbaren Körper, seinen Geruch und sein süßes Lachen. Ich wollte zu ihm zurück. Wir trafen uns und wurden jetzt erst so richtig zu einem Paar. Aber meine Ambivalenz blieb.

Oft habe ich ihn mir anders gewünscht, als er war. Besonders schlimm war seine Unverbindlichkeit. Er hat verschiedene Jobs, ist unglaublich kreativ und lebensfroh, ein richtiger Lebenskünstler. Verbindliche Verabredungen kann oder will er nicht treffen. Sein Lebensrhythmus war völlig anders als meiner. Ich hatte meinen Job von morgens bis nachmittags, montags bis freitags. Er hatte seine Arbeitsphasen. Mal hat er viel gejobbt und gut verdient, dann hat er wieder einige Zeit frei gemacht. Wenn er frei hatte, verreiste er gern, oft ohne mich. Ich war mir immer wieder unsicher, ob ich ihn als Partner wollte.

Mehrmals versuchte ich, mich von ihm zu trennen. Das schaffte ich immer nur kurz. In den Trennungszeiten dachte ich täglich an ihn, mal voll Sehnsucht und mal voll Wut. Ich war es dann wieder, die auf ihn zuging. Er freute sich, dass ich wieder da war, schien mich aber nicht allzu sehr vermisst zu haben. Oft war ich in dieser Beziehung enttäuscht und zweifelte, ob er der richtige Mann für mich ist. So verlief unsere Beziehung teils gut und teilweise unglücklich. Nach fast fünf Jahren verliebte er sich in eine andere Frau und trennte sich von mir. Das war für mich entsetzlich. Es war, als hätte mir jemand das Allerliebste aus dem Herzen gerissen. Dieser Mann, diesen Körper, den ich so gut kannte, war nicht mehr mit mir. Ich rief ihn sehr oft an und wollte ihn wenigstens als guten Freund treffen. Er lehnte das ab. Mir blieb nur mein Tagebuch, um meine Sehnsucht nach ihm aushalten zu können.

Auch wenn ich während des Zusammenseins oft gezweifelt habe, konnte ich mir keinen anderen Mann als Markus vorstellen. Alle Männer, die ich traf, verglich ich mit ihm. Ich konnte mich auf keinen einlassen. Dabei spürte ich meinen riesengroßen Hunger nach Körperkontakt. Meine ganze Haut schrie nach Berührung. In dieser Zeit entwickelte ich wieder mehr Freundschaften zu Frauen. Das tat so gut. Mit einer Frau war es besonders schön. Wir massierten uns gegenseitig. Ab und zu zelebrierten wir eine regelrechte Badewannenparty zu zweit bei ihr zu Hause. Sie hatte eine besonders große Wanne, in der wir gut zu zweit baden konnten. Wir legten gute Musik auf, tranken Sekt und ließen es uns gut gehen. Das waren besondere Feste für mich. An diesen Abenden hatte ich das Gefühl, ich brauche Markus nicht und auch keinen anderen Mann. Ich war mit mir und der Welt zufrieden. Leider waren diese Abende sehr selten. Später ging diese Freundschaft wegen eines Streits auseinander. Das war sehr schade.

Ein Jahr nach der Trennung traf ich Markus zufällig in einem Cafe. Ich vereinbarte sofort, mich mit ihm zu treffen. In den Tagen vor diesem Treffen wurde ich sehr sehnsuchtsvoll. Ich malte mir aus, wie es wäre, ihm noch einmal sehr nah zu sein. Das Treffen verlief recht nüchtern. Er hatte nicht viel Zeit und erzählte von seiner neuen Freundin.

Das absurde war, dass Markus trotz allem in meiner Vorstellung zum tollsten Mann der Welt für mich wurde. Alle Zweifel, die ich während unseres Zusammenseins ihm gegenüber hatte, schien es nicht mehr zu geben. Ich wünschte mir so sehr eine Freundschaft mit ihm. Ich rief ihn oft an, er reagierte distanziert. Es hat lange gedauert, bis ich verstanden habe, dass es wirklich zwischen uns vorbei ist.

Jetzt, drei Jahre später, habe ich mich endlich wieder in jemanden verliebt. Ich habe immer geglaubt, dass meine Beziehungsschwierigkeiten von der komplizierten Beziehung, die meine Eltern miteinander hatten, herrühren.

Wegen körperlicher Beschwerden, ich habe oft heftige Schmerzen in den Gelenken, habe ich neben der ärztlichen Behandlung auch therapeutische Unterstützung gesucht. Weil die bisherigen Behandlungen ohne nennenswerten Erfolg waren, habe ich mich gefragt, was hinter diesen Schmerzen steht. Meine Suche nach Linderung der Schmerzen führte mich zu den Austermanns.

In einer der Sitzungen ging ich in der Fantasie zurück durch mein Leben, in die Zeit als Jugendliche, als Kind, als Baby und sogar noch weiter bis in die Zeit vor der Geburt. Ich traf auf einen Zwilling in der Zeit, als ich im Bauch meiner Mutter war. Das hat mich zuerst schockiert, und ich wollte es nicht glauben. Ich habe es „ausprobiert". Jemand hat sich als Stellvertreter wie ein Embryo neben mich gelegt. Erst wollte ich wegrennen und dann bin ich innerlich zerflossen. Es war so nah und ich bin ganz weich geworden. Ich habe mich so ruhig gefühlt, so zu Hause und geborgen. Niemals möchte ich dieses Gefühl wieder verlieren. Dass der Andere dann gestorben ist, das ist traurig. Manchmal überschwemmt mich diese Trauer. Dann liege ich mit meinem Kuscheltier im Bett und drücke es fest an mich. Das tut gut. Langsam dämmert es mir, dass ich mir vor Jahren meinen Kuschelelefanten als Symbol für meinen verlorenen Zwillingsbruder gekauft habe.

Dieses Nahe und Weiche, wie ich es in der Sitzung mit dem Stellvertreter für meinen Zwillingsbruder erlebt habe, habe ich immer bei Männern gesucht. Aber das hatte für mich nichts mit sexueller Lust zu tun. Das wiederum hat meine Partner sehr irritiert. Mehrfach sind meine Beziehungen wieder auseinander gegangen, weil der Mann erregt war und ich einfach nur kuscheln wollte. Mein Verhältnis zu Männern hat sich seit der Sitzung sehr geändert. Ich spüre mehr Erotik und suche in meinem neuen

Partner Andy nicht mehr meinen Zwilling. Ich mache ihn nicht dafür verantwortlich, wenn ich die zarte Nähe, die ich zu meinem Zwillingsbruder gespürt habe, vermisse. Andy ist ganz anders als Markus. So verbindlich. Ich liebe ihn sehr."

Zwölf Jahre ohne Partner – Kathrin

An anderer Stelle ist uns die 43-jährige Kathrin bereits begegnet. Sie kam zu mir in die Einzelberatung mit dem vordergründigen Anliegen, ihre berufliche Situation zu klären. Ihre Schwierigkeiten haben wir in dem Kapitel „Schwierigkeiten im Leben des allein geborenen Zwillings" beschrieben.

In der Sitzung stellte sich heraus, dass Kathrin zu Beginn ihres Lebens nicht alleine war. Innerlich nahm sie Kontakt zu ihrer Zwillingsschwester auf. Ihr wurde deutlich, warum sie sich lange an Männer nicht herangewagt hat. An eine Liebesbeziehung auch nur zu denken, fühlte sich für sie wie ein Verrat an ihrer Zwillingsschwester an.

Sechs Monate später berichtet Kathrin mir, dass sie nach 12 Jahren ohne Beziehung einen Mann getroffen hat. Sie hat sich verliebt und ist eine Beziehung eingegangen.

Die Dreiecksbeziehung – Marianne erzählt

„Ich habe mich an Alfred und Bettina Austermann gewandt, da ich mich in großer Not befand. Ich kam mit meinem Beziehungschaos nicht mehr klar und bat um Hilfe und Unterstützung. Dringend suchte ich nach einer Klärung für mich. Ich hatte große Angst, dass unsere Familie auseinander bricht.

Ich habe die Beziehung zu meinem Mann Thomas und zu meinem ehemaligen Partner Michael, den Vater meines zweiten Kindes nicht mehr klar bekommen. Ich liebe meinen Mann. Wir haben eine siebenjährige Tochter. Vor fünf Jahren habe ich mich dann von ihm getrennt. Ich hatte mich in Michael verliebt. Mit ihm habe ich einen Sohn, mein zweites Kind. Nach einer gewissen Zeit spürte ich aber, dass ich Thomas, den Vater meiner Tochter, immer noch sehr liebe. Ich ging zu Thomas zurück und wir heirateten. Vor einem Jahr begann sich in mir das Karussell von neuem zu drehen: Ich fühlte mich wieder verstärkt zu Michael hingezogen. Liebe ich nun Thomas oder Michael oder sollte ich ganz gehen? Es war furchtbar. Eigentlich liebe ich beide Väter meiner Kinder. Ich wusste nicht mehr weiter. Ich wollte unsere Familie nicht kaputtmachen.

In der Sitzung kam heraus, dass ich als Embryo noch einen Zwillingsbruder hatte. Die Innigkeit mit ihm war schön, sein Weggehen bereitete mir einen unerträglichen Schmerz. Ich habe ‚Manni', so habe ich meinen verlorenen Zwillingsbruder genannt, bei Michael gesucht. Jetzt verstehe ich, warum ich mich ihm so nah fühlte. Wir waren wie innigste Geschwister und wenig sexuell. Ich konnte Michael einfach nicht loslassen, ja ich liebe ihn auch, aber auf andere Weise als Thomas. Michael hat sehr unter meinem Chaos gelitten, da auch er mich ganz wollte.

Auf Anraten der Austermanns habe ich ein privates kleines Beerdigungsritual gemacht. Ich habe eine Puppe, die mich seit frühester Kindheit begleitet, in meinem Lieblingshalstuch eingewickelt und in einem Waldstück begraben. Es war ein tränenreicher Abschied. Nachdem ich ‚Manni' der Erde anvertraut hatte, änderte sich vieles in meinem Liebesleben.

Ich bin so dankbar, dass sich dieses Beziehungschaos aufgelöst hat. Ich fühle Klarheit meinem Mann gegenüber und bin mir jetzt wieder sicher, dass er der richtige Partner für mich ist.

Jetzt, wo ich spüre, dass es jemand ganz anderes ist, der an meiner Seite fehlt, hat sich auch das Verhältnis zu Michael relativiert. Er ist mir immer noch sehr lieb, hat aber nicht mehr diese große Bedeutung für mich. Er ist auch keine Konkurrenz und Bedrohung mehr für meinen Mann. Das Verhältnis zwischen meinen Mann und Michael hat sich sichtlich entspannt."

20 Schwierigen Kindern fehlt manchmal der Zwilling

Kinder, die sich ungewöhnlich verhalten, haben möglicherweise einen Zwilling verloren. Manche Schreibabys schreien Tag und Nacht, weil sie in der Gebärmutter die große Katastrophe erlebt haben, nämlich, wie ihr Geschwister gestorben ist. Dieses ist allerdings nur eine von vielen möglichen Ursachen für schreiende Babys. Wie uns eine Hebamme berichtete, die jahrelang in einer Schreibabyambulanz gearbeitet hat, fehlt den meisten Schreibabys mütterlicher Halt. Viele Kinder werden ruhiger, wenn die Mutter im Nebenraum auf behutsame und unterstützende Weise massiert wird. Damit wird die Mutter ruhiger und kann sich auf ihr Mutterdasein zentrieren.

Wenn ein Baby trotz aller Tröstungsversuche und Unterstützung der Mutter nicht aufhört zu schreien, sollte man als Ursache erwägen, dass ein Zwillingsgeschwister während der Schwangerschaft gestorben ist. Man kann mit ihm sprechen und sagen, dass es vielleicht in Mamas Bauch nicht alleine war und dass der Andere jetzt so fehlt. Vielleicht kann ein Kuscheltier den Anderen vertreten, während das Schreibaby eng am Bauch der Mutter gehalten wird.

Kinder, die sich besonders gern Plastiktüten über ihr Gesicht ziehen, spielen die Situation in der Gebärmutter nach: eng anliegende Plastiktüten fühlen sich so an wie die äußere Eihaut. Umgeben von der „Eihaut“ machen sie Kontakt mit der Welt und suchen, wo der Andere geblieben ist. Wegen der Erstickungsgefahr muss das Spiel mit Plastiktüten von den Eltern beaufsichtigt und die Tüten mit einem Schlitz in Mundhöhe zum Atmen versehen sein.

Eine Mutter von lebenden Zwillingen berichtete uns, wie ihre Kinder über Jahre immer wieder mit den halb durchsichtigen Stores im Wohnzimmer gespielt haben, der eine auf der einen und der andere auf der anderen Seite der Gardine. Sie genossen sichtlich und mit gewaltigem Lärm beim Spiel den nachgestellten Kontakt durch die „Eihaut“, so wie er in der

Gebärmutter war. Wenn Kinder eine besondere Faszination für Spiegel haben, kann das auch bedeuten, dass sie den Anderen suchen.

Ganz besonders wichtig ist natürlich das Kuscheltier. Kuscheltiere sind für fast alle Kinder wichtig, aber für einen allein geborenen Zwilling existentiell. Ein Ausflug, beispielsweise zu den Großeltern, ohne dass das Kuscheltier mitreist, ist dann über viele Jahre völlig unmöglich. Wenn ein Kuscheltier eine so extreme Bedeutung hat, kann dieses ein Ersatz für einen verlorenen Zwilling sein. Manche Kinder haben ungewöhnlich große Angst vor der Nacht und können nur mit Licht schlafen, so wie Françoise in unserem nächsten Beispiel. Die Nacht und die Dunkelheit in geschlossenen Räumen wird oft wie die Rückkehr in den Mutterleib erlebt.

Françoise kann nachts nicht schlafen

Chantal, eine unserer Ausbildungsteilnehmerinnen, hat eine dreijährige Tochter, Françoise. Tagsüber kann das Kind problemlos schlafen, aber nachts ist es ungeheuer schreckhaft und findet kaum Ruhe. Wenn sie überhaupt schlafen kann, dann nur mit offener Zimmertür und Licht. Chantal hatte zu Beginn der Schwangerschaft Blutungen und selbst den Eindruck, ein weiteres Kind verloren zu haben.

Zusammen mit Chantal habe ich eine Geschichte nach einer Anregung der belgischen Kindertherapeutin Marie-Ève Hallet-Mespouille für ihre Tochter geschaffen. Die Geschichte handelt von einem Zwilling, der eine Zeit lang da war und dann wieder verschwunden ist. Wie Chantal später berichtet, schaut die kleine Françoise ihre Mutter mit großen leuchtenden Augen an, jedes Mal wenn sie diese Geschichte erzählt:

„Als Du bei mir im Bauch warst, warst Du eine Zeit lang nicht allein. Das hat sich für Dich sehr gut angefühlt. Da war noch ein Kindchen, wohl ein Brüderchen. Ihr habt zusammen gelegen und mit Euren kleinen Ärmchen miteinander gespielt. Dann ist das Brüderchen krank geworden und gestorben. Das war ein ganz großer Schreck und ganz traurig für die kleine Françoise. Der Körper ist noch eine Zeit als Klumpen dagewesen, dann ist er in ganz kleine Stückchen zerfallen. Die sind dann von dem Mutterkuchen aufgenommen worden. So, als ob ganz viele kleine Ameisen winzige Stückchen genommen und in den Mutterkuchen hineingetragen hätten. Der Körper von dem kleinen Brüderchen ist jetzt nicht mehr da. Das kleine Brüderchen ist jetzt woanders, in der unsichtbaren Welt. Dort, wo auch vor einigen Tagen der Hund vom Nachbarn hingekommen ist.

Aber ein Teil von dem kleinen Brüderchen ist noch da. Der wohnt im Herzen der kleinen Françoise, da wo es jetzt ganz warm ist, wenn Françoise an ihn denkt.

Manchmal, wenn Françoise ganz leise ist, kann sie in ihrem Herzen hören, wie das Brüderchen liebe Worte sagt. Auch wenn das Brüderchen jetzt woanders ist, so kann man doch im Herzen, so ähnlich wie durch ein Radio, seine Stimme hören. Die ist aber ganz sanft und leise. Das Brüderchen ist wie ein Schutzengel.

Weil das Brüderchen aber in der anderen Welt auch noch etwas anderes zu tun hat, kann er nicht immer gehört werden. Er hat seine Aufgaben in der anderen Welt und Françoise bleibt bei Mama und Papa. Manchmal ist er ganz nah und manchmal weiter weg. Besonders froh ist er, wenn es seinem Schwesterchen auch so gut geht wie ihm und sie besonders schön spielt ..."

Nachdem Chantal ihrer Tochter mehrfach mit kleinen Abwandlungen diese Geschichte erzählt hat, besserten sich ihre Schlafschwierigkeiten deutlich.

Bei größeren Kindern kann der verlorene Zwilling ebenfalls schwere Auswirkungen haben. Ein Kind mit extremer Rechenschwäche haben wir bereits im 13. Kapitel „Die rechte und die linke Gehirnhälfte bei Zwillingen" vorgestellt. Häufig haben wir in unserer Arbeit große Spannungen unter den Geschwistern beobachtet, wenn eines der Kinder einen verlorenen Zwilling hat und ihn vermisst. Manche der Geschwister können dann nicht als die gesehen werden, die sie sind, sondern müssen den verlorenen Zwilling ersetzen. Das Kind mit dem verlorenen Zwilling hat das Gefühl, dass zum Beispiel die jüngere Schwester oder der jüngere Bruder eben irgendwie nicht die oder der „Richtige" ist. „Die ist doof, der ist doof" heißt es dann lapidar.

Wegen der Schwere und der Dramatik möchten wir noch ein ehemals schwer hyperaktives Kind vorstellen, bei dem der jüngere Bruder scheinbar nicht „richtig" war. Claude Imbert hat ihn erfolgreich behandelt und den Fall beschrieben:

Bob, das „Ritalin-Kind"

Der hochintelligente Bob ist elf Jahre alt und hat bereits eine traurige „Drogenkarriere" hinter sich. Nach einer sehr schweren Geburt, die fast dreißig Stunden dauerte und per Kaiserschnitt beendet wurde, ist der Junge mit der Nabelschnur um den Kopf geboren worden. Zunächst entwickelt sich Bob normal. Als dann der kleine Bruder vier Jahre später geboren wird, entwickelt er eine starke Hyperaktivität und Konzentrationsschwäche, so dass er über Jahre unter Ritalin® gehalten wird und sich die Haare ausreißt. Seine Konzentrationsschwäche ist so heftig und sein Gedächtnis ist so schwach, dass er einen normalen Schulalltag nicht durchhalten kann. Er wird von einer Sonderschule aufgenommen und hat immer wieder Psychiatrieaufenthalte. Als Imbert ihn behandelt, hatte er gerade einen Monat in einer psychiatrischen Kinderklinik hinter sich. Er wirkt sehr traurig. Sie fragt ihn: „Bevor du in die Klinik musstest und von deiner Katze, deinem Papa und deiner Mama getrennt wurdest, was hat dich da traurig gemacht" – „dass ich keine Freunde habe und so einsam bin" antwortet Bob. Imbert lädt ihn zu einem Experiment ein. Sehr bereit legt er sich auf den Boden und nimmt die Haltung eines Fötus ein. Nach einer Entspannungsphase erinnert sich Bob an seine Zeit im Mutterleib. Dann aber schreckt er hoch und unterbricht diesen Strom innerer Bilder. Er hat seinen vier Jahre jüngeren Bruder Ted vor Augen und beginnt einen aufgeregten, aggressiven Dialog mit ihm. Später entdeckt er, dass er im Mutterleib nicht alleine war.

Die einzelnen Schritte dieser Therapiesitzung sowie Imberts Deutungen und ihr Bild der Seelenwanderung lassen wir an dieser Stelle aus. Entscheidend ist, dass nach dem Wiederentdecken des Zwillings in dieser Sitzung sich Bobs Leben dramatisch geändert hat. Jetzt kann er seinem jüngeren Bruder sehr herzlich begegnen, da dieser nicht mehr den verlorenen Zwilling „vertreten" muss. Er konnte nach dieser einen Sitzung nach kurzer Zeit eine normale Schule besuchen und hat jetzt Freunde.

Wichtig ist für uns, zu verdeutlichen, dass schwerst geplagte Ritalin-Kinder und deren schwerst geplagte Eltern manchmal durch die Wiederentdeckung des verlorenen Zwillings erlöst werden können.

Bob hat Ähnliches erlebt wie unsere Klientin Doris, die unter gewaltiger und gewalttätiger Eifersucht litt, nachdem ihr kleiner Bruder geboren wurde.

Kinder drücken viele ihrer Erfahrungen und Gefühle über Bilder aus. Katja ist 8 Jahre alt. Ihre Mutter hat ihr vor einigen Wochen erzählt, dass sie am Beginn der Schwangerschaft nicht allein in ihrem Bauch war. Als Baby war sie ein typisches „Schreibaby". Später musste sie oft scheinbar grundlos weinen. Es tut ihr sichtlich gut, dass sie jetzt mit ihrer Mutter über das Fehlen der Schwester reden kann. Sie malt viele Bilder über sich und ihre Schwester, die sie Liane genannt hat.

Katja und Liane im Meer

Man achte auch auf die zarte Darstellung der Hände: Sie sehen aus wie die kleinen Flossen eines etwa sechs Wochen alten Fötus.

Meine Einschulung – Ich hätte mir gewünscht, meine Schwester wäre dabei!

Ein weiteres Bild haben wir von Céline, einer „Heilungswege"-Seminarteilnehmerin in Paris, bekommen. Sie hat in den Bildern gestöbert, die sie vor über dreißig Jahren als Kind gemalt hat. Nach der Lektüre unseres Buches fällt ihr auf, wie oft sie alles doppelt malt. In diesem Bild sind es zwei Blumen, zwei Schornsteine usw.

Das Zwillingshaus

21 Wenn Eltern einen Zwilling verloren haben

Wenn Sie Kinder haben, werden Sie wissen, wie schnell Sie an Ihre eigenen Grenzen stoßen. Sie kennen Ihre besonderen Stärken und Schwächen. Vielleicht wünschen Sie sich manchmal, anders zu reagieren, als sie es tun. Einige Eltern vergleichen sich mit anderen und meinen, andere Mütter und Väter seien besser als sie. Alle Eltern geben ihren Kindern soviel sie können. Selbst Eltern, die sehr wenig eigene Kraft haben und deren eigene Kindheit sehr schwer war, wünschen sich sehnlichst, dass es ihren Kindern gut geht. Das bestätigt sich in unserer Arbeit auf berührende Weise immer wieder. Wenn allein geborene Zwillinge selbst Kinder bekommen, können sie natürlich auch nur mit der Erfahrung des Verlustes ihres Zwillingsgeschwisters Mutter oder Vater für ihr Kind sein. Dieses hat oft auch eine verborgene Wirkung auf die eigenen Kinder. Viele grundsätzliche Lebenseinstellungen und Glaubenssätze des Elternteils, der ein allein geborener Zwilling ist, beeinflussen die Beziehung zu den Kindern. Einige Zusammenhänge, die wir in unserer Arbeit erlebt haben und einige wiederkehrende Schwierigkeiten unserer Klienten möchten wir hier beschreiben.

Wenn Eltern ihr Kind zu sehr lieben

Kleine Kinder, vor allem Säuglinge, sind so ungeheuer süß, dass die Eltern sie immer wieder knuddeln und bekuscheln möchten. Viele Psychologen sind der Ansicht, dass man ein Kind im ersten Lebensjahr gar nicht zu viel verwöhnen und streicheln kann. Wir können das bestätigen, solange die Eltern wirklich zu hundert Prozent als Eltern auf ihr Kind schauen. Viele von Ihnen kennen sicher Eltern junger Kinder, bei denen alles im Fluss ist und andere, wo man spürt, dass irgendetwas nicht stimmt, obwohl die Eltern extrem herzlich zu den Kindern sind.

Wir haben Eltern beobachtet, die ihrem Kind zu nahe kommen, und immer wieder mit ihm verschmelzen wollen. Sie suchen in ihrem Kind unbewusst ihr eigenes verlorenes Zwillingsgeschwister. Das ist manchmal zu viel von der richtigen Liebe, nämlich für den Zwilling, die aber zur falschen Person geht. Einem solchen Kind geht es nicht gut, wenn die Eltern zu nahe kommen. Es fühlt sich nicht kraftvoll vom Vater oder von der Mutter gehalten, sondern es fühlt den Elternteil als gleich neben sich. Das irritiert und verunsichert das kleine Kind. Das Kind wird unruhig und weint schneller, als wenn es mit elterlicher Kraft gehalten wird. Es will dann oft nicht so nahe sein, lieber auf den Schultern als auf der Brust oder auf dem Bauch von Mama oder Papa.

Auf dem folgenden Foto können wir beobachten, wie der Vater in den Sohn „hineinfließt". Diese Haltung bedeutet nicht, dass der Vater sich schützend über das Kind beugt, sondern, dass er mit ihm verschmelzen will. Der Sohn hingegen ist deutlich abgegrenzt von seinem Vater und hält ihn auf Abstand. Dieser Junge ist bei seinen Eltern oft unglücklich und unruhig, wenn er zu nahe gehalten wird. Die Eltern haben vermutlich beide im Mutterbauch einen Zwilling verloren und haben zeitweise eine „Zwillingsnähe" zu ihrem Kind.

Manchmal sind Eltern mit ihrem Kind „verschmolzen".

Auch wenn die Kinder größer werden, fehlt ihnen ein Teil der Elternkraft, wenn sie bei den Eltern einen Zwilling vertreten. Unbewusst machen sich die Eltern das Kind gleich, damit es wie der verlorene Bruder oder wie die verlorene Schwester ist. Gleichzeitig muss der Elternteil befürchten, die Nähe des Kindes zu verlieren. Damit ist der Elternteil sehr verletzbar und bestechlich. Er verliert seine Autorität als Vater oder als Mutter. Viele von Ihnen kennen in ihrem Bekanntenkreis Mütter, die eine zu enge Beziehung zu ihrer Tochter, oder noch schlimmer, zu ihrem Sohn haben. Sie verhalten sich wie Geschwister, so nah, so verbunden. Dann hat weder der Vater Platz, noch das andere Geschlecht, wenn die Kinder erwachsen sind.

Natascha vertritt den Zwilling für ihren Vater

In einer familientherapeutischen Sitzung erschienen bei uns Eltern mit ihrer 9-jährigen Tochter Natascha. Das Kind hatte eine Leistungsschwäche in der Schule und wenig Kontakt zu ihren Klassenkameraden. Die Eltern wussten von den Ultraschalluntersuchungen, dass Natascha zu Beginn der Schwangerschaft nicht allein war. Als die Familie bei uns auftauchte, sahen wir wenig von Natascha, sie versteckte sich immerzu hinter ihrem Vater und klebte zusammen mit ihrem Kuscheltier an ihm. Egal, wie sich der Vater hinsetzte, die Tochter wich keinen Millimeter von seiner Seite, saß dann auf seinem Schoß. Dabei spielte sie mit ihrem Handy und war unruhig. Der Vater duldete alles, was die Tochter tat und konnte ihr keinerlei Grenzen setzen.

Im Laufe der Sitzung stellte sich heraus, dass nicht nur die Tochter einen Zwilling verloren hatte, sondern auch den Zwilling für den Vater vertreten hat. Die Mutter hatte wenig Chancen, eine angemessene Nähe zu ihrem Kind aufzubauen. Unbewusst hat Natascha gespürt, wie sehr der Vater seinen Zwilling, vermutlich eine Schwester, vermisst. Sie füllte dieses Loch bei ihm. Als dieses Thema ans Licht gekommen war, änderte sich noch während der Sitzung Nataschas Verhalten schlagartig. Der Vater konnte plötzlich mit gesunder väterlicher Stärke mit seiner Tochter sprechen und ließ nicht mehr alles durchgehen. Natascha wurde viel ruhiger.

Später nahm der Vater an einem Zwillingsseminar teil und berichtete uns, dass nach dieser Sitzung vieles in seiner Familie in Bewegung gekommen ist. Natascha kann sich in der Schule besser konzentrieren und hat jetzt eine Freundin. Auch in der Beziehung der Eltern untereinander hat sich etwas geändert.

Übung: Ein Kind mit Elternkraft oder als Zwillingsersatz halten

Wir haben eine Übung für die Ausbildungsgruppen in Familienaufstellung entwickelt, die sehr anschaulich den Unterschied in der Art, wie Eltern mit dem Kind in Kontakt sind, zeigt:

Einer ist Stellvertreter für den Vater oder die Mutter und sitzt auf einem stabilen Stuhl. Ein anderer Teilnehmer vertritt das kleine Kind und legt sich dem Stellvertreter für den Vater oder die Mutter in die Arme. Beim ersten Durchlauf stellt sich Vater- oder Mutterstellvertreter vor, ganz in der elterlichen Kraft und Liebe zu sein und von dort aus, gerade aufgerichtet und stark, das Kind zu halten und zu liebkosen. Dies braucht nur ein, zwei Minuten zu dauern. Es ist ein schönes Bild. Das Kind liegt sicher gehalten und wohlig entspannt im Arm.

Beim zweiten Durchlauf stellt sich der Vater- oder Mutterstellvertreter vor, innerlich ganz tief seinen Zwilling zu suchen. Er liebkost und streichelt das Kind in einer Weise, dass er am liebsten in das Kind hineinkriechen möchte, eine „ganz närrische Zärtlichkeit", die wir bei manchen Eltern kleiner Kinder beobachten können. Er „schmilzt" in das Kind hinein. Bei diesem zweiten Bild verzieht der Stellvertreter für das Kind sehr schnell das Gesicht, fühlt sich unwohl und nicht sicher gehalten.

Sie können diese kleine Übung selber auch mit einem Kuscheltier als Vertreter für das Kind ausprobieren: Wenn sie das Stofftierkind auf die eine oder andere Weise halten, werden sie große Unterschiede feststellen.

Ein weiteres Problem für manche Eltern, die selbst einen Zwilling verloren haben, sind die schwer zu ertragenden Ängste, dass das Kind sterben könnte. Diese Ängste haben alle Eltern, aber wenn sie ein gewisses Maß übersteigen, leiden auch die Kinder in allen Lebensaltern unter der Panik eines oder beider Elternteile.

Gefärbte Haare, um die verlorene Zwillingsschwester der Mutter zu ersetzen – Colette erzählt

Ein drastisches Beispiel ist die fünfundvierzigjährige Colette, die immer wieder massiven Streit mit ihrer Mutter hat. Sie war ihrer Mutter böse, weil sie sich als Kind nie gehalten gefühlt hat. In einer Familienaufstellung zeigte sich,

dass die Mutter ihre verlorene Zwillingsschwester sehr vermisste, und dass Colette sie „ersetzen" sollte. In der Aufstellung haben die Stellvertreterin der Mutter und Colette selbst eine große Erleichterung verspürt, als Colette zu ihrer Mutter-Stellvertreterin sagte „Liebe Mama, Deine Sehnsucht nach Deiner verlorenen Schwester kann ich nicht tragen, das ist zu groß für mich. Ich kann Deine Schwester nicht ersetzen. Ich bin nur Dein Kind". Nach dieser Sitzung hatte Colette eine wichtige Einsicht, die sie uns mitteilte:
„Jetzt verstehe ich endlich, warum ich mir seit meiner Jugend die Haare blond färbe. Meine natürliche Haarfarbe ist dunkelbraun. Meine Mutter, die selbst blond ist, sagte mir damals, dass sie mich viel lieber mit blonden Haaren sieht. Die Zwillingsschwester meiner Mutter hätte bestimmt auch blonde Haare gehabt. Jetzt probiere ich mich mal mit meiner echten Haarfarbe aus, die ich dreißig Jahre lang versteckt habe."

Wenn allein geborene Zwillinge Mutter werden

Besonders starke Auswirkungen auf das Kind hat es, wenn die Mutter ein Zwillingsgeschwister verloren hat. Durch Schwangerschaft und Stillzeit ist eine Mutter dem Kind noch inniger verbunden als der Vater. Manche Mütter unter unseren Seminarteilnehmerinnen erlebten die Schwangerschaft als sehr bedrohlich. Ihre Schwangerschaft erinnerte sie an das eigene Trauma, den Anderen so dicht neben sich verloren zu haben. Nie wieder möchten sie ähnliches erleben und nie wieder jemanden so dicht bei sich haben. Einige Mütter berichteten uns, dass sie sich gefangen fühlten in der dauerhaften Nähe zu ihrem werdenden Kind, aus der sie nicht flüchten konnten. Auch nach der Geburt konnten sie engen körperlichen Kontakt zum Kind kaum ertragen. Eine Mutter erzählte uns: „Wenn mein Sohn geschrien hat, konnte ich ihn zwar beruhigen, wenn ich ihn auf den Arm nahm. Für mich war das aber jedes Mal unangenehm. Ich war so froh, wenn ich ihn wieder ins Bett legen konnte. Ich habe sehr an mir als Mutter gezweifelt und an meiner Liebe zu meinem Sohn."

Einige Mütter, die das Sterben ihres Zwillings erlebt haben, glauben unbewusst, sie sind schuld am Tod des Anderen. Wenn sie ihr Kind berühren, haben sie große Ängste, ihm zu schaden. Sie trauen sich kaum, ihr Kind anzufassen, auf den Arm zu nehmen, zu streicheln und zu liebkosen. Bevor sie dem Kind etwas Schlimmes zufügen, bleiben sie lieber in Distanz. Für andere Mütter ist die große Sehnsucht nach dem Anderen im Vordergrund, manchmal so stark, dass das Gefühl entsteht, ohne den Anderen nicht leben zu können.

Ein Kind spürt, wenn der Mutter jemand sehr Liebes und Nahes fehlt. Das Kind versucht, der Mutter so nah zu sein, wie sie es „braucht". Die Mutter ist dann von der Liebe des Kindes ihr gegenüber abhängig. Damit ist sie nicht mehr in der Kraft und Würde einer Mutter. Für die Mutter kann es bedrohlich werden, dem Kind Grenzen zu setzen und Trotz- und Wutreaktionen auszuhalten. Sie muss befürchten, die Nähe des Kindes zu verlieren. Das Kind bekommt viel zu viel Macht über die Mutter, die sich an das Kind anschmiegen möchte. Gesund wäre es, wenn sich das Kind an die Mutter anschmiegt und die Mutter für das Kind da ist, in ihrer Kraft und Würde. Häufig resultiert aus dieser „verdrehten" Beziehung ein lebenslänglich angespanntes Verhältnis zwischen Mutter und Kind.

Wenn das Kind älter wird, gerät es in einen inneren Konflikt. In der Pubertät kann sich der Konflikt bis ins Unerträgliche hochschaukeln oder, was schlimmer ist, das Kind wird introvertiert. Es bewegt sich zwischen den beiden Polen, erstens, der Mutter weiterhin zu geben, was sie „braucht" und zweitens, dem eigenen Bedürfnis, erwachsen zu werden und eigene Schritte ins Leben zu gehen. Daneben fehlt es ihm an Sicherheit dem Leben gegenüber, da es auf eine haltgebende und nährende Mutter verzichten musste.

Diese Dynamik geschieht unbewusst. Niemand bemerkt es direkt. Vordergründig sieht es oft so aus, dass beide ein besonders gutes Verhältnis zueinander haben. Das Kind zahlt aber einen hohen Preis. Es kann nur sehr schwer die eigene Kraft entfalten. Schulschwierigkeiten, Kontaktprobleme zu anderen Kindern, übermäßige Ablösungsschwierigkeiten von den Eltern und vieles mehr sind hier die Folge.

Eine andere Dynamik im Vergleich: Manchmal vertreten Kinder die Jugendliebe

Es gibt eine andere Familiendynamik, die große Ähnlichkeit zu der oben beschriebenen hat. In unserer Arbeit erleben wir manchmal auch, dass Kinder unbewusst eine Jugendliebe, meist des gegengeschlechtlichen Elternteils ersetzen. In jungen Jahren gab es bei der Mutter oder bei dem Vater eine große Liebe, die aber unerfüllt bleiben musste. Einer war nicht standesgemäß, so dass diese Liebe nicht gelebt werden durfte, oder einer starb durch den Krieg oder durch einen Unfall. Diese Liebe war besonders tief. Mindestens von einer Seite wurde von ganzem Herzen geliebt. Etwas aber hinderte das Ausleben. Die Jugendliebe ist unerfüllt beendet. Durch äußere Umstände konnte das Ende der großen Liebe nicht betrauert werden. Später wird eine andere Person geheiratet, der dann zum Vater oder zur Mutter der Kinder wird. Die Jugendliebe ist fast vergessen, glaubt man. Innerlich ist aber trotzdem eine tiefe Verbindung und eine Sehnsucht nach diesem vergangenen Partner geblieben.

Manchmal vertritt ein Kind diese große Jugendliebe, die nicht entsprechend verabschiedet werden konnte. Das geschieht völlig unbewusst. Das Verhältnis zu diesem Kind wird besonders intensiv. Das Kind, das die Jugendliebe vertritt, versteht es oft sehr gut, mit dem entsprechenden Elternteil zu flirten, es regelrecht um den Finger zu wickeln. Die Beziehung zwischen Mutter und Sohn oder Vater und Tochter ist zu dicht. Das Kind hat viel zu viel Einfluss und Macht. Zu dem anderen Elternteil ist das Verhältnis angespannt. Eine Konkurrenzsituation ist entstanden. Der Vater ist für den Jungen ein Konkurrent um die Mutter. So kann der Sohn nicht die väterliche Kraft in sich aufnehmen. Auch von der Mutter kann er nicht die mütterliche Autorität und Kraft nehmen, da sie scheinbar mit ihm gleich ist. Das Gleiche gilt umgekehrt für Vater und Tochter. Das Kind kann von beiden Eltern keine innere Sicherheit und Geborgenheit bekommen.

Im Unterschied zu einer Jugendliebe, die von einem Kind vertreten wird, spielt Flirten oder sexuelle Ausstrahlung keine Rolle, wenn ein Kind einen verlorenen Zwilling vertreten muss. Es geht um Innigkeit, um Nähe und Vertrautheit.

Für allein geborene Zwillinge ist oft der verlorene Zwilling das Wichtigste und Nächste in ihrem Leben. Unbewusst spüren sie, dass ein Zwillingsbruder oder eine Zwillingsschwester dagewesen ist. Sie suchen ihn oder sind verwirrt, weil sie nicht verstanden haben, was damals passiert ist. Das eigene Kind ist nicht so nah wie dieser Zwilling, auch der Partner kann nicht so nah sein. Die innere Aufmerksamkeit dieses Elternteils geht zu seinem verlorenen Zwilling, auch wenn er nichts von ihm weiß. Sehr viel Lebensenergie ist gebunden und mit dem Drama im Mutterleib beschäftigt. Die Mutter oder der Vater verstehen selbst nicht, warum manches schwierig ist, warum sie beispielsweise wenig Energie zur Verfügung haben und warum sie sich so oft schuldig fühlen und kein Vertrauen in ihre Fähigkeiten haben.

Das Kind spürt auch, dass irgendetwas nicht stimmt oder etwas fehlt. Es versteht nicht, was es ist. Es glaubt, an ihm ist etwas nicht richtig. Es fühlt sich nicht geliebt. Die Beziehung zu diesem Elternteil ist gestört. Irgendetwas stimmt nicht, aber niemand weiß, was hier nicht stimmt.

Wir berichten von Irene, die mit ihrer Mutter an einem Seminar bei uns teilgenommen hat.

Irene hat Migräne – ihr fehlt Halt von der Mutter

Irene, eine neunzehnjährige Frau, kommt gemeinsam mit ihrer Mutter in ein Seminar. Sie leidet unter starker Migräne. Wenn sie einen Migräneanfall bekommt, kann sie nicht aus dem Haus gehen. Die Schmerzen sind zu stark. In letzter Zeit haben sich die Migräneanfälle bei Irene gehäuft. Sowohl ihre Mutter, als auch ihre Oma leiden ebenfalls an Migräne. Irene vermutet, dass es irgend etwas mit der Familiengeschichte zu tun hat. Für Irene ist es ein glücklicher Umstand, ein gemeinsames Seminar mit ihrer Mutter besuchen zu können. Sie erzählt:

„Zu meiner Mutter habe ich ein recht distanziertes Verhältnis. Ich weiß selbst nicht, warum das so ist. Ich habe kein richtiges Vertrauen in sie. Bei dem Seminar stellte sich heraus, dass meine Mutter, während sie noch im Bauch ihrer Mutter war, eine Zwillingsschwester hatte. Das war völlig überraschend. Zuerst fand ich es absurd. So etwas soll eine Bedeutung haben?

Ich konnte mir das nicht vorstellen. Es war auch schwer für mich auszuhalten, dass meine Mutter so sehr weinte und so hilflos wirkte. Am nächsten Tag wurde es dann besser. Eine Frau aus der Gruppe hat sich neben meine Mutter gestellt, als Stellvertreterin für ihre Zwillingsschwester. Meine Mutter war ganz gerührt und hat sich total gefreut. Sie haben sich sehr lange umarmt. Dann sollte ich mich vor meine Mutter stellen und sie anschauen. Ich sollte nur spüren, ob sich etwas verändert hat und wie es mir als Tochter mit meiner Mutter geht. Zuerst war ich irritiert und dann sind mir die Tränen gekommen.

Meine Mutter schaute viel weicher, als ich sie sonst kenne. Vor allem hat sie mich wirklich direkt angeschaut. Sonst redet sie sehr viel und will gar nicht wissen, wie es mir geht. Meine Mutter sollte sich dann vorstellen, ich sei noch klein. Wie man es einem kleinen Kind sagt, sollte sie mir erklären, wer das an ihrer Seite ist, und dass sie oft für mich nicht wirklich da war, weil die Schwester so gefehlt hat. Dann sagte sie noch, dass sie jetzt aber als Mama für mich ganz da ist und mich jetzt in den Arm nehmen kann, wenn ich das möchte.

Ich wurde ermuntert zu meiner Mutter hinzugehen. Langsam ging ich zu ihr. Dann konnte ich sie endlich umarmen. Damit wirklich klar ist, dass ich als Kind kleiner als meine Mutter bin, (eigentlich bin ich einen Kopf größer als sie) habe ich mich vor ihr hingekniet. Ich habe meinen Kopf an sie angelehnt und sie hat ihn gehalten und gestreichelt. Endlich konnte ich loslassen, so wie ich es nie konnte, als ich klein war. Das war so gut. Ich habe mich richtig gewundert, dass ich so klein sein konnte. Ich habe mich gefühlt wie eine Fünfjährige.

Dieses Bild habe ich in meinen Alltag mitgenommen. Ab und zu stelle ich mir meine Mutter vor, und dann immer mit ihrer Schwester an ihrer Seite. Wenn ich Kopfschmerzen habe, nehme ich mir ein Kissen für meine Mutter und ein Kissen für ihre Schwester, dann lege ich meinen Kopf auf das Kissen meiner Mutter und stelle mir vor, ich bin ein kleines Kind. Ich hole nach, was lange nicht möglich war. Das tut so gut. Ich habe immer noch ab und zu Migräne. Aber in den letzten Monaten ist es viel weniger geworden. Ich muss auch nichts mehr für meine Mutter tun, damit es ihr besser geht. Das kann sie nur selbst. Ich fühle mich viel freier, seitdem ich das weiß."

Nadja ist eine erfolgreiche Frau, Ende zwanzig. Sie ist kontaktfreudig, attraktiv und intelligent. An ihrer Arbeitsstelle erhält sie viel Anerkennung. Sie gehört zu den Menschen, bei denen man glaubt, sie stehen auf der Sonnenseite des Lebens und mit beiden Beinen fest auf dem Boden. Es scheint, als hätte sie keine größeren Schwierigkeiten.

Sie lebt in einer festen Partnerschaft, beide wünschen sich ein Kind. Nadja wird schwanger. Als ihre Tochter geboren wird, verändert sich ihr Leben grundsätzlich. Nadja, der es sonst leicht fällt, Entscheidungen zu treffen, fühlt sich extrem unsicher. Sie weiß nicht mehr, was richtig ist. Oft reicht ihre Milch beim Stillen nicht aus. In ihr entsteht das Gefühl, keine gute Mutter zu sein. Als ihr dann noch die Hebamme sagt, dass ihre Schwierigkeiten vermutlich an ihren großen Ängsten liegen, wird es immer schlimmer. Bevor sie mit dem Stillen beginnt, ist sie in Panik, ob diesmal überhaupt Milch für das Kind kommen wird. Ihr Gefühl, als Mutter zu versagen, wird immer stärker. Sie möchte auf keinen Fall irgendetwas falsch machen. Sie befürchtet, dass ihre Fehler Auswirkungen auf das ganze Leben der Tochter haben könnten.

Wenn ihre Tochter krank ist, fragt sie sich, ob sie auf alternative Medizin zurückgreifen soll, um ihrer Tochter auf keinen Fall zu schädigen. Dauert die Krankheit etwas länger, ist sie völlig beunruhigt, doch die falsche Entscheidung getroffen zu haben. Verunsichert und in großer Angst, pendelt sie zwischen Alternativmedizin und Schulmedizin hin und her. Gleich einem Damoklesschwert schwebt über ihr ihre panische Angst, sie könne das Falsche für ihr Kind tun.

Ihr Mann, der für eine Zeit arbeitslos war, findet eine Anstellung, bei der von ihm viele Überstunden erwartet werden. Für Nadja ist das die Katastrophe. Sie kann es schwer aushalten, dass er sie am Nachmittag anruft, um ihr mitzuteilen, dass er ein bis zwei Stunden später kommt. Sie fühlt sich von ihm allein gelassen und verraten. Heftige Auseinandersetzungen und Vorwürfe an ihren Mann, die Familie nicht wichtig zu nehmen, sind die Folge.

Nadja fragt sich, wo ihre alte Sicherheit geblieben ist. Sie versteht sich selbst nicht mehr. Sie fragt sich, ob es an ihrem Verhältnis zu ihrer Mutter liegen kann. Manche Frauen haben kein Vertrauen zu ihrer Mutter entwickeln können. Werden sie dann selbst Mutter, haben sie auch kein Vertrauen in ihre mütterlichen Fähigkeiten. Nadja hat allerdings ein recht gutes Verhältnis zu ihrer Mutter. Erst einige Zeit später, als Nadja sich therapeutische Unterstützung gesucht hat, versteht sie, warum vieles mit ihrem Kind und in ihrer Partnerbeziehung so schwierig war. Sie hatte eine Zwillingsschwester, als ihre Mutter mit ihr schwanger war. Unbewusst wurden ihre Ängste aus der Zeit vor ihrer Geburt wiederbelebt. Nadja fühlte sich schuldig und glaubte, dass es an ihr lag, dass ihre Schwester schon als Embryo gestorben ist. Damals konnte sie nichts für ihre Schwester tun. Sie befürchtete unbewusst, mit ihrem Kind könnte das Gleiche passieren.

22 Der fehlende Zwilling in Verbindung mit weiteren seelischen Belastungen

Einige haben in ihrem Leben Schwerwiegendes erlebt oder sind in schlimme Ereignisse aus der Familiengeschichte eingebunden. Der verlorene Zwilling ist dann nur eines von mehreren schwerwiegenden Ereignissen. Manchmal müssen andere Lebensthemen zuerst bewältigt werden, die für den Einzelnen aktuell wichtiger und bedeutender sind. Zu einem späteren Zeitpunkt meldet sich dann von selbst das Thema des verlorenen Zwillings bei dem Betroffenen. Erst dann ist es reif, den Zwilling wiederzuentdecken mit allem, was für denjenigen dazugehört.

In einigen Fällen braucht jemand zuerst auf andere Weise therapeutische Stärkung und Unterstützung. Erst danach ist der Betroffene fähig, sich der Wucht des vergrabenen Schocks, einen Zwilling verloren zu haben, zu stellen. Ein Beispiel dafür ist unsere Klientin Monika:

Der schwule „Busenfreund" – Monika

Monika ist eine lebendige und humorvolle Frau Ende 30. Sie liebt Musik, geht leidenschaftlich gern tanzen und ist gerne mit Menschen zusammen. Sie ist gesund, hat einen Beruf, den sie gern ausübt, hat eine freundliche Ausstrahlung, so dass es angenehm ist, mit ihr zusammenzusein. Wenn man sie erlebt, glaubt man nicht, dass es für sie schwierig war, einen passenden Partner zu finden. Entweder war sie über lange Zeit in jemanden verliebt, der sie als Partnerin nicht wollte, oder Männer, die an ihr interessiert waren, konnten nur kurzzeitig ihre Leidenschaft wecken. Es schien nicht wirklich zu passen. Oft schimpfte sie über die „schwierigen" Männer. Monika erzählt:

„Ich war bis vor kurzem noch nie länger mit einem Mann zusammen, obwohl ich mich körperlich zu ihnen hingezogen fühlte. Ich habe einen besten Freund, Stefan. Er ist schwul. Mit ihm teile ich viele Geheimnisse. Gelegentlich fahre ich gerne mal eine Woche mit ihm weg. Ich verstehe mich seit vielen Jahren sehr gut mit ihm und bekomme alle seine Affären mit, so wie er meine. Wir haben keinen Sex miteinander, massieren uns aber manchmal gegenseitig. Ich habe mich lange danach gesehnt, das auch mit einem Mann zu machen, mit dem ich Sex leben kann, der mich begehrt und den ich begehre. Das hat aber nie so recht gepasst.

Ich wollte aber nicht ewig an meinem Beziehungspech haften bleiben und habe mich auf gutes Zureden einer Freundin in Therapie begeben. Ich habe entdeckt, wie sehr mich die Scheidung meiner Eltern umgehauen hat. Ich war damals elf Jahre alt und habe meinen Vater dafür gehasst, dass er meine Mutter verlassen hat. Meine Mutter hat oft über ihn geschimpft. Lange habe ich nicht wahrhaben wollen, wie sehr ich meinen Vater vermisst habe. In einer Familienaufstellung habe ich endlich verstanden, wie sehr ich meine Eltern beide liebe. Für meine Mutter wollte ich rächen, dass der Papa uns verlassen hat. Ich glaube, das habe ich an meinen Männern abgelassen und sie oft verachtet. In der Familienaufstellung ist mir klar geworden, dass ich etwas tun wollte, was mir nicht zusteht. Ich wollte meinen Papa bestrafen, weil er meiner Mutter so weh getan hat. Alfred Austermann hat mir gesagt, dass ich hier nur das Kind bin und mich nicht in die Angelegenheiten meiner Eltern einmischen darf. Das hat mich sehr erleichtert, weil ich damals immer versucht habe, die Ehe meiner Eltern zu retten. Das war eine Riesenlast, die ich glaubte, tragen zu müssen. Als ich das erkannt habe, wurde mir viel leichter.

Dann erst habe ich ganz viel geweint, dass ich als Kind meine Eltern in gewisser Weise verloren habe. Ich hatte das unter Betonmauern vergraben und mich ganz in mich zurückgezogen. Oberflächlich war ich ein sehr geselliger Mensch, aber trotz meines Busenfreundes Stefan habe ich mich immer einsam gefühlt. Langsam schmolzen die Schichten dicken Eises, die unter den coolen Nettigkeiten lagen. Darunter lag noch etwas ganz anderes. Das konnte ich erst begreifen, nachdem ich die Scheidung meiner Eltern verarbeitet hatte.

Ich hatte mich seit der Scheidung der Eltern so unendlich einsam gefühlt und über fünfundzwanzig Jahre lang niemanden mehr wirklich an mich ran gelassen. In der Therapie konnte ich den eigentlichen Grund für diese Einsamkeit finden. Ich habe entdeckt, dass ich meinen Zwillingsbruder verloren habe, als ich mit ihm im Bauch von meiner Mutter war.

Diese Entdeckung hat mich erst schockiert, dann habe ich wochenlang Rotz und Wasser geheult. Seit dem habe ich mich sehr verändert. Ich bin ruhiger geworden, stiller und tiefer. Nachdem ich diese heftige Traurigkeit durchlebt habe, war ich für ein erfüllteres Leben geöffnet. Ich brauche nicht mehr die Partylöwin zu sein, die ich mal war. Weniger Partys, aber dafür tiefere Begegnungen erfüllen mich jetzt mehr. Mein Gott, wie lange bin ich vor mir weggerannt. Endlich habe ich mich gefunden, indem ich „Martin", so habe ich meinen Zwillingsbruder genannt, wiedergefunden habe. Und das Schönste ist jetzt, dass ich mit einem ganz lieben Mann glücklich zusammen bin. Ich freue mich auf jeden Tag, den ich mit ihm leben darf. Zum ersten mal in meinem Leben kann ich mir sogar vorstellen, Kinder zu bekommen. Endlich geht das. Dafür ist allerdings Stefan enttäuscht, dass ich mich von ihm etwas entfernt habe. Ich glaube, er musste manchmal „Martin" ersetzen."

Der Verlust des Zwillings wird sehr unterschiedlich erfahren. Vielleicht ist dies nicht für jeden ein hochdramatisches Ereignis, welches das Leben entscheidend prägt. Wir nennen hier ein Beispiel für eine Klientin, bei der andere Lebensthemen, zumindest zum jetzigen Zeitpunkt, schwerer wiegen und Vorrang vor dem verlorenen Zwilling haben:

Halt im Leben – Anja

Die dreißigjährige Anja kam zu uns, weil sie in ihrem Leben keinen Halt mehr gefunden hat. Ihr Mann hat sie plötzlich verlassen und sie ist jetzt mit den beiden Kindern allein. Sie ist zurück zu ihrer Mutter gezogen, von der sie sich nicht unterstützt fühlt. Anja fühlt sich völlig überfordert und von allen und der Welt allein gelassen, verraten und verkauft. Sie strahlt einen abgrundtiefen Hass auf ihre Mutter, aber auch auf ihren Noch-Ehemann aus. Sie berichtet, dass sie den Mutterpass ihrer Mutter, indem ihre vorgeburtliche Zeit dokumentiert ist, in den Händen hielt. Dort war vermerkt, dass Zwillinge im Bauch wachsen, wovon später nie mehr die Rede war. Sie war also nicht allein im Bauch ihrer Mutter. Bei ihr ist dieses zum jetzigen Zeitpunkt aber nicht das dominante Thema. Eine therapeutische Hilfe würde sich bei ihr auf ihre Haltlosigkeit und auf die Beziehung zu ihrer Mutter konzentrieren. Da sie für eine therapeutische Behandlung noch nicht zugänglich ist, können wir ihr nur wenig helfen. Wir berichten hier von unserer Klientin, um zu verdeutlichen, dass die Wiederentdeckung eines verlorenes Zwillings nicht der alleinige Schlüssel zu Beseitigung von Problemen sein kann, wenn andere schwerwiegende Ereignisse in der Familiengeschichte passiert sind.

Auch im nachfolgenden Fall prägen mehrere schwerwiegende Themen das Leben eines Betroffenen. Mit dem Wiederentdecken des fehlenden Zwillingsbruders ist es hier noch nicht getan. Bei manchen Menschen fehlt noch mehr. Bei der Heilung seelischer Wunden darf der Blickwinkel nicht allein auf diese Möglichkeit beschränkt bleiben.

Kein Liebesglück mit der schönsten Frau der Welt – Hans

Hans ist Mitte vierzig und hat drei Kinder mit zwei Frauen. Er lebt seit einigen Jahren ohne Frau. Die Kinder sind mal bei ihm, mal bei ihren Müttern.

„Ich habe bisher kein Glück mit meinen Liebesbeziehungen gehabt. Nach einer kurzen Zeit der innigen Verbindung geht alles wieder zu Bruch. Ich habe mich immer wieder gefragt, woran das liegt. Immer wieder treffe ich Frauen, die ich innig begehre, die aber nichts von mir wollen und umgekehrt. Es ist zum Verrücktwerden. Ich möchte dazu das krasseste Beispiel erzählen, welches mir vor kurzem begegnet ist: Ich habe Carola kennen gelernt. Sie ist eine sehr süße blonde Frau Mitte dreißig. Ich finde sie unglaublich schön.

Wir haben uns einige Male getroffen und eine tiefe Innigkeit gespürt. Für mich sieht sie aus wie die Verkörperung der Liebesgöttin. Sie hat einen sehr wohlgeformten Körper und traumhaft schöne Brüste. Sie begehrte mich sehr und wollte mit mir zerfließen. Ich spürte eine Innigkeit zwischen uns, die mir sehr gefiel. Aber das Sonderbare ist, dass sie mich körperlich nicht erregte. Als wir miteinander schliefen, war ich nicht sonderlich berührt. Ich kann das nicht verstehen, wo sie doch so schön ist, so gut riecht, und mir so nah sein kann. Ich habe es mehrfach mit ihr versucht. Es war für uns beide jedes Mal enttäuschend.

Dabei wäre mit ihr eine Beziehung der Himmel auf Erden, eigentlich hatte alles gestimmt: Sie sieht so gut aus und sie begehrte mich sehr. Als meine Kinder bei mir waren, kam sie gut mit ihnen klar. Auch ihre Art zu leben gefiel mir sehr. Aber wieso hat mein verdammter Körper keine rechte Lust auf sie? Ich verstehe das nicht. Nach so langer Zeit des Alleinseins habe ich endlich eine wunderbare Frau getroffen, die mich ganz will.

Seit einigen Monaten weiß ich, dass ich einen Zwillingsbruder im Mutterleib verloren habe. Ich vermisse ihn sehr. Wohl auch aus diesem Grund habe ich es gerne sehr nah und innig. Auch Carola hatte diese Verschmelzungstendenzen. Es war, als hätte ich in ihr eine Seelenverwandte gefunden. Mit einem wahnsinnig schlechten Gewissen habe ich die kurze Beziehung mit ihr beendet, was für sie ganz schlimm war. Es ist so schade!

Ich habe mir bei Alfred Austermann Unterstützung geholt, damit ich endlich mit Herz und Leidenschaft lieben kann. In einer Familienaufstellung habe ich jetzt meinen Vater für mich wiederentdeckt. Meine Mutter hatte sich von ihm getrennt, als ich klein war und alle Kontakte zu ihm abgeschnitten.

Austermann sagte mir, dass ein Mann ohne inneren Kontakt zu seinem Vater wenig Chancen hat, einer Frau standzuhalten. Ein Mann braucht männliche Kraft. Die kann er durch die Mutter nicht bekommen, die kann nur der Vater geben. Dann kann er einer Frau mit seiner Leidenschaft und mit männlicher Würde begegnen. Das habe ich gespürt. Innerlich bin ich auf etwas Abstand zu meiner Mutter gegangen. Ich war zu sehr ihr treuer Sohn. Mit der Klärung meiner Beziehung zu meinen Eltern und mit dem Bild von meinem Vater im Rücken fühle ich mich jedenfalls stärker. Wenn ich mir dann noch vorstelle, dass mein Zwillingsbruder an meiner Seite ist, geht es mir sehr gut. Hoffentlich finde ich demnächst die „Richtige", bei der rundum alles stimmt. Ich war so lange allein.

Manche Autisten haben einen Zwilling verloren

Fast alle Autisten brauchen besonders viel Körperkontakt. Claude Imbert berichtet, dass einige Autisten beim gestützten Schreiben von ihrem Leben in der Gebärmutter und vom verlorenen Zwilling berichten. Beim gestützten Schreiben hält ein Helfer Körperkontakt zum Schreibenden und stützt seinen Arm an der Tastatur.

Dieses bedeutet aber nicht, dass alle Autisten einen Zwilling im Mutterleib verloren haben. Nach unserer Beobachtung leiden viele Autisten familiensystemisch unter einem Verbrechen, das meistens verborgen und Generationen vorher in der Familie passiert ist. Sie sind innerlich mit Täter und Opfer, die beide aus der Familie stammen, gleichermaßen verbunden. Dieses ist eine extreme Zerrissenheit, die ihnen nicht nur die Sprache verschlagen hat. Bert Hellinger berichtet von der eindrucksvollen und dauerhaften Heilung eines autistischen Kindes durch das Aufdecken einer solchen Familiengeschichte.

Damit Sie, liebe Leserin, lieber Leser, sich nicht das Bild machen, dass wir alle möglichen Symptome immer wieder auf den verlorenen Zwilling zurückführen, können wir in unserem Buch nicht oft genug betonen, dass ein- und dasselbe Symptom sehr unterschiedliche Ursachen haben kann. Mancher hauthungrige allein geborene Zwilling fühlt sich innerlich und subjektiv als Mörder. Er glaubt sich schuldig, den Anderen im Mutterleib getötet zu haben, dadurch dass er sich zu viel bewegt hat und zu viel Platz eingenommen hat, oder gar dem Anderen mit seiner Plazenta das „Wasser" abgegraben hat. Vielleicht, so glaubt er, habe er auch den Anderen zu Tode getreten. Diese Zerrissenheit in scheinbarer Schuld und eigenem Überlebenswillen kann jemanden innerlich so zerreiben, dass es ihm die Sprache verschlägt und er sich nicht mehr traut, in Kontakt mit der Außenwelt zu treten.

Vielleicht fließen beim Autisten mehrere Faktoren zusammen. Wenn die Wiederentdeckung eines verlorenen Zwillings auch nur die geringste Linderung verschaffen kann, sollte man es mit dieser Möglichkeit versuchen.

Manche Magersüchtige haben einen Zwilling verloren

Eine seltene von mehren möglichen Ursachen der Magersucht ist der verlorene Zwilling. Manche Magersüchtige gleichen in ihrem Äußeren mehr einem Skelett als einem lebenden Menschen. Bei den extrem dünnen Magersüchtigen, die einen Zwilling verloren haben, haben wir beobachtet, dass sie ihrem toten Geschwister in den Tod folgen wollen. Auch sie haben fast keine Chance auf ein glückliches Beziehungsleben, solange die Ursache nicht klar geworden ist. Wenn die Ursache der verlorene Zwilling ist, leuchtet ein, warum Therapien, die anderes behandeln wollen, bei manchen Magersüchtigen erfolglos bleiben müssen. Magersüchtige mit einem verlorenen Zwilling werfen häufig ihrer Mutter innerlich und unbewusst folgendes vor: „Du hast den Anderen in der Gebärmutter verhungern lassen". Die Überlebende kann von der Mutter dann nicht mehr viel Nährendes annehmen.

Die anderen Ursachen der Magersucht wollen wir an dieser Stelle nicht behandeln. Wer betroffen ist und vieles erfolglos versucht hat, sollte die oft erst einmal sehr tief vergrabene Möglichkeit eines verlorenen Zwillings in Erwägung ziehen.

Allein geborene Zwillinge und Drogen

Allein geborene Zwillinge sind die geborenen Sucher. Sie suchen den Zwilling überall in der Welt und mit allen nur möglichen Methoden. Eine weiterer Ausdruck der Suche ist auch die Suche mit bewusstseinsverändernden Substanzen, vor allem mit LSD und Ecstasy (MDMA).

Zu uns sind mehrere Klienten gekommen, die eine längere „Drogenkarriere" hinter sich haben, aber abgesehen von einer Ausnahme nicht körperlich süchtig waren. Damit jemand schwer drogenabhängig wird, müssen mehrere Faktoren zusammenkommen. Ehemals heroinsüchtig war eine Seminarteilnehmerin von uns. Neben einem Zwilling, den sie verlorenen hat, ist ihre Herkunftsfamilie schwer belastet. Sie hatte einige Jahre Heroin genommen und sich für die Drogenbeschaffung prostituiert. Unser Eindruck ist, dass die Ursache ihrer Drogensucht vor allem in der schweren und traurigen Familiengeschichte liegt. Hier kommt der verlorene Zwilling erst an zweiter Stelle.

Wir haben den Eindruck, dass Zwillingssuchende allgemein keine besondere Anfälligkeit für Heroinsucht haben. Alle anderen allein geborenen Zwillinge mit Drogenerfahrungen, die zu uns gekommen sind, haben eher Erfahrung mit Ecstasy oder LSD. Als Beispiel möchten wir von Renata berichten. Sie war eine Zeit lang Ecstasy-Konsumentin.

Tanzen und Kuscheln: Renata erzählt

„Ich habe einige Jahre lang an fast jedem Wochenende, vor allem auf Partys Ecstasy genommen. Mir hat dabei gefallen, dass ich meinen Körper so intensiv gespürt habe. Ich konnte lange tanzen, aber auch still sitzen, der Musik lauschen. Mir hat es sehr gefallen, den anderen Tanzenden zuzuschauen. Manchmal bin ich beim Zuschauen süchtig nach Berührung geworden, dass jemand mich anfasst. Ich habe mich dann auf alle möglichen Männer eingelassen, mit denen es für den Moment auch sehr schön war, mein Herz war sehr offen. Ich wollte sehr viel kuscheln. Hinterher bin ich dann schnell von ihnen weggegangen. Ich bin furchtbar traurig geworden, konnte aber nicht bei den Männern bleiben. Ich war nie länger mit einem zusammen. Wenn ich einem Mann sehr nahe gekommen bin, habe ich hinterher Angstzustände gekriegt, Herzrasen und Schüttelfrost. Ich musste weg, mir war die Nähe zu viel, nach der ich eigentlich immer so gehungert habe. Mir wurden die Drogengeschichten unheimlich, deswegen habe ich damit aufgehört. Heute verstehe ich, dass ich mich gefühlt habe wie ein Embryo, der die Nähe des Anderen genießt. Aber gleichzeitig kam in mir die Erinnerung wieder hoch, als mein Bruder gegangen ist“

Angstzustände nach Einnahme von LSD: Leon erzählt

„Weil mir in meinem Bekanntenkreis mehrere von interessanten Bildern und Farben erzählten und es cool war, habe ich es auch probiert, ich habe einen LSD-Trip geschmissen.

Aber statt vieler besonders bunter Farben und geometrischer Muster habe ich vor allem einen sehr bitteren Geschmack im Mund gespürt und mich völlig verstört gefühlt. Dann habe ich die Augen aufgemacht und habe gedacht, es würde langsam besser. Ich habe im Raum, in dem ich war, auch alles ganz normal gesehen. Vor mir stand eine große Rahmentrommel. Als ich auf das Fell geschaut habe, habe ich immer wieder ein Gesicht darin gesehen, aber kein lebendes, sondern wie der Kopf einer Mumie, mit leeren Augenhöhlen. Ich habe Angst gekriegt, verrückt zu werden. Dann bin ich in die Badewanne gegangen und habe mich selber massiert und meine Haut gerieben. Dann wurde es langsam besser und die Droge ließ nach. Ich wusste damals nicht, was da mit mir passiert ist. Tagelang danach war ich ganz still, noch wie im Schock, aber mehr bei mir. Ich habe für einige Tage aufgehört zu rauchen, ich brauchte es nicht mehr, habe aber später wieder angefangen. Ich war froh, diesen Trip überstanden zu haben, ohne in die Notaufnahme der Psychiatrie gehen zu müssen. Mir war das zu heftig."

Was Leon hier beschreibt, erhält im Licht der pränatalen Psychologie eine klare Bedeutung. Er hat in der Trommel seinen mumifizierten Zwilling wiedergesehen und wollte in die Badewanne, stellvertretend für das Fruchtwasser, zurück. Der bittere Geschmack im Mund ist die Erinnerung an das veränderte Fruchtwasser nach dem Tod des Anderen.

Wir haben im Kapitel 15 unter „Psychosomatische Auswirkungen" von Schüttelfrost und Zähneklappern berichtet. Von diesen Schüttelfrostsymptomen haben uns auch Klienten berichtet, die irgendwann Drogen eingenommen hatten. Offensichtlich scheinen Drogen auch den Muskelpanzer zu berühren und die darin enthaltene psychische Energie freizusetzen. Da diese Prozesse aber nicht durch Therapeuten begleitet werden, können bei den Konsumenten seelische Schäden und neue Schocks entstehen. Zu viel traumatisches Material kann freigesetzt werden, das in chronisch verspannten Muskeln festgehalten war.

Wir haben den Eindruck, dass vieles, was in der psychiatrischen Welt als „drogeninduzierte psychotische Zustände, Panikattacken, Angstzustände etc." diagnostiziert wird, eigentlich ein Wiedererleben der Nähe zum Zwilling und sein anschließendes Sterben ist. Drogen können auch vorgeburtliche Erinnerungsbahnen öffnen und pränatale Szenen wieder ins Bewusstsein rücken. Dabei scheint manchmal mehr Material ins unterschwellig wahrnehmbare Körpergedächtnis oder ins Bewusstsein zu treten, als die Psyche verkraften kann. Wenn diese Menschen in eine psychiatrische Klinik eingeliefert werden, bräuchten sie eine Begleitung, die von der Möglichkeit eines verlorenen Zwillings mit allen pränatalen Schockzuständen weiß. Dann könnte diesen jungen Menschen besser geholfen werden.

Den verlorenen Zwilling wiederentdecken 23

Wir haben in unserem Buch gezeigt, wie tief und einschneidend der Verlust eines Zwillings in der Gebärmutter für das Leben des Überlebenden sein kann. Viele Menschen gestalten wie ferngesteuert ihr Leben, auf der Suche nach dem Anderen und oft mit dem Bekämpfen unerklärlicher Schuldgefühle. Sie suchen an allen Ecken und Kurven der Welt, aber haben bisher nicht die eigentliche Ursache ihrer Einsamkeit, Erkrankungen und Misserfolge entdeckt. Sehr viele Menschen trauen sich nicht, in ihrem Leben kraftvoll nach vorne zu gehen und ihren Platz einzunehmen.

Wie können wir wissen, ob jemand einen Zwilling verloren hat?

Bei manchen Klienten wissen wir von Abtreibungen der Mutter, bei denen sie überraschenderweise weiterhin schwanger war. Dabei wurde wahrscheinlich ein Kind „erwischt", der jetzige Klient überlebte. Gelegentlich wird uns berichtet, dass die Mutter schwere Blutungen zu Beginn der Schwangerschaft gehabt hat. Dieses sind mögliche Hinweise darauf, dass der Klient zu Beginn seines Lebens nicht alleine war. Bei einigen Erwachsenen müssen Wucherungen entfernt werden, in denen Gewebe gefunden wird, welches für diese Körperstelle untypisch ist, wie zum Beispiel Haar- und Zahngewebe. Es kann sich hierbei um embryonales Gewebe eines verstorbenen Zwillings handeln.

Bei der Mehrzahl der Menschen, mit denen wir arbeiten, gibt es aber keine äußeren Beweise, dass jemand zu Beginn der Schwangerschaft nicht alleine war. Soweit der Klient weiß, hat die Mutter in der Schwangerschaft nichts von einem möglichen zweiten Kind gemerkt. Sie hatte keine Blutungen während der Schwangerschaft. Im Mutterpass wurde nicht „V.a. Gemini" (Verdacht auf eine Zwillingsschwangerschaft) vermerkt. Auch sonst hat die Mutter laut Wissen unseres Klienten keinerlei sichere Hinweise auf einen Zwilling oder auf Mehrlinge. Es wurden bei der Geburt keine Nester in der Plazenta gesehen. Der Klient weiß auch nichts über

Abtreibungsversuche. Auch bei ihm selbst gab es keine Operationen bei denen embryonales Gewebe gefunden wurde.

Viele fragen uns, wie wir dennoch wissen können, dass jemand einen Zwilling oder mehrere Geschwister im Mutterbauch verloren hat. Das erste, was uns auffällt, ist die Beschreibung der Symptome der Klienten, die zu uns kommen. Darin liegen oft schon Hinweise, zu einem verlorengegangenen Zwilling. Einige Beispiele nennen wir hier:

„Ich fühle mich nur halb, es ist als hätte ich nur die halbe Kraft im Leben zur Verfügung ..."

„Sehr oft habe ich das Gefühl, als fehlt mir etwas, um glücklich zu sein ..."

„Einsamkeit ist mein Lebensthema. Schon als Kind habe ich mich oft so unerträglich einsam gefühlt, so allein. Das geht auch nicht wirklich weg, wenn ich mit Freunden zusammen bin ..."

„Mir steht es nicht zu, viel Geld zu verdienen und dabei in meinem Beruf Freude zu haben ..."

„Ich habe ständig Schuldgefühle, dass ich jemanden etwas wegnehme, dass ich schuldig bin, wenn es jemandem schlecht geht ..."

„Ich habe so eine Angst, verlassen zu werden. Bei nur dem geringsten Anzeichen, dass mein Partner mich verlässt oder sich eine/n andere/n sucht, werde ich fast verrückt ..."

„Ich habe manchmal panische Angstzustände, die ich mir nicht erklären kann und fühle mich von anderen Menschen bedroht. Besonders schlimm ist dieses im Fahrstuhl."

„Ich lasse keinen Partner wirklich an mich ran, sobald es zu dicht wird, trenne ich mich ..."

Auch die Ausstrahlung, die einige haben, kann einen Hinweis auf einen verlorengegangenen Zwilling geben. Manche wirken in ihrer Lebensenergie sehr gebremst, und es entsteht der Eindruck, dass sie nur auf Sparflamme leben oder sie haben dieses an anderer Stelle beschriebene Loch in der Aura. Der erste Eindruck, den wir von einem Klienten haben und das was er sagt, können Hinweise auf einen möglichen verlorengegangenen Zwilling sein. Hinter all den Sätzen des Klienten und seiner Ausstrahlung können auch andere Ursachen liegen. Wenn der Verdacht entsteht, dass jemand einen verlorengegangenen Zwilling hat, ist es wichtig, diesen zu überprüfen und nicht vorschnell zu deuten. Das hilft niemandem. Wie nun lässt es sich überprüfen, ob der Verdacht stimmt? Was können Sie auch als Nicht-Fachmann tun, um zu testen, ob Sie einen Zwilling gehabt haben könnten?

Folgen Sie Ihrem Herzen, Ihrem Mut und Ihrer Intuition.

Im folgenden beschreiben wir, wie wir unsere Klienten dahin begleiten, zu spüren, ob sie einen Zwilling verloren haben. Mit der Wiederentdeckung eines verlorenen Zwillings können sich endlich die Symptome bessern. Wir wissen von folgenden Methoden, um einen verlorenen Zwilling aufzudecken und heilend mit dem Betroffenen zu arbeiten:

1) **Innere Bilderreise**, manche bevorzugen den Ausdruck Hypnose, Visualisierungen, Trancereisen oder Fantasiereisen
2) **Körperliche Erfahrungen in der Regression:** Das Erleben in der Gebärmutter szenisch nachstellen
3) **Familienaufstellungen**
4) **kinesiologischer Muskeltest**
5) **Warmwasser-Tiefenentspannung** (Aqua-Release®-Healing, Watsu, AquaVida~Watsu ...)
6) **Arbeit am Tonfeld** – Regressionstherapie mit feuchtem Ton
7) **Rebirthing/Holotropes Atmen**

Wir benutzen diese Methoden, außer der Arbeit am Tonfeld, je nach den Möglichkeiten, die uns zur Verfügung stehen und je nach Erfordernis sowohl mit Erwachsenen, als auch mit Kindern und Jugendlichen:

1) Innere Bilderreisen

Manche bevorzugen den Ausdruck Hypnose, Visualisierung, Trancereise oder Fantasiereise. Sie können diese auch ohne Therapeuten durchführen, indem Sie sich von einer Freundin oder einem Freund begleiten lassen. Dieser Helfer sollte sich aber mit Hineinleitung in Entspannungszustände, zum Beispiel durch autogenes Training, auskennen.

Man begleitet jemanden in einen tiefen Entspannungszustand und lässt ihn in seiner Vorstellung im Lebensalter immer jünger werden: Du sieht Dich als kleines Kind, als Säugling und immer kleiner und jünger werden, bis weit zurück in die Zeit, als das eigene Leben im Bauch der Mutter gerade erst begonnen hatte. Noch ist viel Platz in der Gebärmutter. Vielleicht fühlst Du Wasser um Dich herum, spürst die Wände der Gebärmutter, vielleicht gibt es auch schon Geräusche, die Du hörst. Dann schau Dich um und spüre, ob Du allein in der Gebärmutter bist oder ob da noch jemand ist ... Wenn jemand an dieser Stelle in der tiefen Entspannung jemand anderen fühlt, ist es sehr wahrscheinlich, dass er einen verlorenen Zwilling hat, und es ist gut, damit weiterzuarbeiten:

Schau den Anderen an und spüre, wie es sich anfühlt. Gehe zurück in die Zeit, in der er noch ganz lebendig ist. Wie fühlt es sich an ... genieße noch einmal die gemeinsame Zeit. Frage ihn, warum er gehen muss ... War es seine Wahl, waren seine Gene zu schwach, hat er keinen guten Nistplatz in der Gebärmutter gehabt ... hast Du ihm Platz weggenommen ... Frage ihn, ob er jetzt in Frieden ist, wo er sich jetzt befindet ... Sage ihm auch, wie es Dir damit geht, dass er gegangen ist. Finde einen Weg, Dich fürs Erste von ihm zu verabschieden, Du wirst ihn in einer späteren Reise noch einmal aufsuchen ...

Manchmal tauchen dabei starke und erschütternde Gefühle auf, für die der Betroffene Zeit braucht. Dabei darf ein Außenstehender auf keinen Fall versuchen, den Betroffenen zu trösten. Das wäre emotionaler Raub. Jemand, der einen Zwilling verloren hat und diesen Schmerz wiedererlebt, braucht eine sicheren inneren Raum, damit diese Bilder Platz haben können. Mit dem Erleben und Anschauen der inneren Bilder geschieht meist sehr viel Heilung. Diese heilende Bewegung darf nicht unterbrochen werden, denn es war wirklich schlimm für den Betroffenen und sollte nicht weggeredet werden. Manchmal zittern und zucken die Betroffenen dabei. Das ist eine Entladung des Körpers, der sich vom Schockzustand befreit. Jeder, bei dem diese Bilder auftauchen, hat auch die Kraft, diese zu bewältigen. Der Begleiter einer solchen inneren Reise sollte mit offenem Herzen bei dem Betroffenen sein. Damit gibt er eine wichtige Unterstützung. Mehr braucht der Klient nicht und mehr darf der Begleiter nicht tun.

Findet jemand keinen verlorenen Zwilling bei dieser Reise, ist es noch nicht hundertprozentig sicher, dass er keinen verlorenen Zwilling hat. Es ist auch möglich, dass zur Zeit das Thema für ihn noch nicht reif ist oder zur Zeit andere Lebensthemen wichtiger sind.

Hier ist ein sehr anschauliches Bild, welches eine Klientin nach einer inneren Reise gemalt hat. Sie hat dazu folgendes erklärt: Ich sehe mich im Mutterbauch und bin sehr traurig und allein, ich weine viel. Auf mir lasten zwei schwere Stempel, die mich fast erdrücken. (Sie zeigt auf die „Steine" über dem Embryo, aus denen Blumen wachsen, Sinnbild für die gestorbenen Geschwister). Dann kommt die Geburt und es geht mir besser, aber etwas bleibt unabgeschlossen ...

"Drillinge – mein Weg ins Leben"

2) Körperliche Erfahrungen in der Regression: Das Erleben in der Gebärmutter szenisch nachstellen

Auch mit körperorientierten Methoden kann man einen Klienten oder Patienten sehr leicht zu Gefühlen seiner frühen Kindheit und in die Zeit in der Gebärmutter zurückbegleiten. Manchmal unterstützen wir dieses mit einer intensiv verstärkten Atmung ohne Pause zwischen ein- und ausatmen. Dieses Vorgehen ist aber nur etwas für geübte Begleiter und Therapeuten, die vor starken Gefühlsausdrücken und dem Hyperventilationssyndrom (Verkrampfungen der Hände und Lippen) keine Angst haben. Nach dieser verstärkten Atmung beginnt die eigentliche Regression.

Der Begleiter kann aber auch über eine tiefe suggestive Entspannung in die Regression hineinführen. Mit Kissen oder Decken kann die Gebärmutter angedeutet werden.

Der Klient legt sich in Fötalstellung, also seitlich, fast eingerollt, in die nachgebaute Gebärmutter hinein und geht innerlich in die Zeit zurück, in der er als kleiner Embryo im Bauch seiner Mutter war. Wie fühlt er sich hier in der Gebärmutter? Es ist möglich, mit Kissen oder zusammengerollten Decken zu testen, wie sich das anfühlt, wenn das ein Zwilling wäre. Wenn tatsächlich ein verlorener Zwilling da war, erinnert sich der Körper unter fachkundiger Begleitung eines Therapeuten oft sehr schnell. Sehr tiefe und starke Gefühle beginnen sich zu regen. Angst, innigste Nähe, tiefe Traurigkeit können aufsteigen.

Eine andere Möglichkeit ist die Nachahmung der Situation im Mutterleib mit einer Gruppe. Mehrere Personen bilden hierbei die Gebärmutter und der Klient rollt sich hinein. Wenn der Verdacht auf einen verloren gegangenen Zwilling besteht, kann sich jemand als Stellvertreter für einen möglichen Zwilling oder auch Drilling dazulegen. Man kann beobachten, welche Bewegungen, welche Art von Berührung und Nähe entstehen. Der Körper erinnert sich. Wenn es einen Zwilling gegeben hat, reagiert der in der Gebärmutter Liegende deutlich und spontan auf den Anderen. Wenn es keinen Zwilling gegeben hat, wird der Andere als Fremdkörper empfunden.

Möglich ist, dass der Zwilling dem Klienten anfangs Angst macht und bedrohlich wirkt. Wenn der Therapeut eine Weile wartet, stellt sich bei

Zwillingen nach einiger Zeit eine tiefe Innigkeit ein. Sie rücken von ganz allein ganz dicht zusammen, so dicht, wie es möglich ist, und das ist oft noch nicht dicht genug. Sie können sehr lange in dieser Position liegen bleiben, ohne sich zu trennen.

Es ist erstaunlich, wie schnell sich der Körper an die Zeit vor der Geburt erinnert und Bilder aus der vorgeburtlichen Zeit gesehen und erfahren werden.

3) Familienaufstellungen

Eine wirksame Methode zum Bearbeiten von Lebensthemen ist die Familienaufstellung. Mit Familienaufstellungen kann man oft schnell und effektiv gute Lösungen für schwere Probleme, die aus der Familiengeschichte stammen, finden. Gruppenteilnehmer können stellvertretend für Schlüsselpersonen zu bestimmten Fragestellungen ausgewählt und im Raum in Beziehung zueinander „aufgestellt" werden. Das Verblüffende und für Menschen, die dieses selbst noch nicht erfahren haben, kaum Vorstellbare ist, dass die Stellvertreter so fühlen, wie die Person, für die sie stehen. Man kann beispielsweise die Herkunftsfamilie aufstellen und über die Stellvertreter ungelöste Konflikte aus der Familie sichtbar machen und oft auflösen. Ebenso kann man auch die Partnerschaft klären oder gute und wirksame Lösungen für verhaltensauffällige Kinder finden. Da es dabei um tiefe Lebensthemen geht und starke Gefühle aufkommen können, sollte man sich einem gut ausgebildeten Therapeuten anvertrauen.

Eine der vielen Möglichkeiten von Aufstellungen ist es, mit der Hilfe von Stellvertretern festzustellen, ob jemand im Mutterleib alleine war oder nicht. An der Reaktion der Stellvertreter kann man mit einiger Erfahrung sehr deutlich erkennen, ob es sich um Zwillinge handelt oder nicht. Wenn es um Zwillinge geht, fühlen sich beide gleich alt und geschwisterlich. Es gibt keine andere Beziehung, die so intim, so nah, so dicht, so auf gleicher Stufe ist, wie die von einem Zwillingspaar im Mutterleib. Sie ist so dicht und so innig, beinahe symbiotisch und verschmelzend, manchmal sogar leicht sexuell, dass jede andere Qualität von Beziehung dahinter zurücktritt.

Wenn ein im Mutterleib verloren gegangener Zwilling wieder entdeckt wurde, dann wollen sich die Stellvertreter oft gar nicht mehr loslassen. Manchmal aber lässt der Stellvertreter für den früh gestorbenen nach einiger Zeit den anderen los und zieht sich zurück, so wie es damals in der Gebärmutter geschehen ist. Dann muss der Stellvertreter für den überlebenden Zwilling oft erst einmal bitter weinen, weil er sich so allein gelassen und so einsam fühlt.

4) Kinesiologischer Muskeltest

Der Körper kann sich an vieles erinnern und hat die Lebenserfahrungen „gespeichert". Man kann die unwillkürliche Spannung und Stärke eines Muskels testen. Muskeln reagieren auf Fragen und werden entweder unwillkürlich schwach oder bleiben hart und stark. Es gibt viele Muskelgruppen, die für diese Testmethode gebraucht werden können. Besonders häufig nimmt man den Unterarm. Der Klient oder Patient hält ihn ganz leicht angespannt weg vom Körper. Der Testende befragt den Patienten und drückt dabei leicht auf den Arm. In Sekundenbruchteilen fühlt er, ob der Muskel unwillkürlich nachgibt oder fest bleibt. So lassen sich beispielsweise Nahrungsmittelallergien und Krankheitsursachen abfragen.

Mit dem Muskeltest kann man auch nach einem Zwilling im Mutterbauch fragen. Hierbei ist aber Vorsicht geboten. Wir haben Menschen getroffen, bei denen von Kinesiologen ein Zwilling ausgetestet wurde, bei denen wir mit unseren Methoden keinen Zwilling finden konnten, sondern andere Ursachen für die Schwierigkeiten in ihrem Leben. Ob es doch einen sehr früh, als Blastozyste wieder verlorenen Zwilling gab, wollen wir nicht ausschließen, aber in diesen Fällen schien es für die Heilung unserer Klienten unbedeutend. Es hilft nach unserer Erfahrung nicht, allein theoretisch zu wissen, dass man einen Zwilling gehabt hat, sondern man muss diese Verbindung zum Anderen und die sich daraus ergebenden Folgen für das eigene Leben spüren. Nur in Verbindung mit den dazugehörigen Gefühlen hat die Wiederentdeckung des verlorenen Zwillings therapeutisch heilende Kraft. Dieser Bezug muss in einer kinesiologischen Sitzung ebenfalls hergestellt werden. Anderenfalls kann das Zwillingsthema nicht heilsam bearbeitet werden.

5) Warmwasser-Tiefenentspannung (Aqua-Release®-Healing, Watsu, AquaVida~Watsu …)

Ein weiterer Weg, mit vorgeburtlichen Erinnerungen und möglichen verlorenen Geschwistern im Mutterbauch in Kontakt zu kommen, ist die Tiefenentspannung im körperwarmen Wasser.

Alfred Austermann hat bereits als Kind in den warmen Quellen von Pamukkale in der Türkei tiefe Erfahrungen mit spontaner Regression gemacht, als ihn sein Vater gehalten hat. Später hat er in Saturnia in der Toskana die Aqua-Release®-Healing-Warmwassertherapie entwickelt. Tiefe, heilsame Prozesse sind durch die vollständige Entspannung im warmen Wasser möglich. Dabei wird man von einem Begleiter gehalten und leicht im Wasser bewegt. Das warme Wasser als psychotherapeutische heilsame Methode oder als eine besonders wohltuende Methode im Wellnessbereich haben viele verschiedene Richtungen für sich entdeckt. Mit unterschiedlichen Schwerpunkten gibt es unter anderem das Watsu (Wasser-Shiatsu), AquaVida~Watsu, Aqua-Wellness®, Wata® (Wassertanzen).

Im mindestens auf 35,5°C, der Temperatur der Hautoberfläche, hochgeheizten Swimming-Pool hält ein erfahrener Begleiter den Klienten. Durch sanftes gewiegt werden rauscht das Wasser an den Ohren, und der Körper beginnt, immer tiefer loszulassen. Wenn sich der Klient sicher gehalten fühlt, schlenkern Beine und Arme sanft wie ein Blatt in einer leichten Brise. Der Begleiter massiert, dehnt, streckt behutsam den Körper. Manche Griffe geschehen mit Nasenklemme, um zu verhindern, dass Wasser in die Nase läuft. Dann kann der Klient völlig in die Schwerelosigkeit des Wassers abtauchen. Neben der Verdauung von Alltagsstress tauchen innere Bilder von Kleinkind, Säugling, Gebärmutter und fischähnlichem Dasein auf. Manchmal tauchen auch Bilder vom Zwilling auf. Der Begleiter ist dann nicht mehr wie die haltende Mutter, sondern wird zum Zwilling.

Darauf hat sich die Bielefelder Wassertherapeutin Lavida Gerda Eversmann besonders spezialisiert. Alfred Austermann hat eine Zeit mit ihr zusammengearbeitet. Sie hat für sich selbst und für andere, die einen Zwilling verloren haben, eine hervorragende Therapie entwickelt. Wenn sich während einer Warmwassersitzung zeigt, dass der Klient noch etwas anderes braucht, als mütterliches Gehaltenwerden und dabei gerne mit Nasenklemme ganz untertaucht, taucht sie gemeinsam mit dem Klienten unter. Sie dreht sich und windet sich mit dem anderen, hält ihn gleichzeitig, holt mit dem Anderen Luft und taucht delfingleich wieder ab. Bereits beim Zuschauen von außen sieht es so aus, wie Zwillinge im Fruchtwasser. Im tief entspannten und regredierten Zustand fühlen sich Klienten manchmal vollständig wie im Mutterleib. Der Körper erinnert sich ...

Rebekka erzählt von einer Aqua-Release®-Healing-Sitzung in den Quellen von Saturnia

„Ich lag im Wasser in den Armen meines Begleiters. Immer, wenn er mich mit Nasenklemme unter Wasser begleitet hat, fühlte ich mich traurig. Wieder aufgetaucht, mit dem Kopf über Wasser, fühlte ich mich allein. Irgendetwas fehlte. Als ich dann wieder unter Wasser begleitet wurde, sah ich ein Bild von einem Embryo, wie es durch das Absperrgitter den Fluss hinuntertrieb. Als ich dann wieder über Wasser war, kam mir ein Name: Mirco, mein Zwillingsbruder, der mich so früh wieder verlassen hat. Ich verstehe mich seit dem viel besser. Ich weiß jetzt, warum ich so bin wie ich bin. Jetzt traue ich mich, meine Bedürfnisse klarer zu formulieren. Wenn ein Zweiter in meiner Nähe sitzt, bin ich ruhiger, kreativer und produktiver. Das war schon immer so. Endlich verstehe ich, warum. Ich habe mir immer zwei gleiche Paar Schuhe gekauft, zwei gleiche Brillen und so weiter. Immer zwei ist die beruhigende Devise. Endlich habe ich den Schlüssel für so vieles in meinem Leben gefunden. Ich danke Euch für diese tiefe Erfahrung unter und über Wasser."

6) Arbeit am Tonfeld – Regressionstherapie mit feuchtem Ton

Mama, ich bin so einsam

Lea, eine 18-jährige Frau, hat uns über Internetrecherchen gefunden. Sie hat uns ihre Geschichte gemailt. Lea hat uns noch auf eine weitere Therapiemethode aufmerksam gemacht, mit der man den verlorenen Zwilling entdecken und sich auf der Gefühlsebene mit ihm verbinden kann: die „Arbeit am Tonfeld". Das Tonfeld ist eine 30x30cm große Holzkiste, in der sich feuchter, glatt gestrichener Ton zum Ertasten und Formen befindet. Der Klient formt mit geschlossenen Augen Skulpturen, die seiner inneren Stimmungslage entsprechen und formuliert dabei, wie es ihm gerade geht, welche Bilder und Erinnerungen auftauchen. Einfühlsam und unaufdringlich begleitet der Tonfeldtherapeut diese heilsame Selbstexploration. Am Ende der etwa eineinhalbstündigen Sitzung wird das Erlebte mit dem Klienten reflektiert, ohne dabei zu sehr ins Deuten zu gehen. Die Arbeit am Tonfeld wurde von Professor Heinz Deuser in Deutschland in den siebziger Jahren entwickelt und hat ihre Wurzeln in der Psychoanalyse und in der Kunsttherapie. Die Tonbearbeitung mit geschlossenen Augen oder bei Kindern auch mit geöffneten Augen, stellt leicht den Zugang zu tiefen und archaischen Schichten des Unterbewusstseins her. Hier ist Leas Mail:

„... Seit ich mich erinnern kann, habe ich mich einsam gefühlt. Beim Spielen mit anderen Kindern hat mir immer etwas gefehlt. Ich musste oft weinen, scheinbar ohne Grund. Richtig unerträglich wurde es, als ich in die Pubertät gekommen bin. Immer war da dieses Loch. Während meine Freundinnen mutig alles Mögliche mit Jungs ausprobiert haben, wollte ich mich nie so richtig einlassen. Sofort habe ich mich noch einsamer gefühlt. Als ich mit einem Jungen geschlafen habe, weil das alle meine Freundinnen schon

gemacht haben, musste ich hinterher total weinen, obwohl er so lieb war und ich ihn süß fand. Meine liebe Mama hat sich immer toll um mich gekümmert und mich zu verschiedenen Therapeuten geschleppt, aber das hat alles nicht wirklich geholfen, bis ich an die Therapeutin Brigitte Görmann geraten bin, die mit mir, fast ohne zu sprechen, am Tonfeld gearbeitet hat. Als ich mir angeschaut habe, was ich ohne darüber nachzudenken, mit geschlossenen Augen geformt habe, kam mir der Gedanke „das sind ja zwei in einer Höhle". Dieses Bild hatte Frau Görmann auch. Wieder musste ich weinen. Zu Hause habe ich sofort nachgefragt. Meine Mama hat mir erzählt, dass sie in der sechsten Schwangerschaftswoche Blutungen hatte und befürchtet hat, ich wäre gestorben. Ich habe mich dann sofort ins Internet begeben und Ihr Buch ausfindig gemacht. Ich bin so froh, endlich die Ursache gefunden zu haben und verstehe mich selbst viel besser ..."

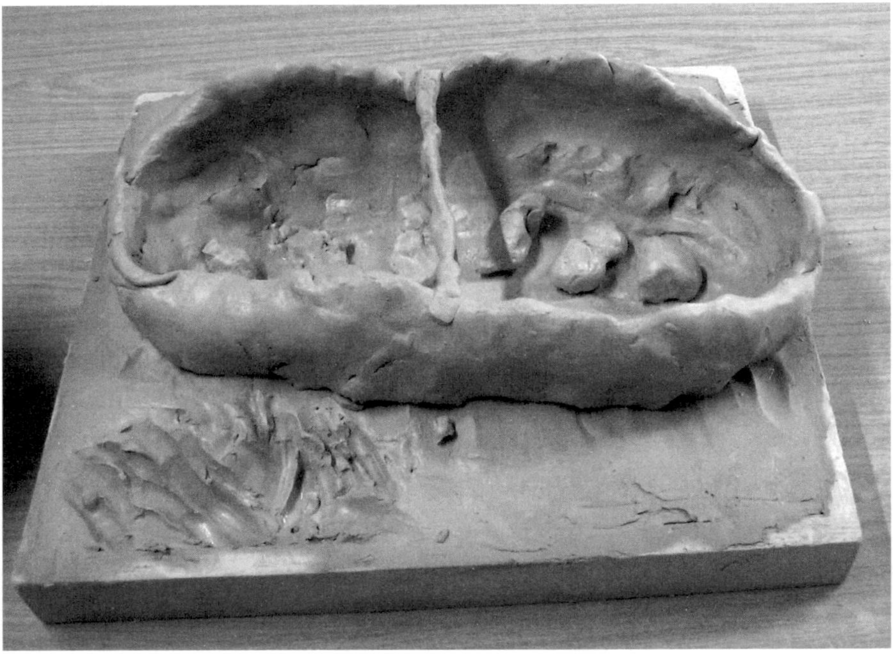

Erwachsenenarbeit – „Meine tragbare Arche" © Brigitte Görmann
Diese Arbeit gibt ein Beispiel für die Regression im Tonfeld in vorgeburtliche Bereiche.
Dieser Klient hat unbewusst eine Gebärmutter mit mehreren Embryonen geformt.
So ähnlich könnte Leas Skulptur auch ausgesehen haben.

7) Rebirthing/Holotropes Atmen

Es gibt mehrere Methoden der Intensivatmung als Psychotherapie und Wachstumsmöglichkeit, beispielsweise das von Leonard Orr geprägte Rebirthing und von Stanislav Grof entwickelte Holotrope Atmen. Eine Atemsitzung dauert etwa eineinhalb Stunden und wird in der Gruppe oder im Einzelsetting durchgeführt. Bei der vertieften Atmung in Rückenlage, ohne Pause zwischen Ein- und Ausatmen im therapeutischen Setting werden viele innere Bilder und Gefühle freigesetzt, die teilweise mit der Geburt und mit der Zeit im Mutterleib zu tun haben. Körperliche und seelische Energiestaus werden aufgelöst. Frühere seelische Verletzungen können als innere Bilder mit den dazugehörenden Gefühlen auftauchen und heilen. Nach der Atemphase werden die aufgestiegenen Bilder und Gefühle mit den anderen Teilnehmern und dem Therapeuten reflektiert und integriert. Oft fühlt man sich nach einer Atemsitzung sehr aufgeladen, liebevoll, geöffnet, verletzbar und einen Schritt im Leben weiter gekommen. Einige der Atemtherapeuten, zum Beispiel der Berliner Bernd Schröder, wissen um die Möglichkeit und die Dramatik des verlorenen Zwillings und beziehen diese in ihre Arbeit mit ein.

Kann man diese Methoden auch bei Kindern anwenden?

Die meisten der oben genannten Methoden lassen sich abhängig vom Alter auch sehr gut mit Kindern durchführen. Gerade kindliche Schwierigkeiten wie Schlafschwierigkeiten, überzogene Ängste und Schreckhaftigkeit, manchmal auch Hyperaktivität und extreme Rechen- oder Leseschwäche können nach dem Wiederentdecken eines verlorenen Zwillings gut behandelt werden. Claude Imbert, die führende französische Therapeutin auf dem Gebiet des verlorenen Zwillings, berichtet, dass sich jüngere Kinder bis zu 5 Jahren noch sehr genau an ihre Geburt und an die Zeit im Mutterleib erinnern können. Man kann sie fragen, an was sie sich erinnern und ob sie allein waren oder ob da noch jemand war. Manche Kinder reden genau so gewöhnlich darüber, wie wenn sie vom heutigen Weg zum Kindergarten sprechen. Andere Kinder können sich über Bilder gut ausdrücken. Man bittet sie, ein Bild zu malen, wie es damals war, als „Du in Mamas Bauch warst“. Malen in diesem Alter hat noch nicht diese Zensur der Erwachsenen, ob es denn realistisch wäre oder nicht. Körpererinnerungen und Unbewusstes finden ihren Ausdruck in den Bildern.

Imbert hat eine gute Möglichkeit für die Arbeit mit jüngeren Kindern gefunden. Man baut aus Decken und Kissen eine Gebärmutter nach und lässt das Kind sich hineinlegen. Über Kuscheltiere und das Verhalten des Kindes diesen Stofftieren gegenüber lassen sich Erfahrungen des Kindes im Mutterleib erkennen. Manchmal zeigen Kinder auch deutlich mit den Fingern, wie es damals im Mutterleib aussah.

Für die Heilung von Menschen, die im Mutterleib einen Zwilling verloren haben, ist es immer wichtig, dass sie den Anderen spüren können und Kontakt zu diesem Anderen aufnehmen können. Werden nur Deutungen gesagt und Vermutungen geäußert, hilft dieses einem überlebenden Zwilling nicht. Das letztendlich wichtigste Indiz, ob jemand einen Zwilling im Mutterleib verloren hat oder nicht, ist, ob mit der Erfahrung des verlorenen Zwillings über Stellvertreter, Puppen, Kissen oder innere Bilder bei einem Betroffenen Heilung geschehen darf. Wenn seine Symptome, teilweise auch erst nach einer gewissen Zeit, deutlich abnehmen oder ganz verschwinden, muss an dem Bild des verlorengegangenen Zwilling und an den dazugehörenden Gefühlen etwas Richtiges dran gewesen sein. Wer heilt, hat recht.

Vielleicht spricht Sie das eine oder andere an, oder Sie „erfinden“ für sich völlig andere Wege, zu überprüfen, ob Sie einen Zwilling verloren haben. Vielleicht finden Sie für sich noch andere Wege der Heilung. Bitte schreiben Sie uns, wenn Sie weitere Möglichkeiten entdeckt haben, einen verlorenen Zwilling wiederzufinden oder Betroffenen Unterstützung bei der Heilung zu geben. Das kommt den Lesern zukünftiger Ausgaben zugute.

Auf dem Weg zur Heilung 24

„Komm heraus, kleiner Blutsbruder ... lerne fallen“

Dieser Appell in der Geschichte aus „Der Spiegel im Spiegel“ von Michael Ende kann der Schlüssel für viele allein geborene Zwillinge sein, sich den am Ende überaus freundlichen Tiefen der Seele zu öffnen. Das Grundlegende und Notwendige zu einer Heilung ist es, in aller Tiefe und Bedeutung zu spüren und anzuerkennen, dass zu Beginn des Lebens eine große Katastrophe geschehen ist. Man hat das Liebste verloren, was man „hatte“. Dieses muss mit Leib und Seele wieder erfahren und gespürt werden. Die Verlassenheit, die Sehnsucht und der Schmerz brauchen Platz im Herzen.

Erst wenn auch diese so genannten „negativen“ Gefühle angeschaut und integriert sind, ist eine Heilung möglich. Aus langjähriger praktischer Erfahrung können wir sagen, dass eine grundsätzliche Vermeidung der Retraumatisierung, so wie sie von manchen Traumatherapeuten gefordert wird, der Heilung im Weg steht. Der bekannte Traumatherapeut Peter Levine sagt über Heilung: „Healing is living with the traumas in some way, not fixing them“. (Heilung bedeutet, mit den Traumen zu leben, nicht daran festzuhalten.)

Heilung kann häufig erst dann geschehen, wenn man sich mit dem Vorher verbinden kann: die Zeit, in der der Andere da war – Erinnern an diese unendlich wohlige Innigkeit, an diese tiefe Verbindung. Die Erinnerung an diese Innigkeit und das Wiedererleben der Gegenwart des Anderen kann Türen des Verstehens öffnen. Dieses kann beispielsweise mit Hilfe von Stellvertretern, mit Kissen, im körperwarmen Wasser während einer Wassersitzung oder in der Vorstellung während einer inneren Bilderreise geschehen.

Diese Erinnerung ist oft erst einmal unter meterdicken Schutzmauern verborgen. Diese Schutzmauern bestehen zum Beispiel aus Rationalisieren und Theoretisieren, apathischem Schockzustand, Beziehungssucht, Arbeitssucht, verzerrten oder geleugneten Körperempfindungen und vielem anderen mehr. Ein einfühlsamer Begleiter oder Therapeut, der versteht, Körpersignale zu lesen und sieht, wohin es die Seele zieht, kann behilflich sein, inne zu halten und zu schauen, was hinter den Schutzmauern liegt: Der Andere.

Der Andere

Der Andere.
Weich, warm, wohlig, innig,
Festhalten.
Am liebsten nie wieder loslassen.
Genießen.
Nie wieder getrennt sein.
Immer vereint.
Leben.
Endlich ganz.
Endlich zu Hause.

Oft öffnen sich die Schleusen erst dann, wenn diese wohlige Erinnerung wiedererlebt wird. Ein scheinbar endloser Tränenstrom. Wut auf den Anderen, dass er gegangen ist. Schuldgefühle, den Anderen scheinbar getötet oder aber mehr Glück gehabt zu haben als er. Endlich sickert das Verstehen durch. So viele Situationen im Leben waren geprägt von der Sehnsucht nach dem Anderen, und so viele Entscheidungen, die gefällt wurden, wurden auf eine bestimmte Weise getroffen, weil der Andere gefehlt hat.

Wenn jemand alles das nicht spürt, sondern sich nur erdenkt, dann hat er entweder keinen verlorenen Zwilling, oder aber der Körper und die Seele sind noch nicht bereit.

Was heilt, ist der innere Kontakt zum Anderen. In unserer Therapie dichten wir niemandem etwas an, sondern überprüfen, ob der Betroffene den Anderen wirklich spüren kann. Wenn dieses nicht der Fall ist, waren wir auf der falschen Fährte. Wir suchen dann nach anderen Ursachen und Lösungen, so lange, bis wir fündig werden. Nicht immer hat jemand, bei dem es den Anschein hat, einen Zwilling verloren.

Wenn es doch einen verlorenen Zwilling gegeben hat und die Zeit, ihn wiederzuentdecken, noch nicht reif war, meldet sich das Thema zu gegebener Zeit wieder. Die meterdicken Schutzmauern haben lange, lange die Funktion gehabt, dem allein geborenen Zwilling beim Überleben zu helfen. Ohne sie wäre er durchgedreht vor Schmerz und Einsamkeit. Daher begrüßen und achten wir diesen wunderbaren Schutzmechanismus der Seele. Wenn es aber an der Zeit ist, aus dem Bunker herauszukommen, wartet ein anderes, frischeres und erfüllteres Leben auf den überlebenden Zwilling.

Manche Menschen, die wir beim Wiederentdecken des verlorenen Zwillings begleitet haben, fühlen sich mit einer einzigen Therapiesitzung so vollständig, dass sich die wichtigsten Fragen grundlegend geklärt haben. Sie können ohne weitere Unterstützung ihr Leben in die Hand nehmen. Endlich hat die Suche ein Ende. Sie hatten erfolglos so vielen Theorien geglaubt, warum sie mit ihrem Leben nicht klar kommen und so vieles versucht, damit es besser wird.

Diese Menschen waren innerlich bereit, dem ganzen Drama des verlorenen Zwillings ins Auge zu schauen und waren oft ungeheuer erleichtert, den Anderen innig in die Arme zu schließen. Viele von diesen „Schnellzündern" haben bereits langjährige Therapien hinter sich oder haben auf andere Weise, mit intensiven Hobbys, Meditation, Sport, Tanzen, Musizieren, ihre Seele gepflegt und gestärkt, ohne dass sich an ihren eigentlichen Problemen etwas geändert hat.

Allen gemeinsam ist die intensive, aufrichtige Suche nach etwas bisher für sie Ungreifbarem. Diese Suche hat sie losgehen lassen und für viele Wahrnehmungen und ein tiefes Mitgefühl geöffnet, was Nicht-Suchern manchmal nicht verständlich ist.

Jeder Mensch, jede Seele ist einzigartig. Jeder allein geborene Zwilling braucht seinen ganz eigenen Weg, sich von dem großen Drama im Mutterleib zu erholen. Manche allein geborene Zwillinge brauchen erst etwas anderes, um der Tatsache ins Auge schauen zu können, dass sie eine Zeit lang nicht allein im Bauch der Mutter waren. Jeder, der in seiner Kindheit, Jugend oder als Erwachsener einen schweren seelischen Schock, zum Beispiel einen Autounfall, erlebt und bewältigt hat, weiß, dass die Seele Zeit braucht, um das Erlebte zu bewältigen. So ist es auch mit allein geborenen Zwillingen. Manche brauchen viel mehr Zeit als eine Sitzung, um zu entdecken, dass das prägende Grundthema ihres Lebens der verlorene Zwilling ist. Prägende Kindheitserlebnisse und eine Einbindung in schwere Familienschicksale müssen manchmal erst angeschaut und geachtet werden. Dieses verdeckt oft erst einmal den Blick auf den verlorenen Zwilling.

Nicht jeder verlorene Zwilling wiegt gleich schwer

Ein allein geborener Zwilling, der im wesentlichen eine glückliche Kindheit hatte und Eltern, die für ihn präsent waren, hat ein ganz anderes Startkapital als beispielsweise jemand, dessen Vater untergeschoben war, der also einen anderen Vater hat, als ihm gesagt wurde. Wenn dann von der mütterlichen Seite auch noch ein schweres Schicksal hinzukommt, wiegt dieses doppelt schwer. Ein Beispiel dazu wäre: Die Mutter hat ihre Mutter, als sie noch klein war, bei der Flucht aus Ostpreußen verloren. Sie kann ihrem Kind wenig Halt geben, weil sie selbst diesen nicht bekommen hat.

Jemand mit kraftvollen Eltern kann das Drama im Mutterleib und den Verlust des geliebten Zwillings viel leichter kompensieren. Er kann von seinen Eltern Kraft schöpfen und hat eine kraftvolle Rückenstärkung, um ins Leben zu gehen und im Beruf und in Liebesbeziehungen erfolgreich zu sein. Die überlebenden Zwillinge mit wenig Startkapital müssen gezwungenermaßen mehr Potential entwickeln, um trotz der widrigen Lebensumstände Wege zu finden, ihr Leben zu meistern. Ein verlorener Zwilling kann auch zu einer großen Inspirationsquelle werden und ein großes Potential freisetzen. Sehr rührend zeigt die Malerin und Therapeutin Elisabeth Berwart in ihrer Ode an den verlorenen Zwillingsbruder am Ende des Buches, wie er letztendlich ihr Leben bereichert hat.

Die Heilung des inneren Schockzustandes

Einige allein geborene Zwillinge befinden sich lebenslänglich in einem permanenten Schockzustand. Was dieses körperlich und seelisch bedeutet, kann man gut bei Menschen beobachten, die einen Unfall erlebt oder mit angesehen haben. Ein Teil der Person ist wie abgeschaltet. Apathie und teilweise Gefühllosigkeit, wie betäubt sein, sind mögliche Folgen eines Schockzustandes. Dieses ist ein Überlebensmechanismus. Wenn das

Leben bedroht ist und Angriff oder Flucht zum Überleben notwendig ist, wird alles andere ausgeblendet. Ist jemand in einem akuten Schockzustand, werden weder der seelische Schmerz noch die körperlichen Wunden gespürt. Solange noch genügend Blut in den Adern pulsiert und die Beine noch irgendwie tragen können, müssen sie rennen können, egal was sonst mit dem Körper ist. Was zum Überleben Sinn macht, ist dem offenen, entspannten Leben später im Weg.

Schocks sind im Körper gespeichert und können in einer tiefen Entspannung abfließen. Erst dann, in Sicherheit, wird der Schock verarbeitet. Bei der Heilung des Schocks, den Tod des Zwillings aus nächster Nähe erlebt zu haben, ist das Wiederspüren des Anderen in der wohligen Innigkeit von damals wichtig und heilsam. Manchmal aber reicht dieses noch nicht aus. Zusätzliche Unterstützung kann das Abfließen des Schockzustandes fördern.

Neben der Homöpathie streifen wir hier kurz zwei weitere Möglichkeiten, die wir gelegentlich in der Therapie zur Unterstützung der Schockheilung anwenden, die einfach und schnell ohne weitere Hilfsmittel verfügbar sind: das kinesiologische Klopfen von Meridianpunkten und Augenmuskulatur – Entspannungsübungen.

Homöopathische Arzneimittel

Wer sich mit Homöopathie auskennt, kann die Ausleitung des permanenten Schockzustandes beispielsweise mit Aconitum, Opium oder Lachesis in hoher Potenz C 200 unterstützen. Einige unserer Seminarteilnehmer haben sich zusätzlich Hilfe bei Homöopathen geholt und uns Gutes berichtet. Wegen der sehr günstigen Preise homöopathischer Medikamente und der manchmal durchschlagenden Wirkung sollte diese Unterstützungsmöglichkeit unbedingt erwogen werden.

Der holländische Arzt Hans Reijnen behandelt seit über zwanzig Jahren mit Homöopathie. Kurz vor Redaktionsschluss unserer dritten Auflage schreibt er uns wichtige Beobachtungen, die er gemacht hat: Viele Menschen, die im Mutterleib einen Zwilling verloren haben, sind häufig hochsensible, spirituell und emotional hochintelligente Persönlichkeiten mit einem überreizten Immunsystem, einer Neigung zu allergischen

Erkrankungen und einer schwachen Abwehr gegen Infektionskrankheiten. Sehr oft führt dieses überreizte Immunsystem zu ständiger Übermüdung. Die Betroffenen leiden unter dem Gefühl mangelnder Existenzberechtigung, weil ihr Leben sehr früh, in der Schwangerschaft oder bei der Geburt, ernsthaft bedroht gewesen ist. Bei ihnen liegt sehr häufig ein Vitamin-B12-Mangel vor. Dieser Mangel wird fast immer in die nachfolgende Generationen weitergegeben. Über frei käufliche Vitamin-B12-Präparate, welche Hydroxocobalamin oder am besten Methylcobalamin enthalten, kann dieser Mangel ausgeglichen werden.

Bei überlebenden Zwillingen sieht der Arzt eine Indikation zur Behandlung mit potenziertem Vitamin-B12. Dr. Reijnen lässt die Globuli aus Hydroxocobalamin oder Methylcobalamin in sechs verschiedenen Potenzen (C30, C200, C1000, C10.0000, C50.000 und C100.000) selber herstellen. Sie sind auf dem Pharmamarkt noch nicht erhältlich. In Deutschland gibt es aber viele Apotheken, die sich auf die Herstellung homöopathischer Medikamente, zum Beispiel Nosoden aus Muttermilch und Plazentagewebe spezialisiert haben. Diese können bei Bedarf auch beauftragt werden, Vitamin-B12-Präparate homöopathisch zu potenzieren. Dr. Reijnen hat bereits bei über hundert Patienten die homöopathischen Vitamin-B12-Präparate angewandt oder aber diese Frequenzen mit einem Bioresonanzgerät in den Organismus eingeschwungen. Die ersten Resultate sind sehr positiv, aber seine Forschungen darüber sind, wie er sagt, noch am Anfang.

Klopfen von Akupunktur-Druckpunkten

Die traditionelle chinesische Medizin weiß seit Tausenden von Jahren um die Bedeutung von Energiebahnen im Körper. Diese werden Meridiane genannt. Behandelt man Punkte auf dieses Meridianen mit Nadeln, Wärme, Druck oder Licht, verändert sich der Energiehaushalt des Körpers. Dieses kann für die Heilung von Körper und Psyche eingesetzt werden. Der Kinesiologe Roger Callaghan hat die Klopfakupunktur für die westliche Welt erschlossen. Aus seiner Schule haben sich zahlreiche Therapien entwickelt, wie zum Beispiel die energetische Psychologie, Emotional Freedom Technique (EFT) und Meridian Energie Therapie (MET).

Zur Behandlung von Schockzuständen gibt in der Kinesiologie verschiedene Punkte, die man klopfen kann. Dadurch wird der Schock freigesetzt und die festgehaltene Energie und der Schmerz können abfließen. Ein besonders effektiver Druckpunkt ist der „Dünndarm 3", ungefähr in der Mitte auf der Handkante, auch „Karate-Punkt" genannt. Drückt man mit dem Daumen fest hinein oder klopft fest mit den Fingern oder der anderen Handkante, fließt der Schock, der gerade psychotherapeutisches Thema ist, ab und der Körper belebt sich.

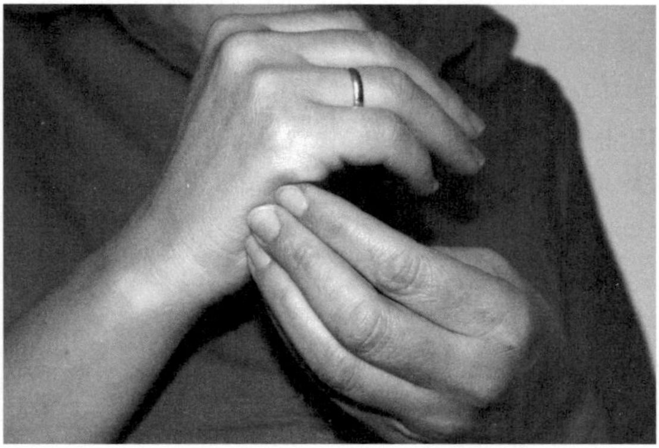

Klopfen der Handkante zum Ausleiten von Schockzuständen

Probieren Sie es einfach direkt im Moment aus, wenn Sie einen kleinen alltäglichen Unfall hatten: Sie haben beispielsweise, in Gedanken woanders, eine Treppenstufe verfehlt und sind hingefallen, oder Sie sind auf rutschigem Untergrund ausgerutscht und gefallen, oder Sie haben sich beim Gemüseschneiden verletzt. Ein ganz kleiner Minischock macht Sie zittrig. Jetzt klopfen Sie diesen Meridianpunkt an der Handkante. Eine kurze, heftige Welle des Schmerzes brennt an der Stelle, an der Sie sich verletzt haben. Dann sind Sie ruhig, die Zittrigkeit hat aufgehört und dieser kleine Unfall ist fast vergessen.

Unterstützung von Schockheilung über die Augenmuskulatur

Eine weitere Möglichkeit, Schocks abfließen zu lassen, ist die Arbeit mit der Augenmuskulatur. Die Augenmuskulatur verspannt sich chronisch, wenn ein Schock erlebt wird. Eine der Methoden zur Auflockerung der Augenmuskulatur in Kombination mit anderen Übungen ist unter anderem als EMDR (Eye movement desensitization and reprocessing) Methode bekannt. Eine einfache Auflockerung der Augenmuskulatur geht beispielsweise so: Sie stellen sich im Abstand von eineinhalb Metern vor die betroffene Person und bitten sie, auf Ihre Hand zu schauen und während der ganzen Übung regelmäßig tief durchzuatmen. Mit der Hand beschreiben Sie große waagerechte Pendelbewegungen, später senkrechte oder diagonale Bewegungen. Auch die Achse nah – fern können Sie mit der Hand vorgeben. Nach jeweils einigen Pendelausführungen mit der Hand halten Sie kurz inne und spüren, ob der Betroffene sich merklich entspannt. Jede der Bewegungsachsen ist mit verschiedenen Gehirnzentren verbunden und lockert den Organismus an einer anderen Stelle. Auch hierbei können, ähnlich wie beim kinesiologischen Klopfen, gestaute Empfindungen ins Fließen kommen. Das bedeutet, dass zuerst noch einmal der Schmerz der traumatisierenden Situation erlebt wird und dann abfließen kann.

Auf diese Weise kann auch bei einigen Betroffenen, die einen Zwilling verloren haben, die Heilung des teilapathischen Schockzustandes begünstigt werden. Letzten Endes geht es bei der Heilung immer wieder darum, das Erlebte damals in der Gebärmutter ein Stück weit wieder zu fühlen und mit Leib und Seele zu verstehen, was damals passiert ist, um es anschließend zu integrieren.

Feinstoffliche Energiearbeit/tachyonisierte Heilsteine

Das „Loch in der Aura", dieses energetische Phänomen vieler allein geborener Zwillinge, haben wir weiter oben beschrieben. Mit energetischen Übungen kann die Ausdehnung der Aura unterstützt werden. Oft fühlt es sich schon sehr wohltuend, wenn man das energetische Feld um sich herum ausdehnt. Dazu stellt man sich vor, man könne dieses Energiefeld tatsächlich anfassen und es hat eine Konsistenz ähnlich wie Pizzateig. Man greift hinein und dehnt es, in dem man es vom Körper wegzieht. Viele fühlen sich danach entspannt und kräftiger als vorher. Ähnliche Übungen gibt es, um das „Loch in der Aura" zu schließen oder Balsam auf das wunde Herz zu streichen. Eine weitere Unterstützung zur Heilung des Zwillingsverlustes ist die Arbeit mit tachyonisierten ARBA-

Energiesteinen. Diese energetisierten Glassteine sind mit feinstofflicher Heilenergie programmiert, mit Frequenzen, die die Heilung einer bestimmten körperlichen oder seelischen Schwierigkeit unterstützen können. Man trägt diese Steine am Körper oder an seiner Trinkwasserflasche. Das erscheint vielen erst einmal wie Hokuspokus, wie esoterische Spinnerei.

Der menschliche Organismus ist für Schwingungen sehr sensibel, auch wenn dieses oft nicht bewusst wahrgenommen wird. Es gibt viele Mineralien, wie zum Beispiel Amethyst, Bergkristall oder Rosenquarz, die bestimmte Schwingungen aussenden, die das Befinden verändern. Viele spüren es, wenn sie diese in die Hand nehmen oder sich beispielsweise auf den Bauch legen. Man kann auch Glas als Trägermaterial mit Frequenzen programmieren, die deutlich spürbar das Befinden ändern können.

Wir haben unter anderem einen Energiestein entwickelt, der speziell für Menschen, die einen Zwilling verloren haben, programmiert ist. Viele unserer Seminarteilnehmer, die diese Steine ausprobiert und in die Hand genommen haben, berichten, dass sie sich ruhiger und mehr vollständig wahrnehmen. Sie berichten, dass sie ihre Kraft stärker fühlen oder überhaupt erst mit dem Stein in der Hand endlich weinen können.

Auch wenn die Wirkung dieser feinstofflichen Energie noch nicht wissenschaftlich erklärbar ist, ist sie von vielen deutlich spürbar.

Damit die Schuldgefühle aufhören

Bei einigen überlebenden Zwillingen ziehen sich abgrundtiefe Schuldgefühle tief durch ihr ganzes Leben. Damit dieser Gefühlssumpf aufhören kann, gibt es eine heilsame Frage für diejenigen, die glauben, sie hätten dem Anderen zu viel Platz weggenommen oder den Anderen nicht retten können: Wie hätte ein anderer Fötus gehandelt, der an deiner Stelle miterlebt hat, wie die Schwester oder der Bruder gestorben ist? Hätte dieser andere Embryo an deiner Stelle irgendetwas anders machen oder den Sterbenden gar retten können?

Claude Imbert empfiehlt ein Gespräch des erwachsenen Überlebenden zu dem Embryo oder Fötus von damals, um ihm zu erklären, dass er damals nicht anders handeln konnte.

Um zu verstehen, wie eingeschränkt die Möglichkeiten eines Embryos sind, einen anderen zu retten, empfehlen wir die vielen wunderbaren Fotos von Embryos und Föten, die sich leicht im Internet googeln lassen. Beispielsweise findet man mit den Begriffen „Embryo“ und „Entwicklung“ auf verschiedenen Websites faszinierende Farbfotos von werdenden Menschen in allen Altersstufen von der befruchteten Eizelle bis zum prallen Fötus kurz vor der Geburt. Eine andere Möglichkeit sind die fantastischen Mikroskop-Fotos live aus dem Mutterleib von Lennart Nilsson in seinem Buch „Ein Kind entsteht“.

Wir arbeiten gerne mit dem Bild, dass der Überlebende sich in den Gegangenen hineinversetzt und mit ihm den Platz tauscht. Wie geht es dem gestorbenen Zwilling, wenn der andere sein Leben lang unglücklich ist? Was wünscht er sich für den Überlebenden? Mit der Beantwortung dieser Fragen kommen heilende Kräfte in Gang, die am Ende sehr befreiend für den Überlebenden sein können.

Besonders heilsam, so haben wir beobachtet, ist die Arbeit mit einem Stellvertreter für den gestorbenen Zwilling. Der Überlebende kann Blickkontakt zu seinem gestorbenen Zwilling aufnehmen. So ist der Andere für eine Zeit noch einmal anwesend. Direkter Blickkontakt löscht besonders schnell die alten Bilder, die sich der verlassene Zwilling in seinem Inneren zurechtgelegt hat.

Er sieht dann Auge in Auge das Wohlwollen und die Liebe des Anderen und kann das in sich aufnehmen. Der Überlebende kann dann dem Anderen nicht tief in die Augen schauen und sagen „Ich lasse es mir schlecht gehen, weil Du gehen musstest.“ Der Stellvertreter für den gestorbenen Zwilling leidet furchtbar, wenn er sieht, dass es dem Überlebenden schlecht geht.

In direktem Blickkontakt kann der Überlebende sehen, dass es dem gestorbenen Zwilling gut geht. Er ist dem Überlebenden nicht böse, dass er sterben musste und der andere geboren wurde. Er liebt ihn und wünscht ihm Gutes. Diese Bilder und Sätze wirken heilend in der Seele des Überlebenden weiter, auch wenn die Sitzung schon lange beendet ist.

Wiederfinden des Zwillings in einer therapeutischen Sitzung

Heilsame Rituale

Nach unserer Erfahrung ist es meistens ausreichend, den verlorenen Zwilling wiederzuentdecken, den Kontakt mit ihm herzustellen, die Innigkeit noch einmal zu genießen und der Trauer, dass der Andere gegangen ist, einen Platz zu geben. Den Rest erledigt der Betroffene aus eigenem inneren Antrieb und in Verbindung mit seiner Seele in der Zeit, die er braucht. Das klingt sehr leicht. Für viele ist dies aber ein langer Weg der inneren Verarbeitung und Integration. Manche schreiben dem Anderen Briefe, andere verabreden sich zum wöchentlichen Zwiegespräch in der guten Stube oder suchen sich einen Baum, mitten in der Natur und vertrauen sich ihm stellvertretend für den Zwilling an. Andere schreiben eine Zeit lang Gedichte oder malen Bilder zur Bewältigung des Verlustes.

Für manche ist es sehr wichtig, den Anderen in einem Begräbnisritual ins Jenseits zu entlassen. Sie holen dann nach, was damals nicht geschehen ist. Der Körper des Anderen ist entweder spurlos verschwunden oder bei der Geburt übersehen oder nicht weiter beachtet worden. Selbst wenn es ein großer toter Fötus war, ist er sang- und klanglos in einer Klinikmülltonne verschwunden und verbrannt worden. Für manche ist es sehr heilsam, genau diese Gesänge und Klänge nachzuholen. In einem feierlichen Ritual wird ein Kästchen als Sarg hergerichtet und vielleicht mit einem symbolischen Inhalt und entsprechend geschmückt, an einem stillen Ort vergraben, einem Feuer oder einem Fluss übergeben. Dieses kann manchem allein geborenen Zwilling helfen, Frieden mit seinem fehlenden Bruder oder seiner fehlenden Schwester zu finden.

Der Dank an den Anderen für die kurze gemeinsame Zeit ist für den überlebenden Zwilling heilsam. Das mildert den Vorwurf, den manche an den Anderen haben, nämlich dass der Gegangene ihn alleine gelassen hat. Wie dieser Dank dem Anderen gegenüber aussieht, ist sehr unterschiedlich. Das können gesprochene Sätze, Gedichte, Lieder oder Bilder sein. Schon der einem Stellvertreter, einem Kissen, einer Puppe oder einem Phantasiebild gegenüber ausgesprochene Satz: „Ich danke dir für die Zeit, die wir miteinander teilen durften und für die Innigkeit, die ich mit dir diese kurze Zeit genießen durfte“, öffnet beim Überlebenden das Herz und hilft bei der Heilung der großen Katastrophe.

„Mein gestorbener Bruder" – für ein Beerdigungsritual am Fluss

Ein anderes Ritual, das helfen kann, den toten Zwilling loszulassen und auch von ihm losgelassen zu werden, stammt von Daan van Kampenhout, einem holländischen Heiler. Der Andere wird symbolisch zu den Ahnen begleitet. In einer inneren Bilderreise stellt sich der Überlebende noch einmal vor, wie der Andere neben ihm ist und sich dann langsam zurückzieht. Dann stellt sich der überlebende Zwilling alle seine Ahnen, die bereits gestorben sind, bis zu den Ururgroßeltern vor. Sie sind alle versammelt und stehen im Raum. Dann nimmt der Überlebende den sterbenden Zwillingsbruder oder die sterbende Zwillingsschwester an die Hand und geht mit ihm oder ihr zu den Ahnen. Diese nehmen den Anderen liebevoll unter sich auf und segnen den Bleibenden.

Eine andere Kraftquelle ist der innere Kontakt zu seinen Eltern. Für viele überlebende Zwillinge ist die Verbindung zu den Eltern bereits im Mutterleib geschwächt gewesen, weil sie so sehr mit dem Anderen und seinem Weggehen beschäftigt waren. Eine Möglichkeit, die Verbindung zu den Eltern zu stärken, ist eine innere Reise. Dabei stellt sich der Betroffene vor, wie er sich als Embryo, als Fötus, als Baby, als Kind, Jugendlicher und Erwachsener sieht. In allen diesen Lebensphasen verbindet ihn von seinem

Herzen aus ein goldener Faden, wie eine Nabelschnur, mit seiner Mutter. Diese Nabelschnur besteht aus Licht und überbrückt jede Entfernung. Ebenso gibt es eine zweite goldene Nabelschnur, die den Klienten mit seinem Vater verbindet.

Vorsicht vor Elefanten im Porzellanladen

Allein geborene Zwillinge haben oft ein besonders empfindsames Gemüt und tragen mehr seelische Verletzungen mit sich herum als Einlinge. Zum einen sind sie im Schockzustand wegen des großen Dramas, das sie im Mutterleib erlebt haben, und zum anderen leiden sie an innerer Einsamkeit und unter Schuldgefühlen. Später kommen viele neue Verletzungen hinzu, weil sie von den anderen oft nicht verstanden werden. Wie können Einlinge die Gefühlswelt und die Mangelgefühle eines Halbzwillings ergründen, der selber nichts von seinem Zwilling weiß? Das ist viel verlangt, manchmal viel zu viel. Das fängt im Kindergarten an, zieht sich durch die Schullaufbahn und geht weiter zum Partner oder auch zum Psychotherapeuten.

In einem Seminar mit einem sehr renommierten Lehrtherapeuten berichtet eine Gruppenteilnehmerin herzergreifend und den Tränen nahe von ihrem verlorengegangenen Zwillingsbruder, den sie bei einem anderen Therapeuten entdeckt hat. Der Lehrtherapeut fragt bissig „Glaubst du alles, was dir ein Therapeut erzählt?“ Er, offensichtlich ein Einling, konnte mit dem Thema und diesem deutlichen Gefühlsausdruck dieser Teilnehmerin nichts anfangen. Sie hat sich nicht verstanden gefühlt. Diese Art von Verletzung ist dem allein geborenen Zwilling sehr vertraut, das übliche „mehr desselben“, wie in der Schule, an der Uni, unter Freunden. Wer so oft nicht verstanden wird, glaubt irgendwann, dass an ihm etwas nicht richtig ist, dass man ihn sowieso nicht verstehen kann.

Manche Therapeuten, die nicht mit dem Thema des verlorenen Zwillings vertraut sind, verlieren sich in endlosen Analysen der Beziehung zur Mutter, ohne dass sich dadurch etwas an den Problemen verändert. Der willige Klient, der oft große Not hat und einen beträchtlichen finanziellen und zeitlichen Aufwand leistet, nimmt alles dankbar an und fragt sich, warum seine grundlegenden Probleme keine Besserung erfahren. Nach unserer Erfahrung ist es hilfreich, sich von „mehr desselben“, was bis jetzt nicht geholfen hat, zu verabschieden und auf ein anderes Pferd zu setzen. Das gilt auch für Freunde, die einen nicht so achten können, wie man ist, das gilt auch für einen Beziehungspartner, bei dem der überlebende Zwilling nicht gut aufgehoben ist, und das gilt ebenso für einen unangemessenen Arbeitsplatz: Was dir schadet, von dem halte dich fern.

Das aber ist genau das Dilemma des allein geborenen Zwillings. Oft kann er sich nicht durchsetzen oder von Personen trennen, die ihm nicht gut tun. Sie lassen lieber Elefanten im Porzellanladen ihrer Seele Scherben über Scherben machen, als dass sie sich von solchen Menschen fernhalten. Für ein wenig Nähe, Kameradschaft oder Gesellschaft tun einsame Überlebende der großen Katastrophe alles. Viele allein geborene Zwillinge verkaufen lieber ihre Seele dem Teufel, wenn es ihn gäbe, als dass sie sich von einer unangenehmen Arbeitssituation oder auch vom falschen Partner, wo die Chemie nicht stimmt, verabschieden. Die Trennungsängste erscheinen dem allein geborenen Zwilling lebensbedrohlich. So steckt er Verletzung um Verletzung ein, wo so mancher Einling nur den Kopf schütteln und gehen würde, wenn er diesen seelischen Schlägen und kränkenden Bemerkungen ausgesetzt wäre. Der überlebende Zwilling glaubt oft nicht, dass ein noch viel besser passender Partner oder Arbeitsplatz auf ihn wartet, wenn er eine anstehende Trennung durchlebt und verschmerzt hat.

Das schwere Schicksal mancher allein geborener Zwillinge

Wir sind froh, dass es uns häufig gelingt, bei Menschen mit schweren Schicksalen, zu einer beträchtlichen Verbesserung ihrer Situation beizutragen. Wir sehen aber auch, dass die Entdeckung eines verlorenen Zwillings nicht immer alle Türen öffnen kann. Viele überlebende Zwillinge scheuen den tiefen inneren Kontakt zu ihrem großen Verlust. Sie können sich nicht mit der vollen Wucht dem Schlimmen aussetzen. Das ist für manche zu schwer und zu groß. Um die Dramatik des Ereignisses zu verdeutlichen, verlegen wir das Ereignis ins Erwachsenenalter:

Stellen Sie sich vor, Sie sitzen alleine mit Ihrem Partner oder Ihrer Partnerin in einem Ruderboot auf einem See. Weit und breit ist kein anderer. Es ist ein wunderschöner Tag und Sie genießen die Innigkeit miteinander.

Plötzlich windet sich Ihr liebster Mensch, bekommt Krämpfe und stirbt in Ihren Armen. Sie konnten nichts tun. Mühsam bringen Sie das Boot mit dem toten Körper an Land …

Wie lange würden Sie als Erwachsener brauchen, um dieses Ereignis seelisch vollständig zu bewältigen? Nach unseren Erfahrungen braucht ein werdender Mensch noch länger als ein Erwachsener. Es war das erste große Ereignis in seinem Leben. Alle seine Sinne waren weit geöffnet. Er war vollständig machtlos.

So wird es verständlich, dass therapeutische Unterstützung eines erwachsen gewordenen überlebenden Zwillings Grenzen hat. Am tiefsten verstanden fühlen sich die überlebenden Zwillinge, wenn man sie mit ihren Möglichkeiten und Grenzen achtet. Bei manchen Halbzwillingen reicht eine einzige Sitzung für entscheidende Verbesserungen in ihrer Situation. Andere tragen trotz guter Unterstützung lebenslänglich schwer am Verlust des Zwillingsgeschwisters.

Jaqueline

Die mehrfach erwähnte Jaqueline hat sich mit siebzehn ihre Eierstöcke herausoperieren lassen müssen. Wir erinnern noch einmal daran, dass in dem herausoperierten Gewebe Reste von Haaren, Zähnen und Knochen, also höchstwahrscheinlich Gewebe vom Zwilling, gefunden wurden. Vor acht Jahren hat sie in einer Sitzung bei Alfred ihren Zwillingsbruder wiederentdeckt. Damals war es, wie sie sagte, eine große Erleichterung für sie. Als Alfred sie einige Wochen nach der Sitzung wieder traf, wirkte sie etwas zu betont fröhlich. Es wäre zu viel und zu heftig für sie gewesen, die volle Stärke des Wiedererlebten zu spüren. Da wir im allgemeinen kurzzeittherapeutisch arbeiten, kam sie nicht wieder zurück zu weiteren Sitzungen. Vor einigen Wochen berichtet uns ihre Schwester, die wegen eigener Themen in Behandlung gekommen ist, dass es ihrer jüngeren Schwester Jaqueline noch immer nicht wirklich gut geht. Wir vermuten, dass es insgesamt für sie zu schwer ist, Fuß im Leben zu fassen. Es ist ein schweres Schicksal, neben dem Verlust eines Zwillings so früh einen wichtigen Teil des Frauseins aufgeben zu müssen, keine Menstruation und keine Kinder mehr haben zu können. Ihre Partnerschaften waren davon sehr geprägt. Bei einem so schweren Schicksal sind auch guten Therapeuten enge Grenzen gesetzt.

Wenn jemand seine Erfahrung eines Zwillings wieder bezweifelt oder abschneidet

Gelegentlich erleben wir, dass jemand den verlorenen Zwilling wiederentdeckt und ihn dicht am eigenen Leib mit Hilfe eines Stellvertreters oder Kissens spürt. Er ist ganz innig mit ihm, und alle Reaktionen und Symptome sind absolut stimmig. Kurze Zeit später zweifelt er alles wieder an. Der Körper erinnert sich und zeigt in unwillkürlichen Bewegungen eine große Nähe und Anziehung zu dem verlorenen Zwilling, aber der Verstand ist noch nicht so weit. Es wäre zu bedrohlich, die Katastrophe von damals und den Verlust voll ins Bewusstsein rücken zu lassen. Der Schmerz wäre zu überwältigend. Trauern kann nur, wer stark genug ist. Diese Menschen brauchen viel mehr Zeit. Das darf auch so sein. Eine theoretische Analyse, dass da mal ein Zwilling war, ist nach unseren Erfahrungen nicht heilsam für die Betroffenen. Danach ändert sich erst mal nichts an ihren Problemen und Symptomen.

Wir haben im Laufe der Jahre beobachtet, dass das Wiederentdecken und Integrieren des Zwillings und die dazugehörenden Gefühle nicht mit einer Sitzung oder einem soundsoviele Tage dauernden Prozess abgeschlossen ist. Es ist vielmehr eine Spiralbewegung des Lebens. Für eine Zeit melden sich die Gefühle von damals, dann ist etwas anderes im Leben wichtig, Beziehungen ändern sich, etwas gestaltet sich um. Nach einer Weile kommt eine nächste Welle von Schmerz, Trauer, seelischem Hunger und Verlassenheit, die integriert wird und so weiter. Der Zwillingsverlust bleibt lebenslänglich ein Thema, aber die Auswirkungen und die Bedeutung verändern sich. Aus einem allein geborenen Zwilling wird durch die Integration des Verlustes niemals ein Einling. Er bleibt überlebender Zwilling mit eigenen Stärken Schwächen und Vorlieben.

Zu uns kommen gelegentlich Klienten, die sagen, dass sie einen Zwilling verloren haben und das längst bearbeitet haben. Damit seien sie fertig. Wenn wir dann genauer nachfragen, hören wir, dass weder Beruf, noch Freundschaften, noch Liebesleben befriedigend sind. Das ist für uns ein Zeichen, dass die Integration noch nicht geglückt ist. Wenn jemand so schnell mit dem Zwillingsthema „fertig“ ist, sehen wir die Vermeidung von den heilungswichtigen „negativen“ Gefühlen. Es täte einfach zu weh, genauer hinzuspüren.

Wir haben beobachtet, dass es neben dem persönlichen Zwillingsthema und der persönlichen Abwehr der Betroffenen eine kollektive Abwehr des Zwillingsthemas gibt. Viele suchen lieber in der Ferne als ganz nah bei sich. Es täte auch kollektiv zu weh, genauer hinzuspüren.

Was hilft und heilt, ist: wirklich zu spüren, dass da jemand war und sein Weggehen zu betrauern. Der allein geborene Zwilling verbindet sich auf diese Weise wieder mit dem Anderen und bekommt daraus Kraft. Manche Betroffene benötigen dafür nur einige Minuten, andere mehrere Jahre. Einige unserer Klienten, die gelegentlich mit großen Zeitabständen zu uns kommen, wussten sogar um unsere eingehende Beschäftigung mit dem verlorenen Zwilling und haben es in Gruppenseminaren bei anderen Teilnehmern gesehen. Dennoch brauchten sie ihre volle Zeit, bis sie das Thema bei sich entdecken konnten. Sie mussten erst auf den weiten Wiesen der therapeutischen Möglichkeiten andere Weidegründe abgrasen, bis der Horizont für den verlorenen Zwilling frei war.

Andere Ereignisse, die scheinbar ähnlich wirken wie ein verlorener Zwilling

Manchmal stecken andere Ereignisse hinter der Einsamkeit, der Trauer und den Schuldgefühlen als das Drama im Mutterleib. Wir können diese Möglichkeiten hier nicht erschöpfend behandeln. Um Ihnen jedoch anschaulich zu machen, was noch hinter Einsamkeit und Schuldgefühlen stecken kann, schildern wir hier als Beispiel zwei Möglichkeiten für übernommene Gefühle aus der systemischen Familientherapie. Wir wissen aus der systemischen Familientherapie, wie sehr liebende Kinder manchmal unbewusst die ungelebten Gefühle ihrer Eltern und weiterer Ahnen ausleben.

Beispielsweise Jeannine leidet unter entsetzlicher, unerklärlicher Traurigkeit, für die es aus der eigenen Lebensgeschichte keinen Grund gibt. Sie trägt etwas von ihrer Familie. Jeannines Mutter hatte ihre Mutter durch einen tragischen Verkehrsunfall verloren, als sie drei Jahre alt war. Das konnte die Mutter niemals verarbeiten. In diesem Fall trägt Jeannine die tiefe Trauer der Mutter, als könnte sie ihr das abnehmen. Innerlich sagt sie sich: „Das war zu schwer für dich damals, ich nehme dir das ab, ich weine für dich, liebe Mama.“ Dass diese übernommenen Tränen weder der Mutter helfen, noch dem Kind, ist eine andere Frage.

Jeannine in diesem Beispiel hatte keinen Zwilling verloren, dennoch muss sie oft unerklärlich weinen und fühlt sich entsetzlich einsam, genauso, wie sich damals ihre Mutter gefühlt hat. Die ganze Familie war mit dem tödlichen Unfall der Großmutter beschäftigt und jeder hatte mit seinem eigenen Schock und der eigenen Trauer zu tun. Keiner hatte mehr auf die Dreijährige, die spätere Mutter von Jeannine schauen können. Über Jahre lief Jeannines Mutter als kleines Kind wie „das fünfte Rad am Wagen“ mit. Diese Einsamkeit hatte Jeannine übernommen. Diese Schwierigkeiten können in einer Familienaufstellung aufgelöst werden, ebenso wie folgender Fall:

Ingo leidet unter unerklärlichen Schuldgefühlen, die ihm immer wieder das Leben schwer machen. Beim Autofahren leidet er unter der Vorstellung, jemanden überfahren zu können. Hinter jeder Ecke könnte jemand ins Auto laufen. In seiner Lebensgeschichte gibt es keinen Grund dafür. Bei weiteren Nachforschungen stellt sich heraus, dass sein Großvater durch seine Unachtsamkeit ein großes Unglück verursacht hat: Beim Heueinfahren in die Scheune hat er einen seiner Söhne übersehen und mit dem Heuwagen im Scheunentor zerquetscht. Ingo war innerlich sehr mit dem Unglück verbunden, das dem Bruder seines Vaters zugestoßen war. Aus unerfindlichen Gründen benahm er sich wie der Großvater, als hätte er jemanden überfahren und litt unter quälenden Schuldgefühlen.

Äußerlich und auf den ersten Blick fühlen sich Ingos Schuldgefühle nicht anders an, als die eines überlebenden Zwillings, der glaubt, seinen Bruder getötet oder ihm Platz weggenommen zu haben, oder der sich seines Glücks schämt, die große Katastrophe im Mutterleib überlebt zu haben. Ein und das selbe Symptom kann also sehr unterschiedliche Ursachen haben. Man darf nicht allein aus den Symptomen auf einen verlorenen Zwilling schließen, sondern muss jeden Fall einzeln überprüfen.

Von der Todessehnsucht zum Lebenshunger

Fünf Jahre, nachdem Lara ihre Zwillingsschwester wiedergefunden hat:
Lara ist eine lebensfrohe Frau Anfang vierzig. Ihre warme, herzliche Ausstrahlung, ihr Lachen und ihre Liebe zum Leben sind wohltuend. Es ist angenehm, in ihrer Gegenwart zu sein. Hört man ihre Geschichte, fragt man sich, wie sie es geschafft hat, diese echte Freude am Leben, dieses offene Lachen, diesen warmen Kontakt zu Menschen leben zu können. Lara sitzt seit einem schweren Verkehrsunfall vor sechs Jahren, den sie selbst verschuldet hat, mit einer Querschnittslähmung im Rollstuhl. Vor fünf Jahren, ein Jahr nach ihrem schweren Unfall, nahm sie an einem Seminar bei Alfred teil. Sie fragte sich damals, warum sie zeitlebens immer wieder zu Unfällen neigt. In diesem Seminar hat sie ihre im Mutterbauch verloren gegangene Zwillingsschwester wiedergefunden.

Uns hat sehr interessiert, welche Bedeutung ihre wiedergefundene Zwillingsschwester für sie heute hat. Wir hatten das Glück, ein Interview mit ihr führen zu können. Sehr bewegend erzählt sie, was sich seit dem in ihrem Leben verändert hat.

Interview mit Lara:

In dem Seminar vor fünf Jahren ist für Dich etwas sehr Tiefgreifendes aufgetaucht: Deine im Mutterleib verlorene Zwillingsschwester. Wie ist es Dir damit in den ersten Wochen nach dem Seminar ergangen?
Die ersten drei Wochen habe ich fast nur geweint. Ich habe um meine Schwester getrauert. Ich habe geweint und sie in meinen Armen gehalten, in Form von Teddybären und Kuscheltieren, auch in Gedanken. Sie war für mich in dieser Zeit sehr präsent. Es war ein tiefer Selbstfindungsprozess für mich. Ich war damals 37 Jahre alt und habe 37 Jahre lang gesucht. Eine so lange Zeit! Das war wie eine Neugeburt.

Wenn Du heute auf Dein Leben schaust, welche Bedeutung hat es für Dich, Deine Zwillingsschwester wiedergefunden zu haben?
Mein ganzes Leben hat sich seit diesem Zeitpunkt komplett verändert. Bevor ich meine Zwillingsschwester in dem Seminar bei Euch wiederentdeckt habe,

habe ich nicht wirklich gelebt. Ich war gar nicht auf der Erde. Ich war immer zwischen irgendwo, immer zwischen Himmel und Erde oder Tod, ich habe immer diesen Tod gesehen. Ein Teil von mir ist ein Leben lang in Richtung Tod gegangen, sehr absichtlich, auch mit diesen schweren Unfällen. Vor Jahren habe ich einen Selbstmordversuch gemacht. Nach dem Seminar und den drei Wochen Trauer ist vieles für mich klar geworden. Ich wusste, diese Unfälle und diese Nähe zum Tod brauche ich jetzt nicht mehr. Ich fühlte mich ganz, komplett und mit meiner Schwester vereint. Vor dem Seminar hatte ich mit Gott gehadert und mit meinen Eltern und mit dem ganzen Leben. Diese drei Wochen tiefer Trauer waren eine Heilung für mich, nachdem ich endlich gefunden hatte, was ich so lange gesucht habe. Ich hatte das Gefühl, ich bin mit diesem Wissen um meine Zwillingsschwester richtig angekommen.

Was heißt es für Dich, wenn Du sagst „richtig angekommen"?
Ich bin bei mir angekommen, auf der Erde und im Leben. Ich hatte nach dem Seminar tiefe innere Prozesse, die mich heftig durchgeschüttelt haben. Danach bin ich wirklich mit Gott in Frieden gekommen. Ich habe überhaupt erst einmal erkannt, wie sehr ich vorher mit dem Leben gehadert hatte. Ich hatte mich, bis ich meine Zwillingsschwester gefunden habe, gar nicht lebensberechtigt gefühlt. Erst seit diesen Prozessen, durch die ich gegangen bin, kann ich Menschen richtig begegnen.

Du sagst das und Deine Augen fangen dabei an zu leuchten. Wie geht es Dir heute mit Deiner Zwillingsschwester?
Ich rede manchmal mit meiner Schwester. Sie ist einfach da. Ich bin mit ihr verbunden. Ich brauche jetzt nichts mehr zu suchen. Ich war mein Leben lang immer auf der Flucht. Ich musste immer rennen, rennen, rennen, suchen und rennen. Nicht einmal mein eigener Sohn hat mir dazu verholfen, einfach dazubleiben. Das macht mich heute noch traurig. Aber es war so, bis ich sie endlich gefunden hatte.

Wie redest Du mit Deiner Zwillingsschwester? Was sagst Du ihr, wenn ich Dich das fragen darf?
Ich habe ihr einen Namen gegeben. Ich spreche sie einfach mit ihrem Namen an. Ich frage sie beispielsweise um Ratschläge: „Was würdest Du

jetzt dazu sagen?". Oder: „Ach, wenn ich Dich nur bei mir hätte!" oder: „Kannst Du mir nicht einen kleinen Wink geben?" Dann gibt sie mir manchmal einen Tipp. Ich kann das innerlich hören, wie sie mir antwortet. Manchmal sagt sie aber auch nichts. Ich fühle sie nah bei mir. Das hilft mir in verschiedenen Situationen. Ich teile mit ihr gerne auch schöne Erlebnisse. Ich sage: „Schau, wie schön das Leben jetzt ist." Das Leben hat einfach eine andere Qualität für mich bekommen.

Wie spürst Du Deine Zwillingsschwester? Wie nah ist sie für Dich?
Ich spüre sie als gute Seele. Manchmal ist sie sehr nah und manchmal auch wieder weit weg. Manchmal denke ich auch tage- oder wochenlang gar nicht an sie.

Wenn Du nicht an sie denkst, existiert sie dann für Dich? Wie ist das dann?
Es ist niemals so, als gäbe es sie nicht. Sie ist tief in meinem Leben verankert. Sie ist immer präsent, so dass ich nie alleine bin. Auch wenn ich eine Woche ganz abgeschieden irgendwo bin. Mit ihr kann ich jetzt auch gut alleine sein, was mir früher immer schwer gefallen ist. Es ist auch nicht so, dass sie keinen Frieden hat und nicht tot sein darf. Sie hat ein Grab bekommen und ein Kreuz. Für mich ist das wichtig, dass sie einen Platz bekommen hat, und dort ist sie schon in Frieden.

Viele Menschen, die wie Du einen Zwilling verloren haben, beschreiben, wie sehr sie sich allein fühlen. Kennst Du dieses Alleinsein auch?
Ja, für mich war das ein Verlassensein, alleine und verlassen. Ich hatte immer eine große Familie um mich herum, und trotzdem hatte ich das Gefühl: die gehören nicht zu mir. Ich habe mich nach etwas anderem gesehnt, nach jemand Anderem, wie ich heute weiß. Ich hatte einen Partner und habe einen Sohn. Trotzdem hatte ich immer eine große Sehnsucht. Ich habe mich sehr allein gefühlt mit dieser tiefen Sehnsucht. Und wenn ich unter 100 Menschen war, habe ich mich auch allein gefühlt. Das war oft sehr traurig. Manchmal bin ich mir richtig krank vorgekommen. Ich habe gedacht: ich habe viele Freunde, ich habe eine Familie, ich habe alles und ich bin allein, so allein. So war mein Gefühl damals. Das hat sich sehr geändert. Jetzt fühle ich mich wohl.

Was hat sich in Deinem Leben mit dem Wiederfinden Deiner Zwillingsschwester noch verändert?
Eine große Last ist von mir weggefallen, seit ich meine Schwester gefunden habe. Es ist eine Art Schuld, die ich jetzt nicht mehr spüre. Ich habe immer Schuldgefühle gehabt in meinem Leben, für alles. Ich fühlte mich als schlechte Tochter meinen Eltern gegenüber. Wenn etwas passiert ist, habe ich mich schuldig gefühlt. Es war so ein großes Schuldgefühl. Als Erwachsene hatte ich mir nie erklären können, woher das kommt. Jetzt weiß ich es. In meinem Trauerprozess nach dem Seminar habe ich auch das tief gespürt. Ich habe mich meiner Schwester gegenüber schuldig gefühlt. Sie hat es nicht geschafft, am Leben zu bleiben. Ich habe es geschafft. Das war diese Schuld. Sie hat mich fast erdrückt und hat mich fast umgebracht. Das war etwas sehr Schweres in meinem Leben. Jetzt ist dieses Gefühl von Schuld weg. Das tut so gut!

Viele Menschen berichten uns, dass sie in Beziehungen und im sexuellen Zusammensein ihren Zwilling suchen. Wie hast Du Beziehungen erlebt?
In den Männern habe ich auch meinen Zwilling gesucht, konnte ihn aber nicht finden. Meine Partner, mit denen ich zusammen war, waren für mich nie nah genug. In jugendlichen Jahren habe ich auch mal eine Beziehung mit zwei Zwillingsbrüdern gleichzeitig gehabt. Im Erwachsenenalter habe ich immer viele Freundschaften mit Zwillingen geschlossen. Ob als Freunde oder Beziehungspartner, mich hat's immer zu Zwillingen hingezogen. Ich habe mir das nicht erklären können, aber es war so. Mein jetziger Freund hat auch einen Zwillingsbruder.

Einen lebenden Zwilling?
Ja, einen lebenden Zwillingsbruder.

Noch einmal zum Verständnis: Wie viele Geschwister, außer der Zwillingsschwester hast Du?
Ich habe noch fünf. Aber aufgewachsen bin ich mit meiner älteren Schwester. Wir haben uns nie verstanden, von klein auf nicht. Wir waren miteinander so, als wären wir gar nicht Geschwister. Sie hat mich immer veräppelt und bei der Mutter verraten. Ich habe mir gedacht, mit ihr kann

man sich nicht verstehen. Ich habe sogar einmal meine Mutter gefragt, ob sie wohl auch den gleichen Vater hat wie ich und ob sie wirklich meine Schwester ist. Ich habe das nie spüren können. Das hat sich sehr verändert nach dem Seminar. Da ist mir ein Licht aufgegangen. Ja natürlich, ich habe ja jemand anderen gesucht. Ich habe meine andere Schwester gesucht, deswegen war sie für mich nicht richtig. Es ist inzwischen viel passiert zwischen uns. Wir hätten nie zusammenfinden können, wenn nicht bei mir diese Erkenntnis um meine Zwillingsschwester da wäre. Es wird mit meiner älteren Schwester immer besser.

Etwas sehr Wichtiges möchte ich noch erzählen. Ich habe eine schöne und wichtige Heilung erfahren. Ich war ja einige Zeit nach diesem Seminar in der Toskana in den warmen Schwefelquellen. Ihr habt dort zusammen mit Lavida Gerda Eversmann ein Seminar mit Aqua-Release®-Healing angeboten. Ich habe dort eine tiefe Vereinigung mit meiner Zwillingsschwester unter Wasser erlebt, die Du Alfred, mit mir gemacht hast. Eine Teilnehmerin hatte meine Zwillingsschwester vertreten. Das hat noch mal soviel für mich gebracht, um das Ganze wirklich vom Herzen zu heilen. Das war ein ganz wichtiger Schritt für mich. Ich konnte sie noch einmal so nah und innig wie damals im Mutterleib spüren. Das war ein schöner Prozess. Dafür danke ich Dir!

Danke für das Interview

Du hast mich niemals wirklich verlassen 25

Ode an den verlorenen Zwillingsbruder von Elisabeth Berwart
aus dem Französischen von Alfred R. Austermann

Wer von uns beiden ist tot?

Du bist tot und **ich** lebe. Wer bin ich?

Kleiner Bruder,
seit 43 Jahren trage ich Dich in mir. Das ist angenehm. Das ist warm. Das ist gut. Das ist stark. Das gibt Sicherheit.

Und dennoch ist es so schwer zu tragen. Ich fühl mich doppelt, androgyn, hermaphroditisch. Ich führe ein künstliches Leben, seit sehr langer Zeit. Das ist absurd. Ich weiß es, aber ich kann es nicht loslassen. Ich will Dich nicht loslassen.

Wenn ich Dich loslasse, vielleicht werde ich Dir folgen. Nein, ich lebe und Du bist tot. Und wenn ich Dich endlich ziehen lasse, trage ich das Risiko, mich am Ende zu finden. Dieses Risiko möchte ich nicht auf mich nehmen, denn ein Teil von mir glaubt, dass ich mich verlieren werde, mich mit Dir zusammen auflöse.

Kleiner Bruder, ich kenne Deinen Namen nicht. Du bist da. Ich weiß es. Ich fühle es. Du hast mich niemals wirklich verlassen. Aber warum, trotz allem, fühle ich mich so grausam allein? Ich bin übrig geblieben.

Ich weiß, dass nicht etwa Du Dich an mich anlehnst, ich bin es, die sich an Dich anlehnt, in der wunderbarsten und schmerzhaftesten Absolutheit der Liebe. Und wenn ich zustimme, dass Du wirklich tot bist, stimme ich zu, dass ich wirklich am Leben bin. Warum verweigere ich uns beiden das?

Mein Benehmen ist eine Beleidigung an das, was uns verbindet. Und als Zwilling weiß ich, dass Du für mich nur das Beste willst, und ich wähle immer das Schlimmste. Das ist eine schlimme Würdigung, die ich Dir zuteil werden lasse.

Währenddessen bleibt mir, festzustellen, dass mein Leben sehr stark war. 43 Jahre nach Deinem Verschwinden bin ich immer noch da. Ich zahle den Preis, aber ich bin noch immer da. Nein, ich bin Dir nicht gefolgt. Auch das ist gut.

Dieses Bewusstwerden, diese Enthüllung Deiner Gegenwart ist völlig neu für Elisabeth.

Auch bitte ich Dich, mir noch etwas Zeit zu lassen. Ich werde lernen, Dein Fortgehen zu betrauern, um endlich mich selbst und für mich selbst und nichts als mich selbst zu leben, als Frau ohne Ambivalenz.

Ich habe mich zu oft und zu unrecht mit Deinem Geschlecht identifiziert. Das gehört mir nicht. Ich gebe es Dir zurück. Ich bin eine Frau, voll und ganz, auch wenn es mir manchmal sehr schwer fällt, das wirklich zu xglauben.

Ich bitte Dich von ganzem Herzen im Namen dieser unauflösbaren Bindung, die uns vereint, mir zu helfen. Hilf mir, etwas Gutes aus meinem Leben zu machen. Hilf mir, Dich loszulassen, damit unsere Verbindung endlich im Zeichen der Liebe und nicht mehr im Zeichen des Todes lebt.

Ich liebe Dich mehr als alles auf der Welt, aber Deinem Tod zustimmen bedeutet, meinem Leben vollständig zuzustimmen.

Dadurch, dass ich mich geweigert habe, die Wirklichkeit anzuschauen, habe ich zwischen uns 43 Jahre schmerzhafter Trennung geschaffen. Heute nehme ich Dich als das, was Du bist, mein toter Zwillingsbruder.
Ich sage auch Ja, zu dem was ist und verbinde daraus meine Seele mit Deiner Seele in Ewigkeit. Gib mir die Zeit, die Geduld, die Kraft und den Mut.

Im Namen der Liebe, die uns verbindet, nehme ich heute mein Leben in die Hände, als erwachsene Frau. Aus Liebe zu Dir und aus Liebe zu mir mache ich daraus etwas Gutes.

Ich verspreche es Dir. Du bleibst für immer in der Wärme meines Herzens. Mein geliebter Bruder, danke, dass Du Du bist.

Danke, dass Du mich begleitet hast für die Zeit, die wir miteinander teilen durften. Ich achte Dich und Dein Schicksal, und ich gebe Dir das zurück.

Du bis tot, und ich lebe noch ein bisschen, und dann komme ich auch.

Du fehlst mir so sehr, aber hinter meinen Tränen verbirgt sich das schönste Lächeln, und ich erlaube mir ab heute, in Deiner Abwesenheit keinen Mangel mehr zu sehen, sondern eine Stärke.

Ich liebe Dich.

Elisabeth, Januar 2001

26

Künstler, Einfühlsame, Weise
Die Stärken des Überlebenden Zwillings

Eine besondere Kraft schöpfen viele überlebende Zwillinge auch aus der inbrünstigen und aufrechten Suche nach dem Anderen. Wer sucht, macht sich auf, erwirbt viele Fähigkeiten, probiert leidenschaftlich vieles aus, bereist viele Länder und sucht auf spiritueller Ebene nach Erfüllung. Aus dem ursprünglichen Mangel kann sich ein besonderer Tiefgang und aus der Bewältigung von leidvollen Erfahrungen eine besondere Weisheit entwickeln. Wir verdeutlichen es mit den Worten des libanesischen Mystikers Khalil Gibran, der in dem Buch „Der Prophet" über den Schmerz spricht: „Euer Schmerz ist das Zerbrechen der Schale, die Euer Verstehen umschließt. So wie der Kern in der Frucht brechen muss, damit sein Herz die Sonne erblicken kann, so müsst auch Ihr Schmerz erfahren." (Übersetzung des Autors aus dem Englischen)

Wer Schmerz und Leid durchlitten und bewältigt hat, hat ein tieferes und reicheres Verständnis vom Leben.

Viele Künstler beschenken uns mit ihren Bildern und ergreifenden Liedern. Beim Zuhören mancher schmachtenden Lieder spürt man, dass Eines zum Anderen möchte, eine Sehnsucht, die tief berührt. Diese Sehnsucht betrifft aber nicht nur das Schmachten nach einem Liebespartner. Nicht alle Liebeslieder gelten einer Dame oder einem Herrn der sexuellen oder romantischen Begierde. Oft wird in Songtexten eine Person so sehnsuchtsvoll, so mystisch und gleichzeitig so verdächtig unsexuell besungen, mit einer rührend-ergreifenden Stimme, welche die Butter im Kühlschrank schmelzen lässt. Wir vermuten, dass da die Sehnsucht nach dem verlorenen Zwilling durchschimmert. Das rührt nicht nur Menschen, die einen Zwilling verloren haben.

So schöpfen viele Musiker aus der Quelle der Sehnsucht nach ihrer „Spiegelseele", dem verlorenen Zwilling und beschenken uns mit kraftvoll oder zart anrührenden Liedern. Mehr darüber zeigen wir im nächsten Kapitel.

Auch dem sprudelnden Genius mancher Schriftsteller liegt die Suche nach dem verlorenen Zwilling zugrunde. Beispielsweise der hochbeliebte Autor Michael Ende („Momo", „Die unendliche Geschichte") dürfte wahrscheinlich einen Zwilling verloren haben. Hier zitieren wir aus „Der Spiegel im Spiegel" – allein der Titel klingt nach Zwilling – eine Passage als Beispiel: „Habe ich schon erwähnt, dass das Haus leer ist? Ich meine vollkommen leer. Zum Schlafen rollt Hor sich in einer Ecke zusammen, oder er legt sich nieder, wo er eben ist, auch mitten in einem Saal, wenn dessen Wände fern sind. Nahrungssorgen hat Hor nicht. Die Substanz, aus der Wände und Säulen bestehen, ist essbar ... Aber wer ist das: Ich – Hor? Bin ich denn nur einer? Oder bin ich zwei und habe die Erlebnisse jenes zweiten? ..." Diese Bilder erinnern sehr an das Leben in der Gebärmutter.

Viele Therapeuten, Heilpraktiker und Sozialarbeiter, die einen Zwilling verloren haben, schöpfen eine große Kraft aus ihren intuitiven Fähigkeiten und können besonders einfühlsam mit ihren Klienten umgehen. An anderer Stelle haben wir bereits die Lebensberaterin erwähnt, die innig verbunden mit ihrem verlorenen Zwillingsbruder in der anderen Welt in Kontakt ist. Das gibt ihr eine besondere Kraft und Einsicht. Sie ist auf Jahre ausgebucht. So ließen sich die Beispiele fortsetzen.

Es gibt ebenso auch linkshemisphärisch orientierte Halbzwillinge, beispielsweise Ingenieure, Informatiker und Mathematiker, die uns mit ihrer Kreativität beschenken. Diese finden wir selten in unseren Seminaren. Sie haben meist einen anderen Weg gefunden, mit dem Verlust des Geschwisters umzugehen. Tiefe Emotionen und Sehnsucht zu spüren, ist nicht ihre besondere Stärke, dafür aber eine um so höhere Scharfsinnigkeit in abstrakten und theoretischen Bereichen. Sie sind nicht in dem Maß von Sehnsucht und Unerfülltheit geplagt wie ihr Gegenpol. Aus der logischen Trennschärfe ihres Geistes schöpfen sie ein besonderes Potential.

27 Musiker auf der Suche nach dem verlorenen Zwilling

Die heimliche Sehnsucht Michael Jacksons

Ein Musiker, der sich wie kaum ein anderer ins Rampenlicht zu stellen wusste, ist Michael Jackson. Gerade weil er so populär ist, betrachten wir seine Geschichte aus dem Blickwinkel der vorgeburtlichen Psychologie. Die halbe Welt weiß, dass Michael Jackson nicht nur Interesse an Frauen hatte. Er suchte auch Kuschelkontakt zu Jungen, bei dem Sexualität mehr oder weniger keine Rolle spielte.

Laut Presseberichten hatte er bei den Eltern der betroffenen Jungs regelrecht darum gebettelt, dass er im Bett der Jungen schlafen durfte. Woher kam bei diesem Mann, der niemals erwachsen werden wollte und immer auf der Suche nach dem „richtigen" Aussehen war, dieser ungewöhnliche Hunger nach Jungs zum Anschmiegen? Jacksons „Marotten" waren Ausdruck eines großen seelischen Hungers. „Jacko" suchte etwas. Was aber könnte jemand aus tiefster Seele so inbrünstig suchen? Wir vermuten, dass er seinen Zwillingsbruder vermisst hat, der schon früh im Mutterleib verloren gegangen war. Michael Jackson könnte mit „seinen" Jungs diese tiefe innige Verbindung gesucht haben, so wie damals, als er im Nest nicht alleine war und im höchsten Glück schwimmend mit seinem Zwilling spielte.

Sehnsucht in Songtexten

Manche Künstler, die schmachtende Liedtexte singen, besingen eigentlich sehnsüchtig ihren verlorenen Zwilling. Es sind Liebeslieder, wo irgendetwas nicht stimmt. Weil kein lebender Liebster oder keine lebende Liebste besungen wird, egal ob frei oder nicht zu haben, sondern etwas Ungreifbares und Unerreichbares. Die benutzten Bilder haben oft etwas Surrealistisches. Wir zeigen Ihnen hier einige Textauszüge und geben Ihnen unser Bild dazu. Später laden wir Sie zu einem musikalischen Experiment ein.

Georges Moustaki – Ma solitude

Kein anderer Liedtext zeigt so deutlich die Auseinandersetzung mit dem fehlenden Anderen wie „Ma Solitude“ (meine Einsamkeit) von Georges Moustaki – hier einige Auszüge:

Pour avoir si souvent dormi avec ma solitude
Je m'en suis fait presqu'une amie
Damit ich so oft mit meiner Einsamkeit
schlafen konnte, habe ich sie mir beinahe zur Freundin gemacht

Une douce habitude, ell'ne me quitte pas d'un pas
Eine süße Gewohnheit, sie verlässt mich nicht einen Schritt

Fidèle comme une ombre, elle me suivit ça et là
Aux quatre coins du monde
Treu wie ein Schatten, sie folgt mir hierhin und dorthin
in alle vier Himmelsrichtungen

Non, je ne suis jamais seul avec ma solitude
Nein, ich bin niemals allein mit meiner Einsamkeit

Quand elle est au creux de mon lit, elle prend toute la place
Wenn sie in der Höhlung meines Bettes liegt,
nimmt sie den ganzen Platz ein

Et nous passons de longues nuits tous les deux face à face
und wir beide verbringen lange Nächte Gesicht an Gesicht

...

Dieser Text bedarf keiner Deutungen, diese Innigkeit und Intensität der Zeilen und das Bild des Bettes als Höhle erklären sich selbst.

Wie sehnsüchtig, traurig und schmachtend hat Leonard Cohen seine ‚Suzanne' besungen. Dabei so ganz und gar unsexuell: Hier sind einige Auszüge aus dem Songtext. Man lasse diesen Text mit den Augen und Ohren eines verlassenen Embryos im Mutterleib auf sich wirken und lasse sich innerlich noch einmal die Stimme Cohens mit dieser melancholischen Melodie hören:

... you can spend the night beside her and you know that she's half crazy but that's why you want to be with her ...
Du kannst die Nacht an ihrer Seite verbringen und du weißt, dass sie halb verrückt ist, aber deshalb möchtest du mit ihr sein – (du möchtest mit ihr kuscheln und mit ihr sein, weil sie deine fehlende Hälfte repräsentiert ...).

... and you want to travel with her and you want to travel blind and you know that you can trust her for she's touched your perfect body with her mind.
Du möchtest mit ihr reisen (die Reise durch den Uterus in die Welt) und du möchtest blind reisen (weil deine embryonalen Augen noch nicht offen sind) und du weißt, dass du ihr vertrauen kannst, weil sie deinen perfekten Körper mit ihrem Geist berührt hat ... (natürlich berühren sich die Embryos meist nicht direkt, sie spüren sich durch die Eihaut aber dennoch und sind mental sehr in Verbindung).

... Now Suzanne takes your hand and she leads you to the river
Jetzt nimmt Suzanne deine Hand und führt dich zum Fluss (Fruchtwasser)

... they are children in the morning they are leaning out for love and and they will lean that way forever while Suzanne holds the mirror ...
Sie sind Kinder (Zwillinge) des Morgens und sie sehnen sich nach Liebe und sie werden sich immer nach Liebe sehnen während Suzanne den Spiegel hält ... Zwillinge empfinden sich oft wie Spiegel füreinander, Zwillingsstellvertreter in Aufstellungen verhalten sich oft unwillkürlich exakt spiegelbildlich ...

Wenn Sie das Lied von früher kennen, haben Sie sicherlich viele Situationen damit verbunden. Vielleicht können diese Deutungen ein Stück Verständnis für Ihre Gefühle oder für die Gefühle einiger Freunde, mit denen Sie dieses Lied gehört haben, hinzufügen.

Wenn Sie die Melodie von Suzanne kennen, laden wir Sie zu einem Experiment ein:
Singen Sie das Lied mal mit einem anderen Text:
Die Betonung ist unterstrichen.

Sehnsucht

(Melodie von Leonard Cohen „Suzanne"/Text Alfred R. Austermann)

Bruder (oder Schwester), du fehlst mir so
Immerzu suche ich nach dir
Doch ich kann dich nirgends finden
ich weiß nicht, wo ich suchen soll
und ich weiß es ja noch nicht einmal, dass es
du bist, den ich suche
und ich fühle mich so einsam
und ich fühle mich so leer
denn nirgends find' ich, wonach ich such'
die Nähe mit dir find ich niemals mehr.

Könnte dieser Text zur Melodie Leonard Cohens passen? Welche Gefühle, welche Bilder tauchen in Ihnen auf?

Dieser Text gibt die innere Grundstimmung vieler „halber Zwillinge" wieder, die nicht so sehr die Schuldgefühlkomponente haben. So aussichtslos einsam. So deprimiert. Kein lebender Partner kann so ein Loch füllen.
Damit Sie mit einem guten Gefühl weitersingen oder weiterlesen können, lösen weitere Strophen das Hoffnungslose auf, so wie die Begleitung in einem therapeutischen Seelenprozess:

Endlich hab' ich dich gefunden
die lange Suche hat ein Ende
ich finde dich in meinem Herzen
denn du bist längst woanders
und weiß auch, dass du glücklich bist
wenn ich ein gutes Leben hab'
wir teilten einst die Wasser
unsere Liebe bleibt auf immer
ich bleib' hier, solange mir geschenkt
und du bleibst in der anderen Dimension.

Ich bin dir jetzt so dankbar
für die Zeiten, die wir teilten
dein Herz konnt' ich schlagen hör'n
und deine Nähe spüren
bis deine Zeit vorbei war
und ich alleine weiter schwamm
manchmal muss ich heut noch trauern,
und dein Weggeh'n beweinen
dann bin ich wieder froh
nehm' das kurze Miteinander als Geschenk.

Wenn dann das Schwere aufgelöst und genug betrauert ist, wäre sicherlich eine neue, fröhlichere Melodie fällig, das wird dann ein anderes Lied ...

Udo Lindenberg – Stark wie zwei/Ich zieh meinen Hut

„Stark wie zwei" ist eines der neueren Lieder von Udo Lindenberg. Wer ist der oder die Andere die hier besungen wird? Vordergründig scheint es um die Trauer über den verstorbenen geliebten Partner zu gehen. Doch so nah, wie dieser gestorbene Andere ihm ist und nach dem Tod auch bleibt, vermuten wir auch hier, dass eigentlich der gestorbene geliebte Zwilling besungen wird. Hier einige Auszüge aus dem Song.

„Der Tod ist ein Irrtum ...
...
Der Fährmann setzt dich
Über'n Fluss rüber
Ich spür deine Kraft
Geht voll auf mich über

Stark wie zwei
Ich geh die Straße runter
Stark wie zwei
Egal wohin ich geh
Du bist dabei
Ich bin jetzt
Stark wie zwei

...
Stark wie zwei
Tief in meinem Herzen
Stark wie zwei
Hab dich immer dabei
Ich geh die Straße lang
Zusamm' mit dir
Stark wie zwei
...
Stark wie zwei
Du bist, wie schon so oft
Ein Pionier
Du reist jetzt schon mal vor
Und irgendwann
Dann folg ich dir"

Ein weiterer Song „Ich zieh meinen Hut" erinnert noch stärker an Erfahrungen alleingeborener Zwillinge. Viele von ihnen beichten von dem Gefühl, einen Schutzengel zu haben bzw. dass es jemanden gibt, der sie immer begleitet. Wir zitieren einige Auszüge aus dem Song.

„…
Mann, ich hab mich selber fast verlor'n
Doch so'n Hero stürzt ab, steht auf und startet von vorn

Doch du
Warst immer bei mir irgendwie
Wie 'ne super starke Melodie
Die mich packte und nach Hause trug
Und du
Warst da, wenn ich am Boden lag
Und ganz egal, was ich auch tat
Du hast mich niemals ausgebuht
Mille grazie
Vor dir zieh ich meinen Hut
…
Du warst immer für mich da
Auf'm Highway to hell
Rockerhelden sterben jung
Rockerhelden leben schnell
Man riskiert so manches
Für den besonderen Kick
War schon oft übern Jordan
Doch du holst mich cool zurück

Keiner hat mich je so doll geliebt,
bist wie'n Schutzengel, der Überstunden schiebt
…“

Herbert Grönemeyer – Demo

Auch bei Herbert Grönemeyer vermuten wir, dass er aus der Sehnsucht nach seinem verlorenen Zwillings schöpft. Seine Stimme klingt berührend und sehnsüchtig, manchmal schmerzerfüllt. Sie berührt so sehr, dass er auch in den USA gefragt ist, obwohl dort nur wenige die Texte verstehen. Wir fanden seine Texte mit Übersetzung auch auf mehreren US-Homepages. Viele seiner Lieder behandeln nicht geglückte Liebesbeziehungen, in denen er sich seinen Schmerz von der Seele singt. Wie schwer eine Liebesbeziehung eines allein geborenen Zwillings mit einem Einling sein kann, haben wir in Kapitel 19 „Allein geborene Zwillinge lieben anders" beschrieben. Auch Grönemeyer hat einen Liedtext gedichtet, der maßgeschneidert auf die Suche nach dem verlorenen Zwilling passt.
Hier sind einige Auszüge aus seinem Lied „Demo":

„Weiß man, wie oft ein Herz brechen kann? Wie viel Sinne hat der Wahn? Lohnen sich Gefühle?
Wie viele Tränen passen in einen Kanal? Leben wir noch mal? ... Was heilt die Zeit?"

Dieses klingt erst einmal nach einer schmerzhaften Trennung einer Liebesbeziehung. Aber bei einem allein geborenen Zwilling hallt auch immer der frühe, existentielle Verlust von damals nach und macht Trennungen noch schmerzhafter, als sie ohnehin sind. Weiter im Text tauchen Zwillingssymbole auf ...

„Ich bin Dein 7. Sinn, Dein doppelter Boden, Dein zweites Gesicht. Du bist eine kluge Prognose, das Prinzip Hoffnung, ein Leuchtstreifen aus der Nacht.
Irgendwann find und lieb ich Dich ...
Ich find' Dich oder nicht. Ich lieb Dich mehr als mich und ich finde Dich".

Fast alle Menschen aus der ehemaligen DDR kennen Tamara Danz mit ihrer Rockband Silly. Einige Liedtexte von ihr sind uns aufgefallen. Ein Lied aus ihrer frühen Zeit ist „Paradiesvögel“:
„Paradiesvögel fliegen nicht mehr, fliegen nicht mehr … Ich bin mit dir durch das Zimmer geflogen, da wurden die Poster blass …“
„Ich zeigte ihm meine heimliche Liebe, da hat er mich ausgelacht und ist selber auch nicht bei mir geblieben in dieser kaputten Nacht …“

Eines ihrer letzten veröffentlichten Lieder: „Asyl im Paradies“, entstand ungefähr zwei Jahre, bevor sie recht plötzlich an Krebs starb. Die Melodie ist weich und sehnsuchtsvoll. Der Text enthält viele Bilder, in denen eine tiefe Sehnsucht durchschimmert. Nachfolgend zitieren wir einige Passagen aus diesem Lied:
„Gib mir Asyl, hier im Paradies … nur den Moment, um mich auszuruh'n, … gib mir Asyl, hier im Paradies.“
„… ich sinke, ich sinke und ertrinke an deinem warmen Mund …“
„… Siehst du die Feuer dort am Strand? Sag ihnen, keine Macht der Welt holt mich zurück, zurück an Land …“
Tamara Danz, bekannt durch viele saftige Rockballaden, sang auch ruhige und sehnsuchtsvolle Lieder.

Das Lied, in dem sie über den Paradiesvogel singt, klingt wie ein Traumbild: Der Paradiesvogel als ihr verlorener Zwilling, mit dem sie eine Zeit innig verbunden im Fruchtwasser schwamm. Er „besucht“ sie in ihrem Leben. Die Liebe zu ihm ist so groß, innig und tief, dass alles andere dahinter blass erscheint. Kein Freund oder Partner kann an diese Verbundenheit heranreichen. Wenn man das Lied: „Der Paradiesvogel“ hört, wird man von einer Welle voller Sehnsucht erfasst und möchte selbst mit diesem Paradiesvogel fliegen.

Cat Stevens/Yussuf Islam – My Lady d'Arbanville

Auch das bekannte Lied von Cat Stevens geht mit dem Blick auf den verlorenen Zwilling unter die Haut. Singt der Künstler von dem Schock, den toten Zwilling neben sich zu finden und von der Sehnsucht, immer bei ihm zu sein?

My lady D'Arbanville, why does it grieve me so? But your heart seems so silent Why do you breathe so low,	Meine Lady d'Arbanville, warum macht es ich so traurig Aber dein Herz scheint so still Warum atmest du so flach,
My lady D'Arbanville, why do you sleep so still? I'll wake you tomorrow And you will be my fille,	Meine Lady d'Arbanville, warum schläfst du so still? Morgen wecke ich dich Und du wirst mein Mädchen sein
My lady D'Arbanville, you look so cold tonight Your lips feel like winter Your skin has turned to white,	Meine Lady d'Arbanville, du siehst heute abend so kalt aus, deine Lippen fühlen sich wie Winter an Deine Haut ist ganz blass geworden
My lady D'Arbanville, why do you sleep so still? I'll wake you tomorrow And you will be my fille	Meine Lady d'Arbanville, warum schläfst du so still? Morgen wecke ich dich Und du wirst mein Mädchen sein
I loved you my lady, though in your grave you lie I'll always be with you This rose will never die.	Ich habe dich geliebt, auch wenn du im Grab liegst Werde ich immer bei dir sein Diese Rose stirbt niemals.

Verlorene Zwillinge in Märchen 28

Unsere Volksmärchen sind Jahrhunderte alt. Lange wurden sie von Mund zu Mund weitererzählt, bis sie aufgeschrieben wurden. Dabei sind sie über viele Jahre immer wieder leicht verändert worden. Die Märchen spiegeln archetypische Grundthemen des menschlichen Lebens wider. Sie haben damals die Menschen fasziniert und sie faszinieren heute immer noch. Trotz ihrer alten Sprache und den längst vergangenen Lebensräumen, in denen sie geschehen, sind sie immer noch aktuell.

Es gibt bereits sehr viele psychoanalytische Märchendeutungen. Wir haben uns aus familiensystemischer Sicht mit Märchen beschäftigt. Dabei haben wir uns gefragt, was sie bedeuten, wenn man auf das System Familie schaut. Welche grundlegenden Bilder enthalten sie, die das menschliche Miteinander betreffen? Um welche Familienmitglieder geht es in dem jeweiligen Märchen? Ist jemandem etwas Schwerwiegendes passiert? Werden alle Familienmitglieder geachtet oder ist jemand ausgeschlossen und wird deswegen böse, wie beispielsweise bei dem Märchen „Der Wolf und die sieben Geißlein"? Der Wolf ist der ausgeschlossene Vater der Geißlein und wird deswegen böse.

Besonders hat uns interessiert, ob es Märchen gibt, die das Thema des bereits in der Schwangerschaft verlorenen Zwillings beinhalten. Wir sind auf zwei sehr unterschiedliche Märchen gestoßen:

Brüderchen und Schwesterchen

Brüderchen und Schwesterchen kurz nacherzählt:

Brüderchen und Schwesterchen sind allein in der großen Welt unterwegs. Sie haben nichts zu essen und zu trinken und großen Durst. Sie kommen zu verschiedenen Quellen. Aber bei jeder Quelle hört Schwesterchen das Wasser rauschen mit der Warnung: „Wer aus dieser Quelle trinkt, wird zu einem Tier!" Ihr Durst wird immer schlimmer. Schließlich kommen sie zur nächsten Quelle und wieder hört Schwesterchen das Wasser: „Wer aus mir trinkt, wird ein Reh." Schwesterchen will Brüderchen warnen und vom Trinken abhalten, aber vergebens. Er trinkt daraus und wird daraufhin zu einem Reh. Sie finden im Wald ein Häuschen, in dem beide wohnen können. Tagsüber kann das Brüderchen als Reh durch die Wälder springen, abends kommt es zur Hütte zu seinem Schwesterchen.

Eines Tages veranstaltet der Königssohn eine Jagd und jagt das Reh-Brüderchen. Reh-Brüderchen kann sich in die Waldhütte retten. Der Königssohn trifft auf Schwesterchen. Er findet sie unglaublich schön und heiratet sie. Von nun an leben sie im Schloss. Brüderchen bleibt ein treuer Kamerad von Schwesterchen, was auch immer Schwesterchen geschieht. Eine böse Hexe möchte Schwesterchen aus dem Schloss vertreiben. Ihre Intrigen führen dazu, dass Schwesterchen sterben soll. Brüderchen steht ihr weiterhin bei. Am Schluss wird Schwesterchen gerettet, Brüderchen bekommt seine ursprüngliche Gestalt zurück, und die Hexe muss sterben.

Brüderchen und Schwesterchen sind so dicht und unzertrennlich miteinander, wie es nur Zwillinge sein können. Im Märchen werden sie nur Brüderchen und Schwesterchen genannt.

Während sie sich als Kinder allein durchschlagen müssen, wird Brüderchen in ein Reh verwandelt. Aus der vorgeburtlichen Perspektive heißt das, die Mutter ist mit beiden Kindern schwanger. Brüderchen schafft es nicht, am Leben zu bleiben. Er ist der Schwächere, er stirbt. Vielleicht hat die Nahrung im Mutterbauch nicht für beide gereicht. Schwesterchen kann nichts für ihn tun. Im Märchen versucht sie es, aber er möchte es nicht hören. Auch hier liegt eine Parallele zum Geschehen im Mutterleib. Der Überlebende konnte nicht helfen und nichts tun. Es lag nicht in seiner Macht. Auch Schwesterchen hat nicht die Macht über Brüderchen, ihn vom Trinken abzuhalten. Sie sind beide Kinder. Erst recht kann sie die Umstände, also die vergifteten Quellen, nicht verändern. Für Schwesterchen ist Brüderchen aber weiterhin da, nicht in der Gestalt eines Menschen, sondern eines Tieres. Für den überlebenden Zwilling heißt das, er spürt tief innen auf der Seelenebene, dass der Andere weiterhin da ist. Im Märchen bleiben beide dicht zusammen, das ist für beide völlig selbstverständlich. Allerdings ist Brüderchen am Tage im Wald unterwegs und kommt erst am Abend zu Schwesterchen. In der Nacht sind sie zusammen.

Auch dieses Bild spricht für eine Anwesenheit von Brüderchen, die nicht in der realen Welt passiert. Er kommt nachts, also im Unbewussten und in den Träumen von Schwesterchen.

Wie es der Lauf der Dinge ist, heiratet Schwesterchen und stößt auf große Schwierigkeiten. Brüderchen steht ihr, ähnlich einem Schutzengel, bei. Am Schluss geht alles gut aus, und auch Brüderchen bekommt seine menschliche Gestalt wieder. Das ist das Happy-End im Märchen.

Für jemanden, der seinen Zwilling verloren hat, heißt das Happy-End, er findet seinen Zwilling wieder. Es gelingt ihm, sich an die Zeit im Mutterleib zu erinnern. Er fühlt den Zwilling und ihm wird bewusst, dass er damals im Mutterbauch nicht allein war. Er kann Kontakt zu seinem Zwillingsgeschwister aufnehmen, aber auch den Verlust betrauern. Dann kann das Leben wieder gut weitergehen, dann kann der verlorene Zwilling manchmal auch zu einem Schutzengel werden.

Rapunzel

Wir haben uns gefragt, warum es für die „böse Hexe" wichtig war, Rapunzel einzusperren, so dass niemand außer ihr selbst zu ihr kommen kann. Wir vermuten, dass die Hexe einen Zwilling im Mutterbauch verloren hat, und sie deswegen einen Menschen ganz für sich allein haben möchte. Wir erzählen hier Rapunzel einmal anders, aus der Sicht der „bösen Hexe":

In einem Dorf wohnen zwei Frauen Haus an Haus. Eine der beiden hat Kinder und einen Mann, der gut für die Familie sorgt. Die andere lebt in einem kleinen Häuschen dicht daneben. Sie lebt allein, ohne Mann und Kinder. Ihre Jugend ist vorbei und damit auch die Zeit, in der junge Männer sich für sie interessieren könnten. Sie hat ein blutendes Herz, eine tiefe Wunde, die nicht heilt. Sie fühlt sich unendlich einsam und allein. Diese Einsamkeit fühlt sie, seit sie denken kann. Schon als Kind wurde sie wegen ihrer Andersartigkeit von ihren Eltern, Geschwistern und Nachbarn ausgelacht. Weil die Hänseleien so weh taten, hat sie endgültig ihr Herz verschlossen. Schon lange hat sie sich enttäuscht von der Welt zurückgezogen. Die Nachbarn halten sie wegen ihrer Andersartigkeit für eine Hexe. Heimlich beneidet die vermeint-

liche Hexe ihre Nachbarin, der es so gut geht. Häufig hört sie das Lachen der Kinder aus dem Nachbarhaus. „Ach, wenn ich doch auch so ein liebes Kinderherz hier bei mir hätte, ich müsste nicht mehr so allein sein.", sagt sie zu sich. Ihre Einsamkeit scheint schier grenzenlos und auch ihre Sehnsucht nach einem nahen Menschen. Wenig Freude hat sie in ihrem Leben. Das Einzige, was ihr lieb und teuer ist, ist ihr geliebter Garten. Sie spricht mit den Pflanzen, als wären es Menschen, hegt und pflegt sie. In einer Ecke hat sie Rapunzeln gesät. Diese kleinen wohlschmeckenden Pflänzchen mag sie besonders. Sie schaut ihnen gern beim Wachsen zu. Es werden regelrechte Festtage, wenn sie einen Salat daraus bereitet.

Eines Tages sieht sie ihre Nachbarin in ihren Garten steigen und Rapunzeln pflücken. Sie ist erbost. Will die ihr jetzt auch ihre geliebten Pflanzen wegnehmen, wo sie doch sonst nichts hat?

Nachdem sie die Nachbarin mehrmals in ihrem Garten gesehen hat, brechen der Zorn und die Verzweiflung über ihr Leben aus ihr heraus. Sie stürzt zu der Nachbarin. Diese bittet sie loszulassen und jammert: „Ich bin schwanger und hatte solchen Heißhunger auf die Rapunzeln." Schließlich lässt sie ihre Nachbarin unter einer Bedingung gehen: Sie muss das Kind in ihrem Bauch ihr geben. Wenn sie das nicht tut, wird sie einen Fluch auf sie und alle ihre anderen Kinder legen.

So geschieht es dann. Das Kind wird Rapunzel genannt und wächst bei der Hexe auf. Diese lässt es Rapunzel an nichts fehlen. Immer, wenn sie Rapunzel anschaut, freut sie sich, einen jungen Menschen Tag und Nacht an ihrer Seite zu haben. Sie freut sich, wie Rapunzel größer wird. Ihr Leben ist ihr wieder lieb geworden, seit Rapunzel bei ihr ist. Allerdings ist Rapunzel ihr gegenüber immer scheu geblieben. Sie lacht wenig und geht, so oft sie kann, in den Garten. Der Alten gibt es jedes Mal einen Stich ins Herz, wenn Rapunzel sich von ihr abwendet. Rapunzel wird älter und hübscher. Die jungen Männer des Dorfes schauen jetzt oft über den Gartenzaun zu ihr. Auch Rapunzel schenkt dem einen oder anderen ein Lächeln. Der Ziehmutter entgeht das nicht: Sie ahnt, dass sie niemals das Herz von Rapunzel erreichen kann, auch wenn sie Rapunzel über alles liebt.

Im Garten schaut Rapunzel sehnsüchtig dem Treiben der Nachbarn zu und freut sich über die Scherze der jungen Männer. Der Ziehmutter wird Angst und Bange. Sie spürt, dass sie Rapunzel verlieren wird. Wenn die Zeit reif ist, wird Rapunzel mit einem der jungen Männer mitgehen, und sie wird sie nie wieder sehen. Sie konnte, als Rapunzel noch ein Kind war, ihr verbieten, zu den Nachbarn zu gehen. Sie wird ihr aber nicht verbieten können, mit einem der jungen Männer mitzugehen. Ihre Angst und ihr tief verschlossener Schmerz in ihrem Herzen flammt wieder auf.

Niemals will sie zulassen, dass Rapunzel von ihr weggeht. Niemals wieder will sie den tiefen Schmerz spüren, verlassen zu werden und einsam ihre Tage zu fristen. Sie nimmt Rapunzel und sperrt sie in einen hohen Turm. Niemand kann in diesen Turm hereinkommen, außer der Ziehmutter. Immer wenn sie kommt, ruft sie zu Rapunzel: „Rapunzel, Rapunzel, lass dein Haar herunter!" Diese lässt ihr zu einem langen Zopf geflochtenes Haar den hohen Turm herab. Die Ziehmutter steigt daran empor.

Das geht lange gut. Bis eines Tages ein junger Mann sieht, wie Rapunzel ihre Ziehmutter in den Turm lässt. Als diese wieder weg geht, ruft er: „Rapunzel, Rapunzel, lass dein Haar herab." Rapunzel ist dem jungen Mann sehr zugetan. Sie holt ihn zu sich in den Turm. Von nun an treffen sie sich regelmäßig und öffnen ihre Herzen füreinander. Eines Tages kommt die alte Ziehmutter früher als gewöhnlich zum Turm. Sie entdeckt den jungen Mann bei Rapunzel. Ihr mühsam verstecktes, blutendes Herz bricht auf. Aller Schmerz, alle Verzweiflung, alle Wut über das damalige Verlassenwerden, alle Enttäuschung aus ihrem späteren Leben, aller Schmerz, das Herz von Rapunzel nie wirklich gewonnen zu haben, bricht wie eine riesige Welle aus ihr heraus. Sie stößt den jungen Mann aus dem Turm, so dass er an den Dornenbüschen sein Augenlicht verliert. Dann verjagt sie Rapunzel, damit sie sie nie wieder sehen muss. In Bitterkeit und Gram lebt sie weiter bis zu ihrem Lebensende ...

... Es sei denn, eine weise, heilkundige Frau kommt zu ihr, wärmt mit ihrem Atem ihr kalt gewordenes Herz und zeigt ihr liebevoll, wen sie wirklich sucht: ihre im Mutterleib verlorene Zwillingsschwester.

Das Drama dieser „Hexe" ist das Drama einer Frau, die ihr Zwillingsgeschwister verloren hat und viele Fehlschläge einstecken musste. Glückliche und gleichberechtigte Beziehungen kann diese Frau mit ihrem Schicksal nicht leben, deshalb hat sie sich zurückgezogen. Es bleibt die abgrundtiefe Einsamkeit und tiefe Sehnsucht nach einem nahen Menschen, möglichst so nah, wie damals im Mutterleib. Allerdings ist ihr die Sehnsucht nach ihrem

Zwilling nicht bewusst. Sie glaubt, dass ein Kind das geben könnte, was ihr fehlt: Dieses Vorhaben kann natürlich nicht gelingen. Das Unglück spitzt sich zu. Als der Abstand zu Rapunzel größer wird, gerät die „Hexe" in Panik, wie manche überlebende Zwillinge, die befürchten, einen nahestehenden Menschen zu verlieren. Sie versucht, den einzigen Menschen, den sie liebt, zu halten und verliert ihn erst recht.

Wir kennen aus unserer Arbeit Eltern, die ein Kind adoptiert haben. Eine ihrer Motivationen hierfür war unbewusst ihr eigener Zwillingsverlust. Adoptionen sind oft sehr schwierig, vor allem, wenn die Kinder in die Pubertät kommen. Viele adoptierte Kinder wenden sich dann von ihren „Eltern" ab. Für Adoptiveltern, die selbst einen Zwilling verloren haben, ist das doppelt schmerzhaft.

29 Aus Leserbriefen an die Autoren

Zuerst einmal möchte ich mich für Ihr Buch bedanken, es hat mir sehr weitergeholfen. Der Titel hat mich schon berührt und unbewusst spürte ich, dass ich es lesen muss. Beim Lesen selber dann ist etwas in mir gebrochen, ich musste weinen, wobei ich mir meine Reaktion vom Verstand her nicht erklären konnte. Leider konnte ich nicht zu einem Therapeuten gehen, aber durch die beschriebenen Übungen habe ich mich in den Mutterleib zurück versetzt und war so froh, dort meinen Zwilling gefunden zu haben. Tagelang war ich nicht ansprechbar und habe getrauert. Jetzt geht es mir richtig gut, so gut wie selten in meinem Leben. Endlich verstehe ich vieles, auch wenn immer noch manches auftaucht, bei dem ich noch nicht weiß, wie ich es weiterverarbeiten soll.
Teilweise funkt mein Verstand immer wieder dazwischen, weil es keine Beweise dafür gibt, obwohl mein Gefühl eindeutig ist.
Ich warte schon sehr gespannt auf das Nachfolgebuch, wann wird das voraussichtlich erscheinen?
Danke vielmals
Ramona S.

Mein Name ist Tania K. und ich bin 25 Jahre alt. Ich lebe im Waldviertel, Österreich. Ich möchte mich von ganzem Herzen bei Ihnen für Ihr rührendes, liebevoll geschriebenes Buch „Das Drama im Mutterleib – der verlorene Zwilling“ bedanken. Mir wurde eine riesengroße Last von den Schultern genommen. Ich bin auch ein allein geborener Zwilling, wie Sie es formuliert haben. Mit 17 Jahren wurde mir eine Dermoidzyste (kindskopfgroß) vom linken Eierstock entfernt und noch eine kleinere vom rechten Eierstock. Ich hatte mein Leben lang das Gefühl: da gehört noch jemand zu mir, da ist noch jemand ...
Meine Mutter hat mich als kleines Kind immer reden gehört, aber nie verstanden was ich gesagt habe – es war ja niemand im Raum. Ich habe oft das ganze Zimmer auf den Kopf gestellt, weil ich jemanden gesucht habe.

Der Standardsatz meiner Eltern: Mach nicht so einen Krach, du bist nicht alleine da! – sie hatten recht – Marco, mein Zwillingsbruder, war ja immer bei mir. Ich war ein sehr schwieriges Kind ... – und ich erfahre von meinen Eltern nun vollste Unterstützung, da sie nun verstehen, was in mir und mit mir all die Jahre vorgegangen ist.
Ich befinde mich seit ca. einem Monat in psychotherapeutischer Behandlung und bin auch in ärztlicher Behandlung mit Antidepressiva und Beruhigungstabletten. Ich durfte bei der zweiten Sitzung mit meiner Therapeutin meinem Bruder einen Namen geben – das war wie ein Befreiungsschlag! Marco!
Der Grund, warum ich in schwere Depressionen verfallen bin, die schweren Autounfälle (3x), ein „Goldhändchen für die falschen Partner", die Krankheiten, die immense Trauer, die Todessehnsucht, die extrem große Verlustangst, die mein Leben jeher prägt, die Aggression meinen Eltern gegenüber, warum ich nie Nähe zulassen konnte, warum es so schlimm ist für mich, wenn mich jemand berührt, warum ich meinen jüngeren Bruder Stefan nie richtig lieb haben konnte, und noch vieles mehr ist für mich und auch für meine Familie vollkommen klar.
Ich befinde mich nun auf dem Weg der Besserung und Ihr Buch hat auch einen großen Beitrag geleistet, wofür ich Ihnen vom Herzen danken möchte.
Ganz liebe Grüße aus dem schönen Österreich
Tania K.

Ich bin so froh, Ihr Buch entdeckt zu haben, da, wie schon erwähnt, ich nach einer Familienaufstellung, nie das Gefühl hatte, es wäre jetzt etwas Wesentliches gelöst. Im Gegenteil. Ich war früher berufstätig als kaufmännische Leiterin, hatte immer die Kraft, aus der unmöglichsten Situation etwas zu machen, doch jetzt ist ein Zustand entstanden, wo ich kaum mehr Kraft habe, am alltäglichen Leben teilzunehmen.
Alle Beziehungen sind gescheitert. Tiefste Sehnsucht und Einsamkeit begleiten mich zwar schon immer, doch jetzt ist es soweit, dass ich keine Nähe mehr zulassen kann (will?) aus Angst vor Verletzung, Ablehnung, Verlassenwerden. Und das macht mich sehr einsam. Auch ein heftiger

Schmerz im Brustbeinbereich, eine Enge, dass ich oft Todesängste bekomme, zu ersticken, wurde nach jedem Familienstellen immer schlimmer.
Das Thema verlorener Zwilling war, wie erzählt, nie Thema bei Bert und Marie Sophie Hellinger, nicht in einer einzigen Aufstellung und ich war bei vielen. Ich habe mich oft gefragt, was mit mir los ist, bis ich zu Ihrem Buch kam, oder besser, es zu mir kam. Ich fand mich hundertprozentig darin wieder. Anbei noch zwei Gedichte von mir, die sich aus der Tiefe meiner Seele herausgeschrieben (beinahe wollte ich schon schreiben, herausgeschrien) haben.
Herzliche Grüße
Anja Isolde C.

Ich (15 Jahre) habe mir gewiss lange überlegt, ob ich Ihnen schreiben soll, oder ob ich es definitiv lieber lassen sollte. Für was ich mich entschieden habe dürfte offensichtlich sein. Nun, was soll ich sagen? Ich bin geschockt da ich bis vor kurzem nicht einmal wusste, dass es so etwas wie einen „verlorenen Zwilling" überhaupt gibt. Dadurch scheint sich plötzlich alles so klar aufzulösen.
Ich habe, zugeben, schon einige Texte über dieses Gefühl der Einsamkeit, das Suchen nach der eigenen Person, die Zerrissenheit in sich selbst geschrieben, allerdings half mir das alles nicht. Außerdem fühlte ich mich oft plötzlich so unendlich einsam, vielleicht sollte ich sagen, halb?, so zerrissen und verloren. Mir wurde einfach augenblicklich kalt und mir stiegen Tränen in die Augen, durch was, wusste ich nicht. Allerdings traue ich mich gar nicht, an diesen „verlorenen Zwilling" auch nur ansatzweise zu glauben, obwohl ich schon bei dem Gedanken daran weinen muss(te).
Nun zu meiner Frage an Sie: Wie kann ich mir sicher sein? Wer gibt mir die Bestätigung, dass ich wirklich einer jener Menschen bin, die einen Zwilling, wenn auch nur für einen bestimmten kurzen Zeitraum, hatten? Ich wage kaum zu hoffen, dass es wirklich so ist, weil es einfach meine ganze Verwirrtheit endlich aufklären würde, wieso ich solche Anfälle von Einsamkeit habe, in denen ich mich verzweifelt frage, wo dieser eine

Mensch ist, der immer für mich da ist und mich ohne Worte versteht, mich einfach in den Arm nimmt. Gibt es denn wirklich eine Garantie für diesen „verlorenen Zwilling"? Kann das irgendwie ausgetestet werden?
Über eine Rückmeldung würde ich mich sehr freuen.
Mit freundlichen Grüßen
Maja S.

Liebe Maja,
Es gibt genau einen Menschen in Deinem Leben, der Dir eine „Garantie" geben kann: Das bist DU selbst! Vertraue Deinen Empfindungen und Deiner Wahrnehmung. Das ist das kostbarste Instrument zur Wahrheitsfindung, das es gibt. Was andere sagen, kommt an zweiter Stelle. Viele werden auch nicht verstehen, wovon Du sprichst und fragen Dich nach Beweisen. Sei vorsichtig mit Dir.
Das Thema, einen Zwilling verloren zu haben, wird von vielen nicht verstanden. Das ist auch okay so. Aber diesen Teil von Dir können diese Menschen nicht verstehen.
Für Dich genügt Dein kostbarer Körper mit seinen kostbaren, aber manchmal auch sehr schmerzlichen Empfindungen. – Vertraue dem! Unser Bild ist, dass Deine Empfindungen so eindeutig sind, dass wir keinen Zweifel haben.
Natürlich kann man das auch mit inneren Reisen, Familienaufstellung oder kinesiologischem Muskeltest oder anderem prüfen – aber vertraue Dir.
Herzliche Grüße
Alfred Ramoda und Bettina Austermann

Mit Interesse lese ich in Ihrem Buch „Das Drama im Mutterleib". Sie haben einen riesigen Erfahrungsschatz zu den verstorbenen Zwillingen im Mutterleib zusammen getragen. Nun habe ich eine Frage an Sie: Haben Sie schon einmal von einem überlebenden Zwilling gehört, welcher (immer noch im gleichen Leben) der Seele des anderen Zwillings in einer neuen Inkarnation wieder begegnet ist?
Mit freundlichen Grüßen
Katrin Haferkorn

Liebe Frau Haferkorn,
immer wieder werden wir gefragt, ob es sein kann, dass ein Mensch, mit dem man sich sehr innig und seelenverwandt fühlt, die Reinkarnation des gestorbenen Zwillings ist.
Ob die Seele des gestorbenen Zwillings so schnell wieder reinkarniert und getroffen werden kann, können wir nicht beurteilen. Nach unserer Erfahrung fühlen sich sehr oft Menschen, die beide jeweils ein Zwillingsgeschwister im Mutterleib verloren haben, sehr nah. Sie haben ähnliche sehr frühe Erfahrungen, bevor Worte und Blicke möglich waren. Man versteht sich wortlos.
Es scheint weniger schmerzhaft, wenn ein Betroffener glaubt, dass der Andere wieder geboren ist. Wer sich zu sehr mit dem Reinkarnationsgedanken tröstet, spürt vielleicht den Trennungsschmerz nicht mehr so stark, aber er verliert auch einen tieferen Kontakt zu sich selbst als Erwachsener, mit der bleibenden Wunde, die er damals erfahren hat. Für das Leben heute und eine Heilung der schmerzhaften Trennung von damals kommt man nicht drum herum, die eigenen Erfahrungen dieses Lebens anzuschauen und die Liebe zu dem Anderen, aber auch den Verlust und alles was damit zusammenhängt, zu spüren.

Auch wenn die andere Person tatsächlich die Reinkarnation des so nah gewesenen Zwillingsgeschwisters ist, lebt auch sie heute ihr eigenes Leben mit anderen Aufgaben als in dem vorherigen, in dem sie vielleicht der Zwilling war. Wenn beide Menschen, die sich treffen auf ihre jeweils eigene Geschichte in diesem Leben schauen und sich daran freuen, dass es viele nahe Momente gibt, können solche Begegnungen ein großes Geschenk sein. Wenn immer wieder geschaut wird, ob es da Verbindungen von früher gab, wird der wertvolle Moment im Heute mit den Geschenken und Herausforderungen von Heute verloren. Oft wird es dann, mindestens für einen von beiden eng, da er/sie etwas sein soll, was sie/er heute nicht ist.
Herzliche Grüße
Bettina und Alfred Ramoda Austermann

Ich bin seit mehreren Monaten in einer schweren Krise (Trennung, Nierenerkrankung, Todesgedanken ...) und finde wenig adäquate Hilfe. Ich habe bereits jahrelange Therapien (Psychoanalyse, Bioenergetik, Psychodrama, Bonding), sowie seit mehreren Jahren eine Vielzahl von Familienaufstellungen gemacht und hatte im Winter das Gefühl, durch die schwersten Traumata mich nun durchgearbeitet zu haben. Doch die jetzige Krise fühlte sich auf einer gewissen Ebene noch schlimmer an, als alles bislang Dagewesene. Sie hat etwas Existenzielles, wo es um Leben und Tod geht. Auf der anderen Seite spüre ich aber auch, dass ich jetzt scheinbar stark genug bin, da hin zu spüren. Nun kamen viele „Zufälle" zusammen: eine Kinesiologin testete für mich zwei Blütenessenzen, die normalerweise bei Schwangerschaften mit Komplikationen, Schocks und Tod des Kindes gegeben werden. Sie war darüber genauso verwundert wie ich auch. Bei Craniosacralbehandlungen und in Trancereisen bin ich in letzter Zeit mehrfach in intrauterine Zustände gekommen, die mal angenehm, mal äußerst unangenehm waren. Ich selbst leitete kürzlich zwei Aufstellungen mit verlorenen Zwillingen und kaufte mir daraufhin Ihr Buch „Das Drama im Mutterleib“. Seitdem ich das Buch lese, ist es, als wenn eine Blase geplatzt ist. Ich weine viel und habe endlich entdeckt, wonach ich so lange gesucht habe. Man kann es vielleicht mein Urtrauma nennen. Ich weiß, dass meine Mutter eine Abtreibung hatte, die ich überlebt habe. Über einen Zwilling weiß ich nichts, aber ich fühle und ahne etwas ... Ich bin so dankbar, endlich eine Antwort auf so viele Fragen gefunden zu haben.
Nena Fabian

Liebe Nena Fabian,
Wir haben häufiger in unseren Seminaren Teilnehmer, die die Abtreibung des Zwillings überlebt haben. Zu Zeiten, als es noch keine Ultraschalluntersuchungen während der Abtreibungen gab, war das gar nicht mal so selten. Besonders Engelmacherinnen haben manchmal „nur“ ein Kind erwischt. Die Überlebenden dieser Katastrophe leiden im Durchschnitt erheblich mehr, als wenn der Andere auf natürlichem Weg verschwunden ist. Oft ist das Thema „verlorener Zwilling“ dann noch tiefer vergraben, weil so heftige Verletzungen darauf liegen, die zu spüren unerträglich sind ...

Danke, dass Sie Ihre bewegende Lebensgeschichte und Ihre verzweifelte und heilsame Suche mit uns teilen. Alles Gute für Ihren weiteren Weg und gute Gesundheit.
Alfred Ramoda und Bettina Austermann

Ich habe vor zwei Wochen das Seminar bei Euch gemacht und ich möchte Euch von mir erzählen. Vor zwei Jahren haben wir zwei Kätzchen in unser Haus aufgenommen, ein Kätzchen und ein Katerchen. Sie sind mir beide sehr ans Herz gewachsen. Mit dem Kater hat mich eine besondere Nähe verbunden. Zum Beispiel kam er auf meinen Schoß, suchte sich einen Zipfel meines Pullis und nuckelte daran genüsslich und ausgiebig. Ich habe das auch sehr genossen. Irgendwann habe ich dann ein Stück meines Wollpullis weggeschnitten und das war ab dann sein Nuckelzipfel. Letztes Jahr im Frühsommer ist unser Kater schwer erkrankt, sein angeborener Herzfehler ließ das Herz immens wachsen. Die Tierärzte wollten ihn schon einschläfern, aber wir haben ihn nach Hause genommen. Ich spürte einen ganz tiefen, schrecklichen Schmerz in mir, und ich hatte furchtbar Angst, ihn zu verlieren. Einmal lag ich neben ihm und dachte ständig „nicht schon wieder". Die Tierärztin sagte zu mir „Genießen Sie jeden Tag, den Sie zusammen haben". Unser Kater hat sich wieder erholt. Ich hatte Euer Buch gelesen und auf einmal war mir klar, dass der verlorene Zwilling, mein Kater und ich eine Verbindung hatten. Drei Tage nach dem Seminar bei Euch ist unser Kater gestorben, ganz sanft. Er lag in seinem Körbchen, als ob er schliefe. Ein Meer von Tränen brach aus mir heraus, alter Schmerz und neuer Schmerz. Nach drei Tagen haben wir ihn begraben, ich gab auch ein Symbol für meinen Zwillingsbruder mithinein. Ich bin unserem Kater sehr dankbar, ich habe ihn immer „meinen Sternenkater" genannt.
Während ich das schreibe, liegt mir unsere Katze auf dem Schoß. Sie und ich waren sehr in Trauer und nun habe ich das Gefühl, ganz langsam ordnet sich etwas neu.
Immer wieder tauchen Bilder und Situationen aus meinem Leben auf, bis in meine Kindheit zurück und jetzt verstehe ich sie besser und es macht Sinn. Euch nochmals von Herzen Danke für eure Hilfe und Begleitung.
Kerstin E.

Ich lese gerade Ihr Buch „Das Drama im Mutterleib", dabei entsteht für mich die Frage, ob man auch Kinder, die einen Zwilling verloren haben, unterstützen kann. Haben Sie Erfahrungen damit? Würden Sie eher dazu raten? Oder eher abraten, weil es ein Prozess und Weg ist, den jeder Mensch selbst finden muss, wenn er bereit ist?
Damit Sie meine Fragen besser einordnen können, möchte ich ihnen kurz meinen Hintergrund beschreiben. Ich habe einen sechsjährigen Sohn Alf. Die Schwangerschaft war am Anfang eine Zwillingsschwangerschaft (erster Ultraschall war sehr früh). Beim zweiten Ultraschall war ein Kind bis auf einen kleinen Schatten weggetrocknet. Mein Sohn ist körperlich, geistig und emotional für Außenstehende unauffällig. Er hat aber ein Schuldthema, für das ich bisher keine Ursache finden konnte. Er hängt unendlich an seinem Meerschweinchen, so dass ich irgendwann schon mal dachte: „Ups, das wird hart, wenn Moppel mal stirbt". Er war laut Erzieherinnen in seine Kindergartengruppe voll integriert und spielt auch in der Nachbarschaft regelmäßig mit anderen Kindern, dennoch fühlt er sich einsam und ohne Freunde. Er unterscheidet zwischen Kindern, mit denen er spielt und Freunden. Von Freunden erwartet er eine fast bedingungslose Verlässlichkeit. Wenn sein bester Freund sagt, dass er nicht mehr sein Freund ist, leidet er. Neulich hat er formuliert: „Niemand mag mich, außer Mama und Papa und Lara (= Schwester), aber die auch nicht immer. Und ich selbst mag mich auch nicht, manchmal möchte ich gar nicht leben." Das hat mich dann doch etwas erschrocken. Ich habe den Eindruck, dass Alf irgendein Thema oder einen inneren Konflikt mit sich trägt und möchte vorsichtig und achtsam nach Wegen suchen, wie ich ihn unterstützen kann.
Falls Sie mir antworten möchten, würde ich mich freuen. Wenn das Ihren zeitlichen Rahmen sprengt, oder Sie eine andere Form der Kontaktgestaltung bevorzugen, freue ich mich auch insoweit über Informationen.
Erst einmal einen herzlichen Gruß und weiterhin Freude beim Forschen,
Dagmar R.

Liebe Frau R.,
nach unseren Erfahrungen tut es Kindern gut, ihnen von ihrem sehr früh gestorbenen Geschwister zu erzählen. Wenn Sie die Ultraschallbilder noch haben, können Sie diese auch zeigen. Sie können, wenn Sie das Gefühl haben, Ihr Sohn ist dazu bereit, mit einer Decke oder ähnlichem die Gebärmutter andeuten, ein Kuscheltier oder zusammengerollte Decke für den gestorbenen Zwilling nehmen (für die Zeit, als er noch lebte) und Ihren Sohn sich dazulegen lassen. Er wird sich wahrscheinlich eng ankuscheln, und Sie können den Anderen sprechen lassen, dass er Ihren Sohn sehr lieb hat, dass er nichts dafür kann, dass er gestorben ist, dass sie beide damals ganz klein waren und der Andere nicht genügend Kraft hatte um weiterzuwachsen, dass er dann gestorben ist und es ihm gut geht, wo er ist, und er Ihren Sohn von dort wo er jetzt ist, liebt …
Dass es für Ihren Sohn traurig ist, dass der Andere gegangen ist, können Sie ihm nicht abnehmen, so gern das Mütter tun möchten. Aber Sie können Ihren Sohn verstehen und das tut ihm mit Sicherheit auch schon sehr gut.
Ihnen und Ihrem Sohn alles Gute.
Herzliche Grüße
Bettina Austermann

Ich habe Ihr Buch über die im Mutterleib verstorbenen Zwillinge gelesen, weil in einer kinesiologischen Sitzung heraus kam, dass ich wohl eine verstorbene Zwillingsschwester habe. Als ich Ihr Buch las, fühlte ich mich immer noch nicht wirklich betroffen. Daher schrieb ich mir alle Symptome heraus, die ich bei mir beobachtet habe. Es waren 14. In ihrem Buch fragen Sie auch nach Erfahrungen, die dort noch nicht aufgelistet sind. Ich habe eine gefunden. Ich bin einer der Zwillinge mit Skoliose, gehe also davon aus, dass ich die ganze Zeit dem toten Körper meiner Schwester ausgewichen bin. Ich habe Angst vor Toten. Als meine Oma und mein Vater gestorben sind, konnte ich nur einen kurzen Blick auf sie werfen und war total erleichtert, als sie abgeholt wurden. Ich kann auch keine Vögel, die gegen unsre Scheibe geflogen sind, beerdigen. Und ich habe große Angst, meine 80-jährige Mutter, die bei uns im Haus wohnt, eines Tages alleine tot aufzufinden. Als ich das alles einer anderen

Betroffenen erzählte, bestätigte sie meine Wahrnehmung. Außerdem möchte ich noch ein positives Erlebnis vom vergangenen Wochenende erzählen. Ich habe an einem Seminar, bei dem ich auch übernachten musste, teilgenommen. Da ich an einer Fortbildung teilnehme, ist meine Angst, ganz alleine wegfahren zu müssen, nicht mehr so stark, aber nachts ganz alleine übernachten zu müssen, ist mir unangenehm. Dieses Mal habe ich mir mein inneres Kind (einen Stoffschimpansen) mitgenommen, und siehe da, das unwohle Gefühl blieb aus. Jetzt steht er also auch für meine Schwester.
Alles Gute
Charlotte M.

Ich nehme es mir heraus, euch zu duzen, weil ihr mir einfach unglaublich nahe steht, obwohl ihr mich nicht kennt. Ihr habt mir mit eurem Buch so unglaublich geholfen. Ich möchte fast sagen, ihr habt mir das Leben gerettet oder zumindest die Qualität um 90 % erhöht.
Ich bin 21 Jahre alt. Mein Bruder ist im 3. Monat gestorben. Allerdings weiß ich das selbst erst seit März diesen Jahres. Zuvor hatte ich ständig das Gefühl, ich wäre nur halb, mir fehlt etwas, ich war sehr unausgeglichen, oft irrsinnig traurig (ohne ersichtlichen Grund) etc. Dies hab ich auch mehrere Male ausgesprochen, bevor ich wusste, was es zu bedeuten hat. Der genaue Wortlaut war: „Ich fühle mich, als hätte ich in mir ein Loch, dass nichts und niemand stopfen kann. Aber vielleicht schaff ich es ja irgendwann mit mir selbst zu füllen." Ich dachte immer, es läge an mangelndem Selbstwertgefühl und Selbstliebe. Jetzt weiß ich, dass das alles daran lag, dass mir mein kleiner Bruder fehlt.
Mir wurde von einem lieben Familienmitglied gesagt, dass es eine Sache gibt, die ich nicht über mich weiß ... Daraufhin fiel es mir wie Schuppen von den Augen. Ja, ich wusste von selbst, was diejenige meinte. Selbige Person schenkte mir vor kurzer Zeit euer Buch. Damit habe ich mich dann so richtig mit dem Thema auseinandergesetzt. Ich hab mich eine Woche zu Hause vergraben, dieses Buch gelesen, gelacht, geweint, gezittert, wieder geweint, vermisst, sämtliche Emotionen durchgemacht. Und es hat mir unglaublich geholfen.

Mittlerweile weiß ich, was mir meine ganze Jugend und Kindheit lang gefehlt hat. Ich habe viel mit meiner Mutter gesprochen. Es ist schön, weil sie diesem Thema gegenüber sehr offen ist. Ich weiß über meinen Zwilling (ich bin mir ziemlich sicher, es wäre ein Bruder), dass meine Mutter, wenn wir zu zweit geblieben wären, abgetrieben hätte. Insofern verdanke ich seinem Entschluss wohl mein Leben. In der 12. Woche ist ein Ultraschall gemacht worden, bei dem zwei Föten entdeckt wurden. Einer der beiden war da schon tot. Er musste ein paar Tage vorher gestorben sein, weil er schon fast genauso entwickelt war wie ich. Meine Mutter hatte Blutungen, und daraufhin war nur noch ich zu sehen. Vor kurzem hab ich sie gefragt, wie er hieße, wenn er da wäre. Bernhard. Schön, das zu wissen.

Mein kleiner Zwillingsbruder und ich haben eine kleine Abmachung getroffen. Er darf gehen, wohin er will, wann immer er will. Aber sobald ich ihn brauche, rufe ich ihn und er ist für mich da, so lange ich ihn brauche. Ich weiß, dass er stolz auf mich wäre und dass er mich liebt, das fühle ich manchmal mit einer solchen Wucht, dass es gar unglaublich ist. Er steht, wenn ich ihn brauche, wie ein Schutzengel hinter mir. Ich fühle mich zum ersten Mal komplett und zufrieden mit mir allein und mit meinem kleinen Zwillingsbruder. Der größte Wunsch, den ich hatte (der, ich dachte, einfach nicht möglich war, zu erfüllen) war, dass es jemanden gibt, der mich von Anfang an uneingeschränkt liebt, beschützt, hinter mir steht und stolz auf mich ist. Er war immer da und hat mich immer geliebt und ist stolz auf mich, nur ich wusste es nicht.

Er ist mir geschenkt worden. Ich war nicht wirklich so traurig, nur glücklich, endlich zu wissen, was mit mir los ist. Warum ich mich, als ob ich nicht ganz normal wäre, an meine Exfreunde geklammert habe, bis ich sie letztendlich verloren hab ...

Ich danke euch von ganzem Herzen und wisst bitte, dass ihr mir geholfen habt, mich selbst tausend mal besser zu kennen und zu lieben.

Mit allerbesten Grüßen

Sabine

Ich heiße Nadia, bin 25 Jahre und wohne in Brüssel. Ich beende gerade Ihr Buch. Seit einem Jahr weiß ich, dass ich einen Zwilling verloren habe. Vorher habe ich jahrelang mit meinem Homöopathen gesucht. Ich bin von Geburt an vollständig auf meinem rechten Ohr taub.
Weil ich immer wieder körperliche Symptome habe, die immer schwerwiegender werden, musste ich verstehen lernen, was mein Körper mir sagen wollte. Wenn ich mit einem Abstand von 5 Jahren die Zeichnungen anschaue, die ich damals gemalt habe, verstehe ich besser ...
Alles was Sie in Ihrem Buch erklären, stößt in mir auf Resonanz. Ich fühle mich betroffen. Seit dem ersten Tag, an dem ich das Buch in meinen Händen halte, ereignet sich vieles ... Für drei Tage war ich krank (Fieber, Gliederschmerzen und das Gefühl, als ob alle Knochen meines Körpers brechen.) Danach hatte ich den starken Drang, mich wieder in ein Kunstprojekt zu stürzen, bei dem es um den verlorenen Zwilling geht.
Ich danke Ihnen, dass Sie das Buch geschrieben haben. Endlich begreife ich, dass alles an der Basis beginnt und dass das ganze Leben eine Wiederholung von bereits Erlebtem ist. Danke, dass Sie alle Informationen zusammengestellt haben und dass Sie uns helfen, uns besser zu verstehen.
Merci beaucoup
Nadia L.

Beim Lesen Ihres Buches ist mir etwas Wichtiges deutlich geworden. Ich kann jetzt endlich vieles benennen, was ich vorher vage gespürt habe:
Vor einigen Monaten, in dem Zug, den ich jeden Tag auf dem Heimweg von der Arbeit benutze, hatte ich eine eigenartige Begegnung. Eine Dame setzte sich neben mich und ich hatte eine Wahrnehmung, die mir bis dahin unbekannt war. Sie saß während der viertelstündigen Fahrt einfach neben mir und ich fühlte mich von einer warmen, süßen und wohltuenden Präsenz eingehüllt.
Weiter geschah nichts, ich musste dann aussteigen, da ich zu Hause war. Ich war so beeindruckt, dass ich das gleich meinen Freunden erzählt habe. Wochenlang hatte ich gehofft, dass sich diese Begegnung wiederholen würde – leider ohne Erfolg.

In Ihrem Buch beschreiben Sie das Loch in der Aura bei Charlotte. Das macht bei mir viel Sinn. Ich spüre meine linke Seite besonders deutlich, sie ist sehr sensibel. Alle körperlichen Beschwerden habe ich immer rechts. Meine linke Seite ist wie ein großes Ohr, eine magnetische Seite, mit der ich andere allein geborene Zwillinge anziehe. Ich erinnere mich auch an ein anderes Mal, wo ich auf einem Sofa in einem Hotel saß, und ohne mich zu bewegen beinahe wie angeklebt neben einer Dame saß, die ich ebenfalls nicht kannte.
Ihre Entdeckung des Loches in der Aura erklärt mir vieles, endlich ergänzen sich die Puzzelsteine. Dieses ist ein aufregender und manchmal schüttelnder Weg der Erkenntnis.
Herzlichen Dank
Pierre S.

Ihr Buch „Das Drama im Mutterleib“ begleitet mich seit mehreren Wochen und ich weine sehr viel, wenn mich Textpassagen und Erfahrungsberichte an mein eigenes Leben erinnern.
Eine Heilpraktikerin vermutet bei mir einen verlorenen Zwilling, und ich hoffe, nicht einer „Modeerscheinung“ zum Opfer zu fallen. Weil ich beim Lesen des Buches so extrem berührt bin, wie sonst selten, vermute ich, dass an Ihren Erkenntnissen über den verlorenen Zwilling etwas dran sein muss. Ich bin 40 Jahre und habe, seit ich denken kann, dieses unerträgliche Verlassenheitsgefühl. Ich bin und fühle mich als Außenseiterin. Die unzähligen Male, die ich mich verliebt habe, habe ich nie das gefunden, was ich suche.
Dabei habe ich diese absolute Sehnsucht nach Körperkontakt, die Sie als „Hauthunger“ beschreiben. Jede Art von körperlicher Therapie ist mir angenehm, selbst, wenn der Zahnarzt sich über mich beugt. Ich war immer gut in der Schule und habe es doch zu nichts gebracht. Ein Architekturstudium habe ich wegen quälender Einsamkeitsgefühle, Versagensängste und schwerer Depressionen abgebrochen. Im Schutze einer streng geordneten Logopädie-Schule habe ich zwar den Abschluss mit 1 gemacht, bin aber im Anerkennungsjahr schwer krank geworden. Ich habe nie in diesem Beruf gearbeitet.

Die Beziehungen, die ich vor meinem Mann hatte, endeten alle für mich unerträglich schmerzhaft. Jedes mal bin ich verlassen worden. Dann lernte ich meinen Mann kennen und habe zwei Kinder bekommen, sie sind 13 und 6 Jahre alt. Beide Schwangerschaften waren sehr dramatisch, von Krankheiten und Depressionen begleitet und endeten mit Notkaiserschnitt. Danach habe ich mich gefragt, warum man uns nicht einfach hat sterben lassen.

Mehrere stationäre und ambulante Therapien mit der Diagnose: „endogene Depression“ sowie alternative Heilmethoden haben höchstens Linderung gebracht, ich habe mich immer unverstanden und in der Psychiatrie fehl am Platz gefühlt. Seit 6 Jahren nehme ich Antidepressiva. Viele Therapeuten und Freunde sagen „Es ist nie genug“, „Du verlangst zuviel“ oder dass ich mich von meinem Mann trennen soll, der so völlig anders gestrickt ist und mit meinen ständigen Krankheiten nicht umgehen kann. Aber ich schaffe es nicht. Die Angst vor dem Alleinsein ist so groß. Auch wenn ich mich immer wieder in andere Männer „vergucke“.

Meine erstgeborene Tochter Lina war von Anfang an „anders“ und seit einigen Jahren manifestiert sich dies in extrem emotionalem Verhalten, so wie ich es von mir selbst kenne. Lina hat oft starke Aggressionen, weswegen sie nach ambulanten Versuchen jetzt eine stationäre Therapie macht. Bei ihr konnte jedoch schulmedizinisch bisher nichts festgestellt werden. Ich befürchte jetzt, dass sie meine Emotionen „übernommen“ hat und austrägt und fühle mich erneut schuldig, wie fast immer. Mein Sohn ist altersentsprechend entwickelt und hat wenig soziale Schwierigkeiten.

Mein Leben lang laufe ich mit dem Gefühl rum, keine Liebe verspüren zu können, angefangen bei meiner Mutter. Sie hat oft davon gesprochen, dass sie nach meiner Geburt fast verblutet wäre und es wie ein zweites Leben wäre. Als ich jetzt noch einmal nachfragte, sagte sie, dass sie nach meiner Geburt entsetzliche Schmerzen gehabt und dann einen „Klumpen geronnenes Blut“ geboren hätte. Dieses könnte, wie ich jetzt weiß, ein Rest meines Zwillings gewesen sein. Es gibt hierfür keine Zeitzeugen mehr.

Jedes Verlassen oder Verlassen-Werden, selbst Abschied nehmen auf Zeit empfinde ich als absolute, Tod bringende Leere und Schmerz. Häufig haben sich daraus die Depressionsschübe entwickelt. Die Kinder halten mich dann von dieser Todessehnsucht ab. Jetzt, unter der Annahme, dass

sie „nur“ das Alleinsein kaschieren sollten und ich gar nicht eine richtige Mutterrolle eingenommen habe, fühle ich mich erneut schuldig. Vor allem, weil meine Tochter mir so extrem in den Emotionen gleicht und auch schon bei relativ einfachen Anlässen Todeswünsche ausspricht, für sich oder andere Familienmitglieder.
Ich habe auch eine andere, sehr freudige Seite, die vor allem in Verbindung mit Naturerlebnissen, Tieren, Pflanzen und dem Gefühl, wahrhaftig gebraucht zu werden, zum Vorschein kommt. Sobald es aber „um die Wurst“ geht, scheitere ich, werde körperlich oder psychisch krank. Dieses macht mich wiederum sehr abhängig von den Menschen, die mich sowieso nicht mehr verstehen.
Meine vordringliche Frage ist, wie es sich mit meiner Tochter verhält bzw. ob sie schon einen ähnlichen Fall hatten. Sie ist zur Zeit in einer psychiatrischen Klinik und soll bald entlassen werden, weil sie dort keine Anzeichen von Autoaggression zeigt, sich angepasst verhält und höchstens hypersensibel auf die Trennung von zu Hause und vor allem mir reagiert. Zu Hause und in Menschenansammlungen ist sie aggressiv und mit ihrem Bruder auch extrem eifersüchtig.
Mit freundlichen Grüßen
Monika F.

Sehr geehrte Frau F.,
danke, dass Sie Ihre bewegende Geschichte mit uns geteilt haben. Aus Ihrem Brief spricht deutlich, wie sehr ein verlorener Zwilling in Verbindung mit anderen Themen manchmal eine körperlich und seelisch krank machende Wirkung haben kann. Wir freuen uns für Sie, dass Ihr Mann Sie all' die Jahre begleitet, und dass Ihre Kinder Sie im Leben halten.
Die Seminarstruktur „Heilungswege für alleingeborene Zwillinge“ könnte Ihnen vermutlich viele heilende Impulse geben. Das Gefühl, von Ihrer Mutter nicht geliebt zu werden, sowie die Schwierigkeiten Ihrer Tochter und die Dramatik Ihrer als „endogenen Depression“ diagnostizierten Schwierigkeiten lassen neben einem verlorenen Zwilling noch weitere Hintergründe vermuten, die aus der Familiengeschichte stammen. Diese Hintergründe lassen sich eher in einem Familienaufstellungsseminar abklären, bei dem der Therapeut in

Fragen von unerlösten Täterverstrickungen aus dem Familiensystem sattelfest sein muss.
Nach unseren Erfahrungen wird ein Täter, der aus einer Familie verstoßen wurde, manchmal noch Generationen später von Familienmitgliedern vertreten. Sie werden unbewusst dem Täter ähnlich und bekommen eine ähnliche mörderische Energie wie dieser. Depressionen schützen manchmal davor, diese Aggressionen auszuleben und jemandem etwas Schlimmes anzutun. Auch für die eigene Lebenssituation unangemessene Schuldgefühle können, neben einem verlorenen Zwilling, auch auf eine Verstrickung mit einem Täter hinweisen.
Durch eine Familienaufstellung, in der auf ausgeschlossene Täter und deren Opfer geschaut wird, können sich möglicherweise Ihre Symptome und auch die Symptome Ihrer Tochter weiter bessern.
Alles Gute für Sie
Herzliche Grüße Alfred Ramoda und Bettina Austermann.

... Ich war in einem Seminar für Familienaufstellung Stellvertreterin für einen verlorenen Zwilling. Das hat mich sehr berührt, und ich hatte einmal mehr das Gefühl, auch einen verlorenen Zwilling im Mutterbauch gehabt zu haben. Aber es blieb Unsicherheit, weil ich keine Gefühle dazu hatte.
Eine Woche später las ich bei meinem Patenonkel in Eurem Buch „Das Drama im Mutterleib", und auf einmal war ich mittendrin in dem Schmerz, allein geblieben zu sein. Dann hielt ich beim Lesen inne und habe die Augen geschlossen und mich eingefühlt in die Zeit im Bauch meiner Mutter ...
Zunächst hatte es sich angefühlt als seien wir zu dritt. Einer – ein Bruder – ist schon recht früh gegangen. Aber wir waren ja wenigstens noch zu zweit. Damit ließ sich das noch gut aushalten. Aber dann ging auch noch die Schwester und ich blieb allein – und das fühlte sich ganz entsetzlich an. Das Wort „a l l e i n" war wie ein brennender Schmerz. Nach viel tiefem Weinen fühlte ich mich am nächsten Tag freier und leichter.
Heute, 2 Wochen später, fühlte ich mich wieder ganz kraftlos und weit weg vom Leben. Als ob alles, was ich bisher getan habe, um im Leben stehen und gehen zu können, wieder überdeckt ist. Das ist immer so. Ich bin jetzt

46 Jahre alt, habe keine Kinder und bin seit langem in keiner Liebesbeziehung. Ich las wieder in dem Buch und an einer Stelle musste ich weinen. Ich habe meine Augen geschlossen und bin auf eine innere Bilderreise gegangen: Ich trieb/schwebte unter Wasser in einer dunklen Höhle. Das Wasser war trüb und ich fühlte mich ganz beklemmt und schlecht. Dann stieg das Wort Gift auf und ich musste husten und würgen und es war unerträglich diese Giftbrühe schlucken zu müssen. Ich spürte sie im ganzen Körper. Ich wäre am liebsten gestorben, weil das so unaushaltbar war. Ich lag (heute, als Erwachsene) im Bett und konnte kaum atmen und spürte die damalige Not und die Krämpfe. Das war echt Horror. Ich sah auch den dunklen toten Klumpen, der da noch schwamm. Und lag dann ganz erstarrt, wie tot da. Konnte fast nicht atmen. Nach einer Weile wechselte ich in den Klumpen und sah mich lebenden Zwilling schweben. Und dann wusste ich nicht mehr, wer ich war. War ich der tote oder der lebende Zwilling? Hatte total die Orientierung verloren. Das war auch ganz arg. Und ein anderes Gefühl kam auch dazu – ich wollte auch gar nicht mehr zum lebenden Zwilling, weil der das Entsetzliche fühlen musste.
Nach einer Weile passierte etwas, das ich aus der schamanischen Heilarbeit kenne: Ein Licht, das ich kenne, wenn verlorene Seelenanteile gesucht werden, kam zu mir, es strahlte im Klumpen zu mir. Es sagte mir, dass ich zur Seele des gestorbenen Zwillings gehöre und dass dieser mich ganz dringend brauche, um im Heute besser leben zu können. Und dass dieser im Heute lebende Zwilling ein ganz anderes Leben als damals hat, ein viel schöneres. Und dass es heute ein guter Platz ist für mich, die noch am Klumpen lebte.
Dieses Licht wollte mich mit fortnehmen und ich spürte, wie es mich fast zerriss. Ich wollte mit etwas dort verbunden bleiben. Gleichzeitig wollte ich so gerne leben. Dann kam ein sehr intensives heilendes Lichtwesen zu mir und hüllte mich ein. Das war sehr schön. Und nach einer Weile konnte ich mich lösen und langsam mit zu dem anderen Zwilling hinüberbewegen und in ihn hineingleiten. In dem Moment spürte ich ganz viel Bewegung in meinen Augen. Als ob ein Teil meiner Augen zurückgekehrt sei. (Ich als Erwachsene Veronika trage eine starke Brille, da ich -5,5 Dioptrien habe) Ich konnte jetzt auch hinschauen zu dem toten Wesen. Und ich wurde sehr ruhig und ganz schwer. Ich spürte mich auf der Matratze liegen und konnte wieder durchatmen. Dann war ich wieder im Hier und Jetzt ...

Liebe Veronika,
danke dass Du ein Stück Deines Heilungsweges mit uns geteilt hast. Das ist sehr rührend. Die Gefühle zum Verlust eines Zwillings- oder von zwei Drillingen, wie bei Dir, kommen erst dann, wenn das Innere stark genug und bereit dazu ist. Allerdings bei Tod eines Nahestehenden oder wenn eine Beziehungstrennung vollzogen wird, kommen die Zwillingsverlustgefühle auch „unfreiwillig" mit nach oben. Bei Dir kommen die Verlustgefühle aus einem Zustand der Reife nach oben: Es ist jetzt dran, sich dem Schmerz ein Stück zu stellen und Heilung geschehen zu lassen.
Deine innere Bilderwelt, durch Innenweltreisen und schamanische Heilungsarbeit trainiert, setzt besondere Selbstheilungskräfte frei. Diese heilenden Bilder haben alle Menschen, wenn sie sich den Raum dazu geben und ihrer tiefen inneren Weisheit vertrauen. Beim Lesen fühlt es sich an, als ob Du jetzt ein Stück mehr ganz, heil geworden bist und mehr Kraft hast.
Gutes Weitergehen!
Herzliche Grüße Alfred Ramoda und Bettina

Ich möchte mich sehr für den originalen und den alternativen Text von „Suzanne" in Ihrem Buch bedanken. Ich habe ihn genau gestern entdeckt, dem ersten Todestag meines Freundes Johannes.
Ich erinnerte mich genau, wie wir in seiner Küche saßen und er mir eine CD seines Lieblings-Sängers, Leonard Cohen, vorspielte. Bei diesem Lied haben wir uns in den Armen gelegen und aus tiefstem Herzen geweint. Seit ich vor drei Wochen entdeckt habe, dass ich einen verlorenen Zwilling habe, wurde mir sehr schnell klar, dass Johannes das gleiche Schicksal hatte. Am liebsten haben wir stundenlang zusammen in der Badewanne gesessen und uns etwas erzählt oder vorgelesen. Insgesamt war unsere Beziehung eher wie Bruder und Schwester, jedenfalls nicht wie feurige Liebhaber.
Johannes scheint immer eine starke Todessehnsucht gehabt zu haben. Er wusste von seiner Veranlagung zum Schlaganfall, hat aber mit seiner Lebensweise alles dafür getan, das Risiko zu erhöhen. Mir war es von Anfang an bewusst, dass die Gefahr besteht, ihn bald wieder zu verlieren. Aber er hat in mir ein energetisches Loch so perfekt ausgefüllt, dass ich

bereit war, mich auf ihn einzulassen. Er war die erste richtige Beziehung nach 12 Jahren. Wir hatten 16 wunderbare Monate miteinander.
Als der Schlaganfall ihn dann ereilte, lag er noch drei Wochen im Koma. Für mich war das quasi eine Wiederholung des Traumas. Er lag einfach nur da, machte kein Geräusch und keine Bewegung. Ich saß neben seinem Bett in der Intensivstation und erzählte ihm die ganze Zeit etwas oder las ihm vor, in der Hoffnung, ihn dadurch zurückholen zu können. Glücklicherweise wurde ich in der Zeit des Komas und im Augenblick seines Todes von meiner Homöopathin betreut, sodass ich Letzteren ganz bewusst erleben und damit wohl auch das Trauma des Verlustes meines Bruders unbewusst bearbeiten konnte.
Ich bin gespannt, wie sich das Thema des verlorenen Zwillings weiter für mich entwickeln wird. Vielleicht kann ich es in meine homöopathische Praxis integrieren. Ich habe jedenfalls schon viele homöopathische Ideen zu den typischen Problemen einzelner Zwillinge, die Sie in Ihrem Buch beschrieben haben.
Frauke S.

Ich heiße Franz (42 Jahre) und lebe in Portugal. Für meinen eigenen Heilungsweg habe ich meine Geschichte aufgeschrieben.
Ich war überfällig, wohl schon eher im zehnten Monat, als ich geboren wurde. Innerhalb einer Woche ließ sich meine Mutter dreimal mit beginnenden Wehen ins Krankenhaus einliefern. Beim letzten Mal ging dann alles recht schnell. Nach der Geburt erzählte die Hebamme meinem Vater, dass noch eine zweite Plazenta und ein mumifizierter faustgroßer Fötus mitgeboren wurde. Es war also von Beginn an klar, dass ich ein Zwilling bin. Für meine Eltern machte das keinen Unterschied, sie erwarteten ein Kind, und ein Kind kam zur Welt. In den sechziger Jahren gab es noch keine Ultraschalluntersuchungen und auch sonst hatten sie kein Indiz, dass auf eine Mehrlingsschwangerschaft hingedeutet hätte. So blieb mein verlorener Zwilling eine Familienanekdote, auch für mich.
In meiner Kindheit war ich eher Einzelgänger, hatte einen oder zwei Freunde, konnte mich aber stundenlang mit mir selbst beschäftigen, lesend, spielend, bastelnd. Meine Mutter sagte mir einmal: „Als Kind

lebtest du zufrieden in deiner eigenen Welt, zu der niemand Zugang hatte". Das Gefühl des Alleinseins hat mich mein Leben lang begleitet. Wenn ich mir alte Familienfotos ansehe, sehe ich auf ihnen einen kleinen Jungen im Schoss seiner Familie, dem es gut zu gehen scheint. Ich habe wenig Erinnerungen an meine Kindheit, mein Gedächtnis erscheint mir eine Ansammlung von Bruchstücken und Löchern. Eine Art zu funktionieren, die ich bis heute beibehalten habe.

In meinen ersten 35 Lebensjahren bestand mein Freundeskreis hauptsächlich aus Frauen. Ich fühlte mich mit ihnen einfach wohler, mit Männern konnte ich wenig anfangen. Meine Beziehungen folgten einem gewissen Muster: sie dauerten höchstens drei Jahre und meine jeweiligen Partnerinnen waren allesamt unnahbar. Damit meine ich, dass sie entweder aus einem anderen Land waren, ins Ausland auswanderten oder gefühlsmäßig verschlossen waren. Jedes Mal fiel mir die Trennung unsäglich schwer. Ich versuchte zu retten, was zu retten war, was den Trennungsschmerz nur in die Länge zog.

Ich erinnere mich, dass ich mir schon mit zwanzig Jahren sagte: In Deutschland werde ich nicht alt. Dieser Drang, Deutschland hinter mir zu lassen, ist mir bis heute unerklärlich, ich kann ihn nur in seiner Kraft ernst nehmen und zustimmen. Nachdem ich einmal fast nach Indien ausgewandert wäre, lebe ich nun seit zehn Jahren in Portugal. Hier fühle ich mich sehr wohl, wobei das Verwurzeln und Ankommen ein Thema ist. Ich bin in meinem Leben sicher 15 mal umgezogen. Ich sehne mich nach einem eigenem Haus, von dem ich sagen kann: es ist meines, hier will ich bleiben. Vor acht Jahren begann ich eine Gestalttherapieausbildung.

Damit einhergehend ging eine Art inneres Erwachen. Allmählich wurde mir bewusst, wie sehr ich meinen Zwilling schmerzlich vermisste. Unter anderem machten wir einen Rebirthing-Prozess, der mich sehr mitnahm. Ich erlebte im Mutterleib deutlich, wie der Tod meines Zwillings mich zutiefst traurig machte und ich im Schock gleichsam erstarrte. Vollkommen passiv geworden, gab es in mir keinen Impuls, zur Welt zu kommen. Schließlich wurde es zu eng, sodass die immense Kraft des Lebens selbst mich ins Außen stieß.

Draußen erwarteten mich meine Eltern voller Liebe, aber ich war so überwältigt von meinem Verlust, so verloren in meinem Schmerz, dass ich diese nicht wahrnahm; ich war allein. In einer anderen theatertherapeutischen Übung merkte ich wieder einmal meine Distanz zum Leben. Nicht, dass ich sterben wollte, aber in der Welt sein, zusammen mit meiner Lebensgefährtin, inmitten anderer Menschen, bedeutete, meinen Zwilling allein zurückzulassen, und das wollte ich auch nicht. Ich befand mich in einem scheinbar unauflösbaren Dilemma.

Mit der Zeit nahm ich meinen Zwilling als Schwester wahr und habe ihr den Namen Anna gegeben. Einen echten Durchbruch gab es vor vier Jahren, als ich mich in einer therapeutischen Arbeit zum ersten Mal an die glückliche Zeit mit ihr vor ihrem Tod erinnerte. Mich mit ihr vereint zu erfahren, glücklich, ist eine lebende Erfahrung. Sie bedeutet für mich, dass am Anfang des Lebens alles gut war. Dank dieser Erfahrung hat sich in meinem Leben viel geändert. Ich konnte mich mehr auf meine Partnerin einlassen und wir haben geheiratet. Sie sagt, dass ich näher und greifbarer geworden sei im Laufe der letzten acht Jahre. In einem gewissen Moment spürte ich, wie die Liebe meiner Eltern für mich zum ersten Mal wirklich in mich ganz eindrang, um endlich in meinem Herzen anzukommen.

Ich ließ mich wegen meiner lebenslangen Kurzsichtigkeit operieren. Die ersten Tage danach waren ungewohnt: plötzlich befand ich mich mit dem Aufwachen mitten im Leben, ohne die Distanz, die eine Brille mit sich bringt, und einen das Leben wie einen Kinofilm ansehen lässt. Binnen Kurzem gewöhnte ich mich daran. Diese unerwartete Erfahrung ist für mich ein Ausdruck meines inneren Heilwerdens und Ankommens im Leben.

Letztes Jahr wurde mir in einem Zwillingsseminar mit Alfred und Bettina Austermann in Berlin bewusst, dass es mir und Anna gut geht, es aber in mir einen klitzekleinen Franz gibt, der damals alles aus nächster Nähe erlebt hatte und dringend Zuwendung brauchte. Er fühlte sich im Schock erstarrt, überwältigt von Gefühlen wie Schmerz und Traurigkeit und konnte nicht verstehen, was geschehen war.

In der Zeit danach habe ich ihn innerlich viel gehalten, beruhigt, getröstet und ihm erklärt, was das war, das er damals erlebt hatte. Einige Stunden mit EMDR-Traumatherapie Anfang diesen Jahres haben weiter dazu beigetragen, diese alten traumatischen Erfahrungen am Beginn meines Lebens zu heilen. In der letzten Sitzung kam mir plötzlich die Einsicht, dass ich drei Monate lang mit dem toten Körper meines Zwillings zusammengelebt habe, ich konnte ihn wie etwas Totes, das an mir haftet, spüren. Ich hatte ein inneres Bild von einem Begräbnis, um diesen toten Aspekt meines Zwillings gehen zu lassen. Es war, als ob ich Annas toten Körper in einen kleinen Korb legte, um diesen dann einem Fluss zu übergeben, der ihn mit sich trug, dem großen Meer entgegen.

Ich glaube, dass der Heilungsweg für einen überlebenden Zwilling ein langer ist, von dem ich nicht weiß, ob er zu einem Ende kommt. Ich fühle mich mit Anna in Frieden, denke wenig an sie, doch es ist ein warmes Erinnern. Sie hat im Laufe der letzten Jahre an Bedeutung verloren. Ich fühle mich ganzer und im Leben angekommen. Natürlich bleibe ich weiterhin ein Zwilling, ich merke das an meiner Art, mich auf andere Menschen einzulassen und wie ich persönliche Nähe suche. Auch körperlichen Kontakt genieße ich sehr. Smalltalk in Gruppen ist mir weiterhin zuwider. Menschenmassen meide ich. Am wichtigsten ist mir die Beziehung zu meiner Frau. Ich habe immer noch das Gefühl, „anders" zu sein, als die restliche Menschheit, typisch für einen überlebenden Zwilling. Es hat allerdings deutlich nachgelassen. Doch bleibt noch das Rätsel meines sechsten Zehen am linken Fuß, mit dem ich zur Welt kam. Er deutet auf einen eineiigen Zwillingsbruder hin und demnach wären wir ursprünglich Drillinge gewesen. Ich kann ihn aber bisher nicht spüren. Es ist eine offene Frage und ich lasse mir Zeit damit. Wenn es von Bedeutung für mich ist, wird sich der Schleier schon irgendwann lüften ...

Der Beginn meines Lebens war nicht nur tragisch, es ist auch ein Geschenk. Ich arbeite als Psychotherapeut und merke, dass einige meiner Fähigkeiten daher rühren, weil ich ein Zwilling (oder Drilling) bin. Die empathische Gabe, mich in den anderen einzufühlen, meine ausgeprägte Intuition und ebenso meine Gelassenheit, mit der ich andere in schmerzhaften oder tragischen Momenten begleiten kann, haben ihren Ursprung darin. Für mich ist der Tod ein alter Bekannter, den ich aus nächster Nähe kennengelernt habe und achte, doch ohne Angst vor ihm zu haben. Mittlerweile habe ich einen Riecher dafür entwickelt, andere überlebende Zwillinge zu entdecken. Dieser Riecher und die Möglichkeit, ihnen auch therapeutisch beistehen zu können, ist nur möglich geworden aufgrund meiner eigenen Geschichte. Ich möchte mein Leben gegen kein anderes eintauschen.

Herzliche Grüße Franz

Liebe Austermanns,
manchmal frage ich mich, wie ich die nächste Monate überstehen soll. Das Verlustangstthema ist bei mir sehr ausgeprägt. Das ist mir im Zwillingsseminar bei Euch so deutlich geworden. Sobald meine Partnerin Anuschka einen anderen Mann auch nur anschaut, habe ich das Gefühl durchzudrehen. Ich halte es kaum aus, wenn sie alleine ins Café geht. Ich weiß, dass ich mich nicht so an sie klammern darf und sich die Beziehung öffnen muss. Ich versuche und mache das auch, aber es macht mir panische Angst. Anuschka ist aber fast immer weiter als ich. Letzten Sonntag nun hatte ich schon wieder eine so große Panik. Ich habe in der Nähe einen Kraftort mit einem Kreuz für mich gefunden. Dorthin bin ich gefahren. Dabei habe ich das alte Auto vor lauter Verzweiflung fast kaputt gemacht und habe dort so laut geschrieen, nicht geweint, einfach geschrieen, bis ich nicht mehr konnte.
Heute sitze ich hier und habe das Gefühl nicht mehr zu können, keine Kraft mehr zu haben. Ich habe auch immer stärker das Gefühl, meiner Frau Anuschka nicht mehr folgen zu können. Bildlich fühle ich mich so, als würden wir beide im Hochgebirge klettern. Anuschka weit vorne und meistens voller Kraft, Liebe und Lebensfreude. Und ich weit hinten und im Moment am Abgrund sitzend. Ich klettere nicht mehr, ich sitze müde, traurig, verzweifelt und weiß nicht weiter. In den Abgrund springen will ich eigentlich nicht, klettern kann ich aber auch nicht mehr, habe keine Kraft um aufzustehen, zumindest jetzt nicht. Was kann ich tun, arbeitsfähig bin ich häufig nicht, aber mich krankschreiben lassen will ich nicht. Das hatte ich alles schon. Was gibt es für Methoden? Häufig rufe ich nach meiner Schwester und schreie nach ihr. Ich bitte sie auch häufig um Hilfe, weil ich nicht weiß, was ich tun soll! Habt Ihr irgendeinen kleinen Tipp, eine Technik wie EFT oder was anderes für mich?
Ganz liebe Grüße
Marc

Lieber Marc,
ich weiß, kenne das alles selbst sehr gut, was durch Dich durch geht. Es sind Höllen. Es fühlt sich unglaublich miserabel an. Im Kopf schreit es immer „Nein, nein, nein, ich will das nicht ... "
Das alles fühlt sich nicht gut an, ist aber ein gutes Zeichen: Du kommst jetzt tiefer bei Dir selber an. Vorher hast du Dich dumpf und betäubt gefühlt. Jetzt kommen die schmerzhaften Erfahrungen von damals ins Gedächtnis. Das ist furchtbar. Aber Du lebst, Du bist nicht mehr betäubt. Die Gefühle von Verlustangst und Panik haben wenig mit Anuschka zu tun. Es ist Deine Geschichte. Das Auftauen ist nicht nur für Dich ein Teil des Heilungsweges. Es geht vielen so. Das ist ein Zeichen, dass Dein Energiesystem jetzt bereit ist, sich häppchenweise dem Trauma zu stellen. An dieser Stelle geht es nicht um Techniken wie EFT und andere, sondern um freundliches akzeptieren der schlimmen Gefühle als eine Herzensqualität. Der innere verlassene Embryo oder Fötus flippt total aus und braucht Halt, Liebe und Zuspruch. Du kannst mit ihm sprechen, ihm das erklären und ihn liebevoll halten.

Oft kann Meditation helfen, seien es Bewegungsmeditationen wie die Kundalini-Meditation, einen Ton summen und still sitzen wie bei der Nadabrahma-Meditation, Zen-Meditation oder andere. Das kann die Heilung unterstützen.
Es ist wichtig, dem Nein, Nein, Nein, was es im Kopf dann immer sagt und schreit, nicht nachzugeben, sondern alles wahrnehmen, was ist und doch immer wieder zu deinem Atem, deiner Mitte und zur Bewusstheit zurückzukehren.
Aber bitte nicht die schlimmen Gefühle weg haben wollen, das macht sie noch stärker. Lasse sie durchfließen, wie ein Unwetter, was sich wieder verziehen wird. Und es wird sich wieder verziehen. Es war noch nie anders. Vertraue deiner Kraft.
Alles Gute für dich!
Alfred Ramoda Austermann

Schlusswort

Wir freuen uns, wenn Ihnen unser Buch Anregungen zum Verständnis und zur Heilung der Problematik des verlorenen Zwillings gegeben hat.
Wenn Sie selbst von diesem Thema betroffen sind, wünschen wir Ihnen Geduld mit sich selbst. In jedem, der den Verlust des Zwillings erlebt hat, gibt es auch heute noch einen Anteil: Ihr "innerer verlassener Embryo" oder der „innere verlassene Neugeborene", der gesehen werden möchte. Dieser Teil in Ihnen braucht Ihre Liebe, Ihr Verständnis, Ihr Mitgefühl und Ihren Trost.
Wir wünschen Ihnen auf Ihrem Weg alles Gute.

Alfred Ramoda und Bettina Austermann

Danksagung

Allen voran möchten wir den vielen Klienten herzlich danken, die ihre Geschichte mit uns geteilt und dieses Buch ermöglicht haben. Ein besonderer Dank gilt Docteur Jean-Guy Sartenaer, der uns mit fachlichem Rat und Ultraschallbildern unterstützt hat. Ebenso möchten wir Dr. Anita Höhne und Dr. Annette Proksch danken, die uns weitere Ultraschallbilder zur Verfügung gestellt und Erfahrungen geteilt haben. Wir bedanken uns bei den vielen Gynäkologinnen und Gynäkologen, die uns weitere Hinweise gegeben haben. Ein herzlicher Dank geht an Elisabeth Berwart für ihren poetischen Beitrag und der Hebamme Katharina Napoli (†) für ihr Interview. Wir danken allen unserer Lehrern und Meistern, die uns auf dem Weg des Wissens ein Stück geleitet haben.

Alfred R. Austermann: Ich danke meinen Eltern Werner und Maria Austermann, Meinolf Schönke, Michael Lohmann, Helmut D. Becker, Osho, Bert Hellinger und Gunthard Weber und den vielen anderen sichtbaren und unsichtbaren Wegbegleitern, denen ich meine Ausbildung, meine Lebenserfahrung und meine Berufspraxis verdanke.

Bettina Austermann: Ich danke meinen Eltern Renate und Jochen Schulz, Nancy Fischer, Bert Hellinger und vielen Menschen, denen ich begegnet bin, die mich eine Zeit begleitet haben, bei denen ich lernen und Erfahrungen für mein Leben und meine Arbeit sammeln konnte. Ich danke dem Leben besonders für meine Zwillingsschwester Christiane und für unsere Töchter Merlinde und Freya.

Autoren

Alfred Ramoda Austermann
Jahrgang 1960,
Vater von zwei Töchtern
Diplompsychologe,
Heilpraktiker
Psychodrama-Ausbildung 1982-1987, Weiterbildung in Bioenergetik und Biodynamischer Psychologie, Entwicklung von Aqua-Release®-Healing-Warmwassertherapie und Life-Dance®-Körper- und Tanztherapie, Musiker (Afro-Trommeln und Didgeridoo).
Fortbildung in systemischer Familientherapie u. a. bei Bert Hellinger und Gunthard Weber. Fortbildung in Traumaheilung bei Fred Gallo und Peter Levine. Seit 1985 Leitung von Seminaren und Therapiegruppen im Bereich der humanistischen und spirituellen Psychologie. Seit 15 Jahren spezialisiert auf Pränatale Psychologie, Familientherapie und Organisationsaufstellungen. Leitung von Weiterbildungsgruppen in systemischer Familientherapie und Traumalösung in Berlin, Budapest und Brüssel (französisch).

Bettina Austermann
Jahrgang 1965, Mutter von zwei Töchtern
Diplom-Sozialpädagogin/Heilpraktikerin für Psychotherapie
Seit vielen Jahren Begleitung von Erwachsenen, Jugendlichen und Kindern, Aus- und Fortbildungen in Gestalttherapie, Körpertherapie, NLP-Master.
Seit 1999 zahlreiche Fortbildungen in systemischer Familientherapie u. a. bei Bert Hellinger, Gunthard Weber, Albrecht Mahr, Ausbildung in Energetischer Therapie/Traumalösung bei Fred Gallo und Peter Levine, seit 2000 Leitung von Seminaren und Einzelberatungen.

Wir möchten auf unsere Sonderseminare in Berlin und in Kisslegg/Allgäu hinweisen:

Heilungswege für allein geborene Zwillinge
Seminarinhalte: Der Austausch mit anderen Betroffenen tut gut. Die behutsame Öffnung vorgeburtlicher Erinnerungsbahnen mit Entspannungsreisen unterstützt das Wiederentdecken der damaligen Nähe und der Lebensfreude. Zwillingserfahrungen mit Stellvertretern und Abschiedsrituale helfen bei der Heilung alter Wunden. Damit kann der Schock, ein Zwillingsgeschwister früh verloren zu haben, abfließen und ausheilen.

Weitere Informationen über unsere Arbeit finden Sie:

IFOSYS-Institut
Alfred Ramoda Austermann
Bettina Austermann
Königstuhlweg 23
12107 Berlin

www.ifosys.de

Unsere Seminare (Stand 2021):

- Er-Lösung, Heilungswege für alleingeborene Zwillinge
- Systemische und karmische Lösungsaufstellungen

Aqua-Release®-Healing

- New Born – Aufstellungen und Warmwassertherapie
- Urvertrauen – Heilung von Geburt, Trennung und Kindheitsverletzungen und Warmwassertherapie
- Er-Lösung, Heilungswege für alleingeborene Zwillinge und Warmwassertherapie

Weiterbildungen

- Integrative Systemische Therapie mit Familienaufstellung, Traumatherapie und Aqua-Release®-Healing
- Spirituelle Heilerausbildung

Im Buchhandel erhältlich:

„Ich habe meinen Zwilling verloren – Alleingeborene erzählen“
Eine Entdeckungsreise für Suchende

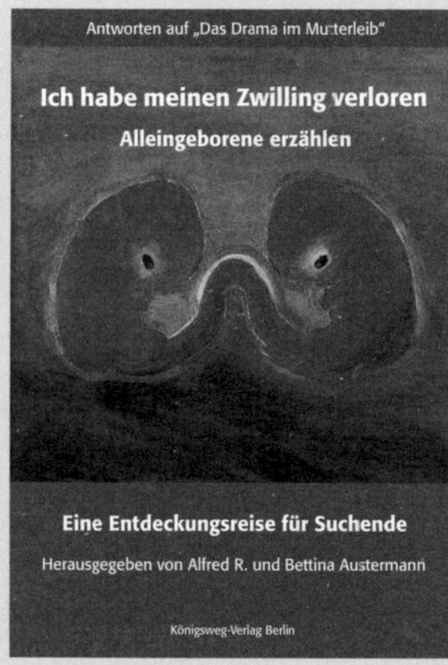

Zahlreiche Betroffene haben mit Briefen, Gedichten und Bildern einen Beitrag zu diesem Buch erstellt. Sie erzählen mitten aus ihrem Leben von Sehnsüchten, Suche und Heilungswegen ...

Jeder, der mit diesem Thema verbunden ist, aus persönlichem, psychologischem und auch aus medizinischem Interesse, kann hier fündig werden.

Königsweg-Verlag
ISBN: 978-3981247114

Unser neues Buch:

Wer ist mit im Bett? – Wege zum Glück für Paare und Noch-Singles
Ein Erfahrungs- und Selbsthilfebuch

Wenn du mit deiner Liebsten oder deinem Liebsten im stillen Kämmerlein bist, glaubt ihr euch allein.

Seid ihr das wirklich?

Vielleicht ist es in den ersten Wochen und Monaten noch so. Die große Verliebtheit überdeckt vorübergehend die Schatten. Doch unweigerlich wird mit der Zeit deutlich, dass da noch mehr Menschen, Seelen und Ereignisse mit im Bett sind, ob du das willst oder nicht ...

Ein Paar ist im Streit. Das Gesicht der Liebenden verändert sich, ein anderes Gesicht scheint durch sie hindurch. Da verheddern sich zwei in Anspannung und Kampf, der aus einer anderen Quelle gespeist wird ...

Was ist da los?

Dieses Buch handelt vom glücklichem Paar-sein. Es zeigt mit Fallbeispielen, Übungen und Ritualen wie Lasten und unbefriedete Schicksale unserer Ahnen aufgelöst werden können.

Damit die Liebe wieder auf den ersten Platz kommt und bleibt.

Königsweg-Verlag
ISBN: 978-3981247169

Quellenverzeichnis und Literaturhinweise

Austermann, Alfred Ramoda und **Bettina** (Hrsg.): „Ich habe meinen Zwilling verloren – Alleingeborene erzählen“, Königsweg-Verlag 2012

Austermann, Alfred R.: „Anleitung zu Ahnenritualen in Ergänzung zum Familienstellen“ in Weber, Gunthard (Hrsg.), „Derselbe Wind lässt viele Drachen steigen“, Carl-Auer-Systeme Verlag 2001

Austermann, Alfred R.: „Energetische Traumatherapie und Systemische Familienaufstellung“, in „Sein“ 11/2005

Austermann, Alfred R. und **Bettina:** „Das ist nicht Tante Frieda – Der verlorene Zwilling in einer Familienaufstellung“, in „Systemische Aufstellungspraxis“ 1/2006

Austermann, Alfred R.: „Sterben und danach – Eine liebevolle Totenbegleitung“, in „Systemische Aufstellungspraxis“ 3/2006

Austermann, Alfred: „Verwirrungszustände gelöst – Die Integration von Täter und Opfer als Aufstellungsritual“, in „Praxis der Systemaufstellung“ 1/2009

Austermann, Alfred R. u. **Bettina:** „Die große Sehnsucht“, Artikel über den verlorenen Zwilling, in „Sein“ 9/2010

Austermann, Alfred R. und **Bettina:** „36 Grad“ – Artikel über seelische Heilungsarbeit im körperwarmen Wasser, in „Sein“ 1/2011

Babcock, Brent: „My Twin Vanished – did Yours?”, Tate Publishing 2009 (erhältlich über www.amazon.com)

Chamberlain, David: „The Mind of the New Born Baby ", North Atlantic Books 1998

Chamberlain, David: „Woran Babys sich erinnern", Kösel Verlag 1990

Chucholowski, Annegret: „Reflexe und ihre Auswirkungen", Tagungsbeitrag 2004, www.iak-freiburg.de/kongress

Degen, Rolf: „Viele verlorene Zwillinge" in Frankfurter Allgemeine Zeitung 14.03.2002, Im Internet unter www.gene.ch/genpost/2002/Jan-Jun/msg0022.html

Ende, Michael: „Der Spiegel im Spiegel", Erstausgabe Pieper 1984

Ford, Arthur: „Bericht vom Leben nach dem Tode", Scherz-Verlag, 1972

Gallo, Fred P.: Handbuch der Energetischen Psychotherapie, VAK-Verlag, Kirchzarten 2002

Gallo, Fred P./Vincenzi, Harry: „Gelöst, Entlastet, Befreit – Klopfakupressur bei emotionalem Stress", VAK-Verlag, Kirchzarten 2001

Grof, Stanislav: „Geburt, Tod und Transzendenz" Wie die Geburt erlebt wird: Geburtsmatritzen S. 110, Rowohlt 1992

Gross, Werner: „Was erlebt ein Kind im Mutterleib?", Herder-Verlag 2003

Hayton, Althea: „Untwinned-Perspectives on the death of a twin before birth", Wren Publications, Albans, England 2007

Hayton, Althea: „A Silent Cry – Wombtwin survivors tell their stories", Wren Publications 2008

Hayton, Althea: „Wombtwin survivors – The lost twin in the Dream of the Womb", Wren Publications 2011

Hellinger, Bert: „Die Quelle braucht nicht nach dem Weg zu fragen", Zum Thema Zwilling, S.58;116, Carl-Auer-Systeme Verlag 2001

Hirsmüller, Stephanie / Knop, Dr. Reinhard:
Kraftkarten für alleingeborene Zwillinge, www.hipoa.de

Imbert, Claude: „Un seul être vous manque – Auriez-vous eu un jumeau?", Editions Visualisation Holistique, Paris 2004

Janus, Ludwig: „Der Seelenraum des Ungeborenen", Walter Verlag 2000

King, Stephen: „Stark" engl. Original „The dark half", Heyne 1989

Levi, Salvator: belgischer Ultraschall-Untersuchungs-Pionier, hat zahlreiche Zwillingsuntersuchungen durchgeführt und Fachartikel geschrieben. Mehr über die Entwicklung von Ultraschalluntersuchungen unter www.ob-ultrasound.net/levi.html

Levine, Peter: „Trauma-Heilung – Das Erwachen des Tigers", Synthesis 1998

Lysseyran, Jacques: „Das wiedergefundene Licht", DTV 2002

Mayer, Norbert: „Der Kain-Komplex", Scherz-Verlag 1998

Nedden-Boeger Claudio / Boeger, Sabine: „Zwillinge – ein Leitfaden für Schwangerschaft, Geburt und die erste Zeit danach", 2003
Ein medizinisch sehr fundiertes Buch als shareware zum Laden aus dem Internet: www.nedden-boeger.de

Nielsson, Lennart/Hamberger, Lars: „Ein Kind entsteht", Goldmann 2003

Noble, Elizabeth: „Primäre Bindungen",
Fischer Taschenbuch Verlag GmbH 1996

Pert, Candace B.: „Moleküle der Gefühle – Körper, Geist und Emotionen“, Rowohlt 2001

Pinheiro, Claudia und Maria Luz Alves da Silva:
“Wir-Ich – Arbeitsheft für alleingeborene Zwillinge“, Mattes-Verlag 2012 (direkt über den Verlag erhältlich)

Schlochow, Barbara: „Gesucht – Mein verlorener Zwilling“, Éditions à la Carte-Zürich 2007

Sheldrake, Rupert: „Das schöpferische Universum“, Meyster 1987

Sogyal Rinpoche: „Das tibetische Buch vom Leben und Sterben“, Barth 1999

Steinemann, Evelyne: „Der verlorene Zwilling – Wie ein vorgeburtlicher Verlust unser Leben prägen kann“, Kösel 2006

Tomatis, Alfred: „Der Klang des Lebens“, Rowohlt 1987

Tsiaras, Alexander: „Wunder des Lebens – wie ein Kind entsteht“, Knaur, 2003

Thurmann, Ilka Maria und Fischer, Uta: „Am Anfang waren wir zu zweit – Ein Buch für verlassene Zwillingskinder“, Mabuse-Verlag 2010

Verny, Thomas R.: „Das Seelenleben des Ungeborenen“, Ullstein 1983

Verny, Thomas R.: „Das Baby von morgen“, Zweitausendeins 2005

Wolf, Prof. Dr. Eckhard und Team: „Embryo-maternale Kommunikation, Strategien zur Entschlüsselung eines komplexen Dialogs“, in „Einsichten“ 2/2003

www. biologie.uni-halle.de/zool/dev_biol/belege/Placenta-Homepage/placentalia/t... S. 2 Foto einer humanen Geminiplacenta (Plazenta von Zwillingen)

www.deutsches-ivf-register.de Verpflichtender Verband der Reproduktionsmedizin in der deutschen Bundesärztekammer

www.karltonterry.com/pubs_IVF.html Observations in treatment of children conceived by in vitro fertilization

www.klein-putz.net Austauschforum für med. Kinderwunschbehandlung

www.loominu.de
Spannende Infos und Netzwerkseite für alleingeborene Zwillinge

www.ton-feld-arbeit.de Arbeit am Tonfeld® – Regressionstherapie mit Tonskulpturen bei Brigitte Görmann

www.vanishingtwin.com

www.wdr.de/tv/quarks/sendungsbeiträge/2006/0523/005_zwillinge.jsp
Bericht von Frau mit männlichem Blut des Zwillingsbruders

www.wissenschaft.de/wissen/news/241235.html
„Bringt eine erhöhte Umweltbelastung mehr Zwillinge?“, 26.01.2005

www.wombtwin.com
Englischsprachige Infowebsite und Austauschforum von Althea Hayton

www.zwillinge.at

www.52best.com/hug.asp_Therescuinghug The rescuing hug